アジアの地域統合を考える

戦争をさけるために

羽場久美子 編著

明石書店

本書は、「一般財団法人ワンアジア財団」の助成を受けて出版された。

はじめに

1999年末に当時の奥田碩元日経連（現経団連）会長が「奥田レポート」として「東アジア共同体」に言及し、2002年に小泉純一郎首相がシンガポールで「東アジア共同体」を唱えたころ、また2010年に民主党政権が実現する中、鳩山由紀夫首相が「東アジア共同体」の実現を訴えた時にも、東アジアの地域統合は日本経済再生の切り札であり、希望の星であった。

2004〜2006年、EUが25カ国に拡大しユーロが実態通貨として世界を席巻し、ドル経済圏と相並び立つ存在になったころには、筆者も、外務省の要請でEUから学ぶ東アジアの共同やASEMの共同会議、財務省・国際通貨研究所などからの要請でEUのユーロに並ぶアジア通貨統合の検討のため、田中素香元EU学会会長や欧州中央銀行ECBの方々とともにEUの統合と拡大の意義を検討する研究会に招聘していただいていた。2000年から2010年ころまでは、内閣府や外務省などからも「EUに学ぶ東アジアの地域統合」を考える研究会や講演会のお誘い、共同の国際会議や欧州諸団体との People to people の会合や、大学間交流や市民交流も、政府省庁、企業、民間ともに、急ピッチで進められていた。

筆者がハーバード大学で研究を行い、アジアの地域統合を考える講演会をハーバード大学・イェンチェン研究所（東アジア研究所）で組織した時も、ハーバード大学教授ジョセフ・ナイや駐米日本大使藤崎一郎特命全権大使の参加により、200人を超えるハーバード大学の方々が集まり熱い議論を交わしたし、当時アメリカ・オバマ政権と、中国・習近平政権との関係は非常に良く、G２（アメリカと中国）、G３（アメリカ、中国、EU）などといわれて、カリフォルニアでマスコミをシャットアウトして8時間の会合が開かれたりした。EUでも次々にアジア研究所が設立され大きなプロジェクトが組まれてEUとアジアの連携が深まった。

そうした成長するアジアと中国韓国との共同の熱い雰囲気の中で、一般財団法人ワンアジア財団からの寄付講座をいただき、青山学院大学で２０１３年から２０１６年春にかけ寄付講座の講演授業が行われたのである。

学生たちも時代の子として、まさに冷戦終焉後に生まれ、21世紀の時代の息吹を受けた学生たちが、熱心に集ってきており授業は毎回熱気にあふれていた。

21世紀に入って17年、冷戦終焉後28年、第一次世界大戦終結99年、近年の変化は著しく、世界情勢の転換点に我々は生きているといえよう。

１９８９年に冷戦が終焉し、東欧の社会主義体制が崩壊、91年にはソ連邦も崩壊して、アメリカの一極集中と、ヨーロッパの統合と拡大による再興により、米欧近代を再現したかのようなユーフォリア（熱狂）が世界に生み出されていた。しかしその熱狂は長く続かず、世紀転換期から21世紀にかけてASEAN・中国の興隆があり世界のあらゆる耳目がアジアに集中した。

『アジアの地域統合を考える』の講座は、そうした時代に、まだ民主党政権の余波がある２０１３年に始められ、多くの優れた講師のご協力と時の雰囲気により、元首相時は１２００人、授業全体で毎回６００人の受講生を集めた。２年目３年目も、３００人、２００人の熱心な学生を集め、優れた講師陣の熱のこもった講演とディスカッションにより、アジアで活躍したいという学生が多く育ち、世界のために活躍したいという学生が巣立っていった。

学生たちも、アジアのために何かしたいという意欲に燃えて参加してくれた。その感動の息吹を内包した成果が、本書である。

講師陣は極めて充実している。

鳩山由紀夫　元内閣総理大臣
藤崎一郎　前駐米日本大使館特命全権大使
寺島実郎　三井物産顧問・日本総合研究所理事長
伊藤憲一　東アジア共同体評議会・日本国際フォーラム理事長
程　永華　駐日中華人民共和国大使館特命全権大使
天児　慧　早稲田大学教授
申　珏秀　前駐日韓国大使館特命全権大使
李　鐘元　早稲田大学大学院アジア太平洋研究センター教授
明石　康　元国連事務総長・国際文化会館館長
土山実男　青山学院大学教授
猪口　孝　新潟県立大学学長
青木　保　元文化庁長官・国立新美術館館長
鄭　俊坤　一般財団法人ワンアジア財団主席研究員

そしてパネルディスカッションとして、北岡伸一　国際大学学長、パク・チョルヒ　ソウル大学教授など、文字通り錚々たる方々をお呼びして、毎回熱気と感動に満ちた講演会を実現することができた。それにハーバード大学イェンチェン・アジア研究所で開かれた「大国政治とアジア地域主義の未来」と題する講演会での講演、ジョセフ・ナイ　ハーバード大学ケネディスクール教授、趙全勝　アメリカン大学教授、スリン・ピッツワン　ASEAN事務総長（当時）の講演者の方々を合わせ、『アジアの地域統合を考える』と題して刊行することとなった。

２０１７年春現在、確かに世界各国の軍拡状況や、北朝鮮の核ミサイルの繰り返しの発射など、東アジアは緊張に包まれている。また世界に目を転じても、イギリスのEU離脱や、アメリカ・トランプ政権の移民禁止令、メキシコ国境への壁の策定、TPP離脱、NAFTAからの離脱構想、シリアの空爆やISの活動、南シナ海や東シナ海での緊張など、一国保護主義や紛争・戦争の危険が迫っている。だからこそ、国際政治学者としておよび歴史学者としてより長期の過去と未来をつなぐ現在を分析し展望したい。

クーデンホーフ・カレルギーの『パン・ヨーロッパ』構想は、１９２０年代にヨーロッパを席巻し、多くの欧州の主要な政治家の賛同も得ながら、その後アメリカ・ウォール街の金融危機とナチスドイツ・イタリアファシズムの成長により中断し、世界大戦に突入した。アジアでも戦間期、東アジアの地域統合が構想されながらそれは大東亜共栄圏へと変質し戦争へと突き進んだ。

しかし第二次世界大戦が終了し欧州が荒廃する中で『ヨーロッパ共同体』とエネルギーの統合、「敵との和解」として独仏和解が行われて以降、冷戦の開始によって欧州が分断される中でもかろうじて西欧の欧州統合が実現した。アジアでは中国の共産化と朝鮮戦争、冷戦の開始が、欧州のような地域の共同を阻んだ。戦後の欧州統合の萌芽は冷戦の終結によって大きく東に拡大し、ＥＵ（欧州連合）は問題をはらみながらも安定的統合を実現したことによって２０１２年ノーベル平和賞を勝ち取っている。

現在イギリスがＥＵから離脱し、アメリカでトランプが大統領になり、フランスでもルペンが成長しそれぞれに「移民難民排斥」や「イギリス・ファースト」「アメリカ・ファースト」の呼び声が支持を拡大する中、20年代後半のヨーロッパの先進国危機と経済破綻、周辺国・異質者の排斥と攻撃には多くの類似点を見い出せる思いがする。

「歴史は繰り返す」、と思いつつ、「愚者は経験に学び、賢者は歴史に学ぶ」こともまた真なりと確信する。人類の英知は21世紀の時代に、再び戦争、世界大戦の愚を繰り返すだろうか――それを阻止することはできるはずだと考える。

戦争を防止し、世界を安定と平和と繁栄に向かわせるものこそ、国家と国家の利害のぶつかり合いではなく地域の共同であり敵との和解でありエネルギーの共存である、ということを我々は廃墟の中からつかみ共有し具現化したはずではなかったか。

アメリカの国際政治学者ジョセフ・ナイは、ＴＥＤＤというアメリカ・世界に広がるオンライン講演の中で、「相手が成長して、強くなっても、恐れるな。相手と結ぶことによって（アメリカも）成長するチャンスと考えるべきだ。恐れは不信と対立を生む」と述べている。その通りだと強く共感する。それは予言でもあったかもしれない。

アメリカの半分が、移民難民や中国の成長、格差の拡大により恐れと不信、対立に取り込まれ、トランプが大統領に滑り出した2017年春、世界国際関係学会（ISA）の年次大会でワシントン・バルティモアに出かけた時、圧倒的多数の黒人たちが、トランプを笑い、オバマは素晴らしい大統領だった、底辺に光を当て平和と安定を目指した、と黒人大統領を誇る姿に感動した。またトランプ大統領のイスラム圏7カ国の国民に対する大統領の移民禁止令がワシントン州の連邦地方裁判所の一時執行差止命令により、アメリカ全土で逆に差し止められたさなかで開かれた、ISA国際会議では、7000人を超える会員のうち5800人を超える研究者若者たちが参加して史上最大の大会が開かれた。その半分近くが北米の外からやってきており、中東やイスラム圏のすぐれた学者たち、アフリカの学者、ラテンアメリカやアジアの学者とともに、Global South（南との共同発展の時代）、中東・イスラムとの連携、移民・難民との連携こそが新しい時代を築くとして「Academic Freedom（学問の自由）」、信教の自由、民族の自由、差別からの自由をかかげて、多くの会議が開かれた。時代の「ポスト真実（非合理と不確実性の時代）」に警鐘を鳴らす、学者たちと若手研究者の変革の息吹が見られそれに感動した。グローバル・サウス、新興国の成長の時代に副会長を任じられた運命を感じ、差別からの自由、信教・民族・学問の自由、地域の連携と協力のミッションのために尽力したい。クーデンホーフ・カレルギーと同様、たとえ戦争に突入しても人類の英知は、世界の地域統合、各地の地域協力を生き延びさせ再生させることができると信じる。

歴史は繰り返す。しかしだからこそ歴史に学ぶこともできる。

対立と不信から、敵対と差別から、近隣国に対する軍拡のチキンゲームを続け、一瞬の事件を世界戦争の始まりにつなげないよう、細心の注意を払って対立の芽を広げないよう努力するとともに、たとえ戦争が起こっても戦後必ず反省の下に再興されるであろう「アジアの地域統合」の骨格を、戦争の膨大な被害の後でなく、その結果を生み出す前に、作りだす努力を継続したいと強く考える。もし戦争により地球と人類を終わらせるという愚を人間が侵さなければ――。

平和は戦争がない状態。それを作っていく学問が国際関係、国際政治であるとするならば、「アジアの地域統合・地域協力を考える」授業や書籍発信を通して、我々は戦争を押しとどめアジアの発展が世界の安定と繁栄に結びつく利益を生み出すようなシステムを考えださねばならない。その努力の一端として、この書を上梓する。

読者の皆さんの、ご意見、ご協力を是非お願いしたいし、この書を一助として、アジアの地域統合・日中韓やＡＳＥＡＮ、インドとの地域協力をさらに進め、安定と平和と繁栄の世界を作るミッションを継続していきたい。

読者の皆様のご協力とご意見をお願いします。また心より感謝いたします。

編著者　羽場久美子

『アジアの地域統合を考える——戦争をさけるために』 目次

「アジア地域統合を考える」講義Ⅰ

「アジアの地域統合を考える」講義II

（なお、個々の講師の見解は自由な個人の意見である）

「アジアの地域統合を考える」講義Ⅰ

第1講　アジアの地域統合と共同シンクタンク構想

羽場久美子

青山学院大学国際政治経済学部の教授の羽場久美子です。今回の講義は「国際政治学特講、アジアの地域統合を考える　グローバル時代のアジア地域統合―米欧との比較―」として、15回の授業として開かれるものです。

今日は第一回ということで、「アジアの地域統合を考える」のなかの、「地域統合と日本の役割、知の共同の重要性、共同シンクタンク構想」についてお話をさせていただきます。

世界とアジアで何が起こっているのかという問題を考えたときに、新聞やニュースやその他でも「パワーシフト」という言葉が近年飛び交っています。まさに国際政治経済の転換点の時代であるということが言えます。19世紀から20世紀は欧州そしてアメリカの時代でした。もちろんこれからあと１００年ぐらいはアメリカの時代は続くかもしれません。ただし「パワーシフト」と言われるように、時代は欧州からアメリカへ、またトランプが「強いアメリカ」（の再建）を目指して大統領に選出されたように、アメリカから次の時代にパワーが移りつつある。『パワーシフト』を書いた人は『第三の波』の著者である、アルヴィン・トフラーです（トフラー、１９９３年）。パワーシフトの一つの重要な要因は軍事力から経済力や知識力に移りつつあることです。経済・知識・技術力であると言っています。国際政治学の大家ジョセフ・ナイも『ソフトパワー』という著書を出しました（ナイ、２００４年）。すでに10年ぐらいになりますが、パワーがハードからソフトへ、そして、20世紀の枠組みが21世紀の新たな枠組みへと大きく変化していると言えます。

パワーシフト。七つの転換点

七つの転換点によりパワーが、欧州やアメリカからアジアへ、あるいはＢＲＩＣｓ（Ｂ―ブラジル、Ｒ―ロシア、Ｉ―インド、Ｃ―中国）へと移行している。そのうちブラジル以外はロシアも含めて大きくアジア（ユーラシア）というふうに考えると、新興国のかなりの部分がアジア地域によって占められています。

七つの転換点はどのようなものがあるでしょうか。

一つは９・11です。２００1年の９・11テロと２００3年のイラク戦争、その流れの中で、まさにテロリズムの存在が、あるいは戦争がハード・セキュリティからソフト・セキュリティへと変化しました。これはどういうことかというと、軍事力が2次元（すなわち前線）で対峙していた20世紀初頭までの状況、あるいは戦闘機やミサイルも含めて3次元の世界で対峙するようになった20世紀末期までの状況から、例えば、テロリストがこの部屋の中に一人潜んでいるかもしれない、生身の60～70億の人たちの間のどこかにテロリストが潜んでいる危険性があるかもしれないという、「市民の中にテロリストが隠れている」――という非常に驚異的に困難な状況が始まったのが９・11です。そこから、皆さんが飛行機に乗ったときに、あるいは重要な場所に行くときの身体チェックが強化されました。「テロリストが市民の間に隠れている」という認識がこれまでのミリタリー概念を大きく変え、地球上のすべての人がチェックの対象となったのです。

二つ目は、リーマンショックです。リーマンブラザーズはアメリカの金融資本の5本の指に入り、世界で4番目の金融の大会社でした。そうした大企業でも、競争に負ければつぶれるということが明らかになった。これは非常に大きな衝撃を世界に与えた事件でした。このとき、トヨタは経済的利益を半減させました。そのあと日本航空がつぶれ、ゼネラルモーターズも倒産しました。ゼネラルモーターズもＪＡＬも、日本のトップ、アメリカのトップ企業ですが、競争に負けたらつぶれるという時代が今やってきている。その転換点がリーマンショックだったのです。

三番目は、このリーマンショック以降、統合と拡大により再び大きく力をつけてきたヨーロッパで、ユーロの金融危機が２０１０～２０１１年に始まったことです。ここにいたって、先進国の経済危機、金融危機の不安が先進国中に広がっていきました。

そして、極めつけの四点目は２０１１年の３・11、日本における東日本大震災でした。地震・津波・原発事故という二つの大きな自然災害が東北を襲い、そして、自然災害が原発災害、人災に広がって現在にいたっています。このとき「ニューズウィーク」や「フォーリン・アフェアーズ」、さらにはアメリカやヨーロッパの新聞、あるいは雑誌で、「日出ずる国で日が落ち始めた」「人類は自然を克服できなかった」というニュースが一斉に流れました。この時、日本では20キロ圏が危ないと報道されていましたが、欧米では１００キロ圏が危険地域とされ、大使館員や留学生は次々と東京を離れ、4月、大学が始まってもしばらく帰ってこなかったという逸話も残っています。このように非常に象徴的にアメリカ、欧州、日本において、先進国自体、近代の科学技術や世界システム自体が安泰でないということが明らかになったのが、この10年程なのです。２００１年から２０１１年の過程の中で、先進国に陰りが見られ始めた。それがパワーシフト、そして「フューチャーアース（未来の地球に我々はどう責任を持てるか）」という考え方が出てくる端緒でした。

五番目は、中国、インド、そしてＡＳＥＡＮ（東南アジア諸国連合）を含むアジアの諸国の経済発展が著しい形で始まってくることです。こうした中で当然フリクションが起こります。先進国、及び近代先進国理念が足踏みをし、あるいは大きな打撃を受け始める。ところが中国、インドなど新興国が成長してくるというときにコンフリクトが始まります。それがナショナリズム、ポピュリズムの高まりです。ちょうど２０１２年頃からですが、比較的経済的にはうまくいっていた日中韓とＡＳＥＡＮの共同関係が大きく変化し、２０１７年現在、日本は、中国、韓国、北朝鮮、ロシアという大切な隣国4カ国と、特にアジア3カ国と大きな緊張状態にあります。尖閣、竹島、北方領土、北朝鮮の核開発、ミサイル開発が緊張を増幅させてきました。

六番目はそうした中で並行して共同行動も進んでいるという事実です。２０１０年、中台のＦＴＡ「両岸経済協力枠組協議（ＥＣＦＡ）」が始まりました。中国と台湾は同じ民族でありながら、国のあり方をめぐって対立していた。政治的にはその敵対は解決していないですが、その対立国同士が経済では結ぼうということで、ＦＴＡを始めました。２０１２年の6月1日に、日中の通貨交換が銀行レベルで始まりました。中国の強い元と、そして、アジアにおいて影響力を持つ円が初めて交換可能になったのです。そして、２０１３年には、財務省や政府を中心に「アジアの通貨構想」が俎上に載りました。アジアの通貨構想は夢物語ではなく、政府、財務省や国際通貨研究所の中で、ドルやユーロに並ぶアジアの将来的な通貨というものが構想されたのです。これは何のためかというと、次世代、あなた方の時代にアジア経済が世界一になったときに備え、ヨーロッパのユーロのような共通通貨が構想されたのです。まずは通貨バスケットのような形で、通貨間の為替の変動枠を制御する。そして将来的には、朝日新聞や日本経済新聞にも紹介されましたように、アジアの通貨構想、ＡＣＵ（アキュ）がすでに提案されました。しかしその後のユーロ危機の広がりと中国元の強化の中でアジア通貨構想は中断してしまいます。

他方、２０１３年、米欧ＦＴＡとＴＰＰ（環太平洋戦略経済連携協定）と日中韓のＦＴＡという三つが始まりました。ＴＰＰについては皆さんもご存じだと思います。米欧ＦＴＡは何のためにアメリカとヨーロッパが結んだのか。もちろんアジアに対抗するためです。アジアが、アメリカ、欧州をしのぎ始める中、米欧州はいち早くＦＴＡを結び始めた。それが環大西洋投資協定（ＴＴＩＰ）です。この二つをオバマは積極的に推進しました。しかし、２０１７年トランプはこの二つをいずれも中断、破棄する方向に向かっています。さらに第三番目は、日中韓のＦＴＡです。いわゆるアメリカ、欧州、アジアという三つの地域のＧＤＰのトライアングルは21世紀の10年でほぼ3割ずつで釣り合い始めたのです。アメリカ、欧州の経済状況が下向き、アジアの経済状況が上向きと言われる流れの中で、今後パワーバランスが大きく変化します。それに向けて現在、経済的な再編が始まっているということです。こうした中で、経済面での打開策が今始まっています。

グローバリゼーションの新しい課題

これらは、グローバリゼーションの新しい課題ということです。グローバリゼーションはもともと先進国が始めたものでもあります。また本来は地球環境をより良くするために話し合われてきたことです。ところが、この10年余りのパワーシフトの流れの中で見えてきていることは、21世紀のグローバル化が先進国より新興国に有利になりつつあるのではないかという、先進国から見て若干不安な状況が始まっている。

21世紀の10年間のグローバル化の特徴は何か。一つはBRICsと言われる新興国の急激な成長です。彼らは財政危機の影響もほとんど受けていません。最近は若干陰りが見えていると言われますが、それでも7％台の成長を遂げています。それに対して先進国は、日本も、アメリカも欧州も先ほど見たようにリーマンショック以降、あるいはユーロ危機以降、長期的な停滞に入っており、財政危機の被害を受けています。

どうしてこうしたことが起こるのか。それを考えたときに「競争力」という問題が考えられると思います。競争に負けつつある。どんな競争にか――それは、安い労働力、安い商品、そして巨大な人口（市場）です。二つは分かりますね、皆さんが働くよりも、今、移民で入ってきている、日本でいえば中国や韓国、あるいは第三世界の国々の方、それはヨーロッパやアメリカではカラードと言われる有色人種の方々ですが、安い賃金で働くことによって競争力がある、そしてその国で作られた物、安い商品がすでに先進国の製品を追い越しつつあるため、売れる。１００円ショップが日本で広がっているだけではなくて、アメリカにも1ドルショップというのがあります。ヨーロッパでさえ1ユーロショップというのができ始めました。ワンコインであらゆるものが買え始める時代、それが新興国の挑戦です。そして巨大な人口ですが、巨大な人口というのは巨大な市場であるということです。企業にとってきわめて魅力的であるということです。

新しい武器――経済と知力

もう一度考えて見て下さい。この三つ、労働力が安い、物が安い、巨大な人口というのは、かつて20世紀においては貧困の象徴でした。貧しいから賃金が安い、物が安い、人口爆発というのは貧困問題そのものの象徴でした。今でもこの三つで苦しんでいる最底辺の国々もあります。けれども、その最底辺から急速にのし上がって、今やアメリカをしのごうとする国々もあります。それがＢＲＩＣｓ諸国です。

彼らは何に成功してこれらを武器に変えたのでしょうか。それがパワーシフトの根源である、経済力・技術力・知力です。特に知力、皆さんとの関係で言えば、アジア人大学生の勉強意欲はすさまじいです。ハーバードにいたときに、中国人、インド人、韓国人の学生たちの勉強の熱意のすごさには圧倒されました。図書館は24時間開いてるのですが、24時過ぎるとほとんどがカラードの人たちです。留学してきたアフリカやインドや中国の方々です。ときに床に寝転がりながら朝まで勉強して、そして２０１２年のハーバードの最優秀卒業生総代は韓国人の二世でした。飛び級で全優という誰にも追随を許さない人が韓国人二世だった。21世紀のグローバル化の中の競争力は知力・技術力、そしてハングリー精神かもしれないです。残念ながらそのハングリー精神において日本は負けているかもしれません。何が変わったのか、これはさっきも言ったように、先進国の政治経済力の弱まりと、アジアの成長、技術力、知力の発展です。彼らは今、「坂の上の雲」を見ています。日本の明治期のように「坂の上の雲」を見て、数十年後、一世紀後には自分たちはアメリカ、欧州、日本を追い抜く、韓国５０００万人人口で日本を追い抜く、そのハングリー精神がやはり国を支えているんだと思います。

パワーシフトの中、政治の不安定化が始まっています。何で対抗するべきでしょうか。日本は技術立国と言われてきました。２０１３年新たに発足した安倍政権は日本を技術立国として再生させると言いました。私たちはロシアのような資源はありません、アメリカのような軍事力もありません。あるのは皆さんの知力、そして、日本の先輩たちが営々と築いてきた技術力、経済力です。そこが脅かされようとしているときにそれに対抗するのであれば、やはり若者の知力、技術力がどうしても必要です。

三つ目の巨大な人口の形成のし方はヨーロッパに学ぶことができます。ヨーロッパは1カ国、ドイツやフランスでさえ数千万人です、そして、少子化でさらに減少しつつあります。ルクセンブルグやエストニア、スロヴェニアなどは数十万～百万単位ですね、一つの県単位ですけれども、全部集めると5億人、そして、今アメリカの経済力を抜いています。地域の協力関係、FTAをはじめとするネットワークは繁栄を呼び込みます。敵対ではなくウィンウィンの繁栄を生み出すのは経済であると言えます。

少し統計を見てみましょう。アンガス・マディソンという有名なイギリス出身のマクロ経済学者がいます。彼は、西暦1年～2030年までのGDPを自分で計算して割り出しました。これはもちろん経済力だけではなくて、政治力や文化力も含めてなんですけれども、そして非常に面白いことを明らかにしました。一つは、2030年にアジアのGDPはアメリカを抜いて世界の50％、半分以上を占めるということです。そして、もう一つとても重要なことをこの研究でアンガス・マディソンは発見しました。1820年、つまり200年前にもアジアのGDPは世界で59・4％を占めていたということです。その後、ヨーロッパが伸びて、2番目の western offshoots というのはアメリカですけど、アメリカが伸びてきたのは1950年代以降です。1820年代においては、世界経済レベルではアメリカはなんでもなかった、ようやく移民が入植し、そこで経済運営が始まったところですよね。ここで明らかになったのは、一つには、アジアの経済発展は奇跡ではないということです。だからこそ彼は西暦1年から2030年まで全部で200カ国の統計をメガコンピュータの数字で編み出していくわけです。発見したことは、コロンブスの卵でした。誰も知っている歴史的事実でした。古代から中世、近世にいたるまで、メソポタミアとか中国の王朝を思い出していただければ言うまでもなく、古代―中世はアジアの時代でした。これから始まり

表 1　GDP in the world-Western Europe, US, China, India, Japan (%, from 0 AD to 2030:$)

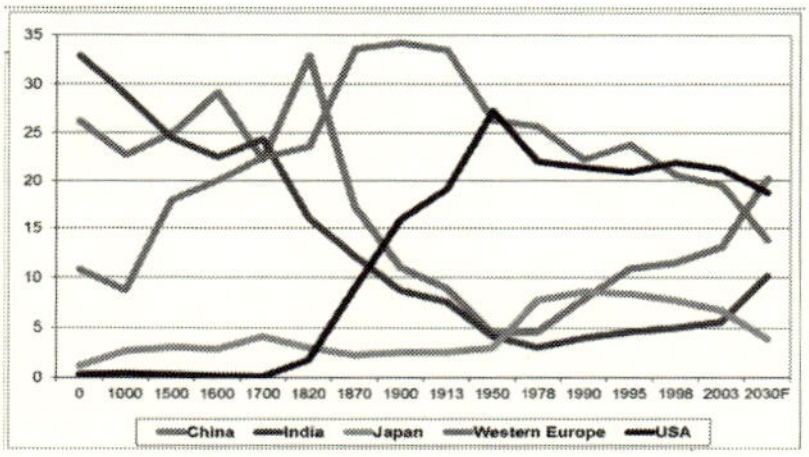

Source, Angus Maddison, The World Economy. A Millennial Perspective, 2001 and the West and the Rest in the World Economy, 1500-2030, 2005.　図は、元アジア開発銀行研究所所長、Masahiro Kawai, Asian Economy 作成のグラフより。

つつあるのは奇跡ではない、Returning（リターニング）です。アジアの時代という過去に回帰しつつあると、アンガス・マディソンは言ったのです。

ではこの200年とは何だったのでしょうか。19世紀～20世紀というのは欧米化、近代化の時代です。そしてまさに技術革新の時代です、これもとても重要なことですね。北の寒い資源もない辺境地域、何もなかった欧米が世界トップに躍り出たその原動力こそは技術力でした。軍事力、技術力と知力だったんですね。科学技術の発展が羅針盤や銃やさまざまな航海技術を手に入れさせ、医学を進歩させ、そして欧州の時代が始まります。アメリカはまさに新しく発見された新大陸でネイティブ・アメリカンの人たちの土地を「マニフェスト・デスティニー（明白なる運命）」として奪い「開拓」し、欧州からアメリカに渡り必然的にアジアへ向かう、いわゆる「文明の西進」であり、そして現在世界の頂点にあります。その力はハードパワーと共にソフトパワーであった。技術革新であったということですね。欧米は新大陸アメリカと旧大陸アジアに進出することで発展しました。世界史では植民地と帝国主義時代と言われます。そしてこれらに再編を迫っているのが現代です。アジアの急速な発展、あるいはブラジルなどラテンアメリカの発展、他方で自然災害、この自然災害の持つ意味も哲学的にはとても重いですね。科学技術の発展も世界でもっとも安全だと言われていた日本の原発も大きな津波と地震の前にひとたまりもなかった。「人類はいかに自然の前に無力か」ということも東北の災害は明らかにしました。「陣地が自然を克服する」という近代のもう一つの価値が揺らいだのです。このような問題が世界中で今パワーシフトなんだということがささやかれ始めました。アジアの大国と地域が再び成長しそれを先進国が脅威に感じつつあるということです。

アジアの時代

もう一つの統計を見てみましょう、これは世銀の２０１０年と２０１５年の世界のＧＤＰです。２０１０年は大きな転換の年で、日本が中国にＧＤＰで抜かれた年です。国レベルではアメリカが1番、中国が2番、日本が3番になった年です、中国は5年間で日本のＧＤＰの約三倍近くまで成長している。4番以下がヨーロッパの国々ですね。これを地域のレベルで考えてみると、実はあまり日本では報道されませんが、ヨーロッパは5億人人口でアメリカをしのいでいるのです。28カ国で5億人だから当たり前でしょうと言われるかもしれませんが、アメリカが14兆5820億ドルに対して、2兆億ドルぐらいＥＵのほうが多いのです。これは２００４年と２００７年にＥＵが拡大をして以降、実に、ユーロ危機が起こってからも現在までアメリカをしのいで地域レベルではトップです。

表２　世界の名目ベースの **GDP 2010/2014**（世銀）

		2010	2014	
(World Bank)		(billion dollars)		Regional Level
	World	62,909	77,269	Sum of Asian Region (by author)
	The EU	16,282	18,527	<< ASEAN+6 (RCEP) 21,342
1	The US	14,582	17,348	= ASEAN+3(CJK) 18,400
2	China	5,879	10,357	↑ 日中韓+A 16,400
3	Japan	5,498	4,602	↓ ASEAN+3＝アメリカに並ぶ
4	Germany	3,310	3,874	
5	France	2,560	2,834	
6	The UK	2,246	2,950	
7	Brazil	2,088	2,347	
8	Italy	2,051	2,148	
9	India	1,729	2,051	
10	Canada	1,574	1,785	
11	Russia	1,480	1,861	
13	Korea	1,155*	1,410	

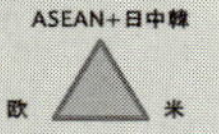

イギリスがＥＵから抜けるとさすがにアメリカより下になりますが。それではということでアジアのＧＤＰを計算してみました。ＡＳＥＡＮ10カ国はほぼロシアに並びます。11位です。ＡＳＥＡＮ＋3、日中韓を足してみました。するとほぼアメリカに並んでいます、２０１０年で。２０１１年もちなみに日中韓とＡＳＥＡＮを足してみました。２０１１年はアメリカを抜いています。これは統計数字上であり、現実にはまとまっていませんが、まとまるとアメリカを抜くのです。そして、ＡＳＥＡＮ＋6、いわゆるＲＣＥＰ（東アジア地域包括的経済連携、日中韓にオーストラリア、ニュージーランド、インド）と六つを足すとＥＵのＧＤＰも抜いています。２０１０年の段階で。アジアは全アジアでなくてもＡＳＥ

ＡＮの統合だけでロシアに並び、そしてＡＳＥＡＮ＋３でアメリカに並び、２０１２年にしのぎました。そして、ＡＳＥＡＮ＋６はもうアメリカも欧州もしのいでいるんですね。そして、この数字に着目し始めたのが財務省であります。アジアはまとまればアメリカと欧州をしのぐ時代に入っていますがアジアはまとまっていないです。アジアは、米、欧、アジアの三極構造の中で唯一組織されていないのです。組織されてないからアジアは、欧米の経済的・軍事的・政治的影響力のもとでまだ何もできない状況です。だからこそ中台のＦＴＡ構想なんですね。中国と台湾は「一つの中国」「二つの中国」をめぐって対立していても同じ民族であり経済的には結ぶ。そして、アジアの通貨構想。アジアの通貨が一定程度まとまれば、ドルやユーロに匹敵する力を持ちます。ただしまだ中国は通貨的にも不安定です。だから第一段階として日中の通貨の協力関係が始まったのです。２０１２～１６年、日中韓のＦＴＡ交渉が開始され、加速されていきます。日中韓がまとまれば、ＡＳＥＡＮは１９６７年以降歴史的にまとまっていますから、共同化は比較的簡単です。２０１３年には経済産業省はＲＣＥＰ（東アジア地域包括的経済連鎖）にも乗り出しました。しかし、日中関係が悪い。日中韓およびインド、オーストラリア、ニュージーランドが経済的にまとまってＡＳＥＡＮと結べば、アジアは第三極かつ世界最大の一極になれるということです。しかしそれをさせない事実がある。

もう一つの事実を見ましょう、アジアの地域は、政治的にはまとまってないけれども、経済的にはすでに実質的に機能しているということです。青山学院大学の国際経済学部の飯坂ひとみ先生をはじめ何人かの先生方の共同研究によると、アジアの域内貿易、中間財はすでに60%を超えているとされています。中間財というのはそれぞれの場所から材料を集め、組み立てて、そして完成品をアジアから輸出していく、という経済統合に近い状況ですが、それがもうすでにアジア共同では60%ぐらい回っている。ＥＵの域内貿易が実質65%ですから、これはすごい数字です。アジアは政治的には対立しているけれども、経済的にはほとんどＥＵに近いレベルで機能し始めている。デファクトな経済統合は始まっていると言われる実態です。これを突き詰めていけば、統合が現実のものになります。ＡＳＥＡＮ＋３、ＡＳＥＡＮ＋６がアメリカや欧州に並び、そしてしのぐという時代はすでに始まっているのです（羽場、２０12年）。

次に経済産業省（ＭＥＴＩ）の資料でアジアの経済発展をいくつか見てみたいと思います。２００８年以降の世界経済統計です。２００８年のリーマンショック直後の経済状況は、例えば、経済成長率は先進国が全部マイナスです。アメリカ、ユーロ、日本、イギリス。米、欧、日、英が全部マイナス成長。それに対してＢＲＩＣｓと言われる中の、ロシアだけマイナス成長ですが、ロシアを除いて、中国、インド、ＡＳＥＡＮ、中東、アフリカは全部プラス成長です。この統計は２００８年のリーマンショックの影響を先進国は軒並み受けたけれども、新興国はほとんど受けなかったということを示しています。翌年の経済成長率です。これが２０１０年、ちょうど中国が日本を抜いた年に回復しました。でも、アメリカ、ＥＵ、日本、イギリスまでは、プラス成長が、日本が一番低く1％、そしてアメリカも３・１％ということです。それに対して中国は10％、インドが８・８％、ロシアも回復して４％、ブラジルが５・５％というように、やはりリーマンショックの影響がいかに甚大であったか、それが先進国に甚大な影響を与えたか、新興国はほとんど影響を受けなかったということが分かります。そして、今、陰りが見え始めたと言われる中国が７％台です。７％でも先進国の成長率に比べはるかに大きな発展をしているということになります。こうした中で、中国脅威論が高まってくるのです。

もう一つ、少し驚く統計がこの六番目です。これは中産層の統計です。中産層がアジアでは１９９０年は１・４億人しかいなかったのですが、２００８年で８・８億人、そして２０１０年で10億人に成長しました。中産階級といっても世銀の調査ですから、大体２５０万円から３００万円台以上ということで、日本ではワーキングプアレベルかもしれませんけれども、それらが10億人アジアに集中して、そしてそのうちの1割が将来富裕層になると言われています。10億人の1割ですから、1億人の富裕層がアジアにできるということですね。日本の人口と同じだけの富裕層がアジアに生まれるということです。

それを保障しているのが真ん中の表です。これは貯蓄なのですが、上が家計レベルの、お財布レベルの貯蓄、下がGDP、国庫レベルの貯蓄です。お財布レベルの貯蓄で言えば、中国は2007年の段階で24・9%、実に4分の1を貯蓄に回しています。家計の4分の1を貯蓄に回している、インドもほぼ同じですね。びっくりするのは、これは経済産業省の資料ですけれども、貯蓄率が高いと言われていた日本が、3・3%でアメリカに並んでいます。この数字はNHKの放送大学でも示されていました。日本の貯蓄率は急激に下がり、他方中国やインドは成長するお金の4分の1を貯蓄に回しているという事実です。さらに驚くのは国庫ですね。国レベルでの貯蓄率は中国では55%が貯蓄、成長して余ったお金の半分以上を貯蓄に回しています。インドは40%近く、マレーシア、ベトナム、フィリピンという国々も2割~4割近くを貯蓄に回しているのです。中国はこの膨大な貯蓄によりユーロ危機に陥ったギリシャやキプロス、アフリカさらにウクライナにも、いろいろなところにお金を投資したり貸したりしています。彼らは現在、金余り状態、これが中産層の成長を支えています。そして、これは日本の上場企業890社が営業利益をどこで上げているかという数字です。これも少し驚くべき数字ですが、日本の営業利益は2008年で39・4%をアジアで上げています。アメリカはかつて10%ほどあったのですが、今や3%ほどに縮小して、4割をアジアで上げている。これが2010年段階での経済的なアジアのデファクトな（事実上の）地域統合の情況ということです。こうして、アジアは世界の消費市場になる。アジアは世界の工場であるというのはよく聞きますよね。生産市場である、加えて消費市場になる、と経産省は予測しています。つまり、アジアが生産と消費双方の市場になるということです。そしてその市場を保障しているのはお財布の4分の1、給料の4分の1を貯蓄に回している人々ですね。国庫の半分を貯蓄に回している国々です。

アジアの中産層

さらに、中産層がものすごい勢いで成長していて、その結果アジアで購買力が生まれる。つまり、10億人が中産層であるということは、アメリカと欧州と日本を足したよりも上位の数ですね。欧州5億人、アメリカ3・2億人、日本が1・3億人ということで考えると、ほぼ9・5億と考えて、アメリカ、欧州、日本のすべてが買い物をするよりも多い中産層が今アジアに存在するということです。そしてこれも経産省の資料ですが、アジアは将来、NAFTAとEUをも追い抜く。アンガス・マディソンはアジアが5割を超えるのが2030年と言いました。アンガス・マディソンはその後亡くなってしまったのですけれど。経産省あるいは世銀の調査ではそれを下方修正して2015年にEU、NAFTAを追い抜くと。しかし2010年の統計で日中韓三国とASEANを足したら、もうEUを追い抜いているのですね。そういう状況です。ですから、アジアの経済的潜在力はすごい、10億の中産層がすでにアジアに生まれ、その1割、1億人が将来富裕層に成長するということです。アジアはすでに2020年までに膨大な消費市場になる、生産市場だけではない。さらに今や10億人がスマホを持ち近い将来20億人になる。コンピュータITレベルで米欧日の二倍以上の人がITを操作するようになるということです。

でも問題は何か、とても明らかです。経済と安全保障が分断されています。アジア、特に日中韓は対立している。EUはよく知られているように経済と安全保障はほぼ同じ協力関係です。でもアジアではむしろ冷戦状態が再燃しつつある。地域としてのアジアは未組織でむしろ敵対しています。2012年から急速に対立は強化している。日本は尖閣や竹島や北方領土などほとんどの隣国と対立している。中国の軍事力は拡大し、国境線での緊張は高まっている。これは誰が得をするのでしょうか。少なくともアジアは得をしない。漁夫の利を得るのは米欧です。南シナ海で、東シナ海で新興アジア各国と日本が対立してもらった方が米欧近代の支配は揺るがない。

ではどうすればいいのか。単純に考えて今、財務省がやっていること。私は政治学者ですけれども、政治と安全保障は置いておいて（笑）、地域の安定的な再編を図る。それは経済の協力関係であり、エネルギーの共存であるということです。特にエネルギーの共存、災害対策は、2011年の3・11から始まりました。周辺と協力しないとエネルギーが足りなくなったとき、どうするかということです。ロシアから石油や天然ガス、アメリカのシェールガスに加えて、日中韓で、日本海にも電線のラインを通すというような形で地域協力が進んでいます。あるいは、蓄電技術開発が進んでいます。政治と安全保障は置いておいたところでの解決のカギはある。その改革のカギの一つ目が多元的な地域「間」協力、ＲＣＥＰなどです。まさにこの講座のプログラムはそういうところで始まっているのですね。世界一になりつつあるけれど、お互いに対立しているアジアが、どうすればいいか、というところで、中国や韓国の方々にも来ていただいてお話をしていただこうということです。ＴＴＰがうまくいかなくても問題ない。ＲＣＥＰをどう実体化するか、ということです。

表３　アジアの地域協力
アメリカに大きく依存
アジアの組織 **13**：米 **6**、アジアプロパーは **3**

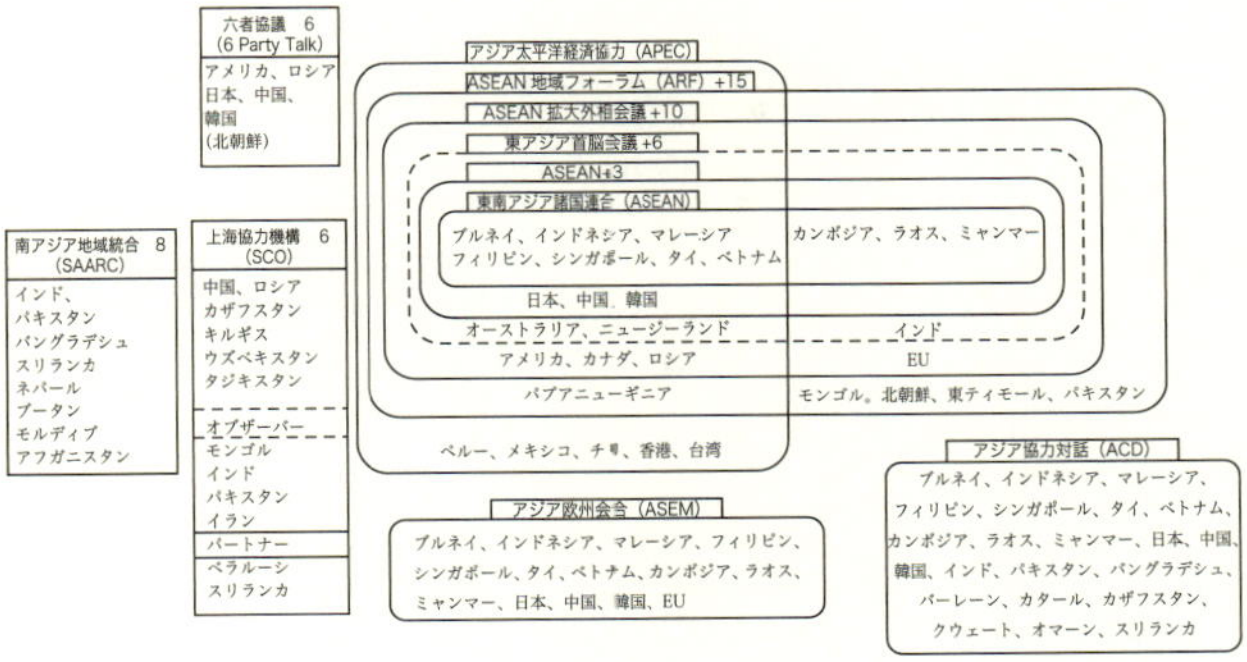

アジアの地域「間」統合

実はアジアはまとまっていないと言われながら、アジアには地域統合がすでに12以上も動いています。これはちょっと見ていただくと、ヌードル・ボウルとか、スパゲティ・ボウルと言われる。10以上もある。よく見ていただくと、一番真ん中にあるのはＡＳＥＡＮです。ＡＳＥＡＮの次にＡＳＥＡＮ＋３、日中韓。その外にＲＣＥＰ＝ＡＳＥＡＮ＋６、オーストラリア、ニュージーランド、インドです。そこでもうアメリカもヨーロッパも抜いてしまうのです。このＡＳＥＡＮ＋６に被ったのが、ＡＳＥＡＮ＋８です。ＡＳＥＡＮ＋８を誰が提唱したか知っていますか？　オバマです。ＡＳＥＡＮ＋８の＋２カ国はアメリカとロシア、これ

表4　欧州の地域統合との機構的差異
〈一番外枠に**OSCE**　イデオロギーを超え宗教や文化を超えた安保を話し合う機構〉紛争解決の制度化

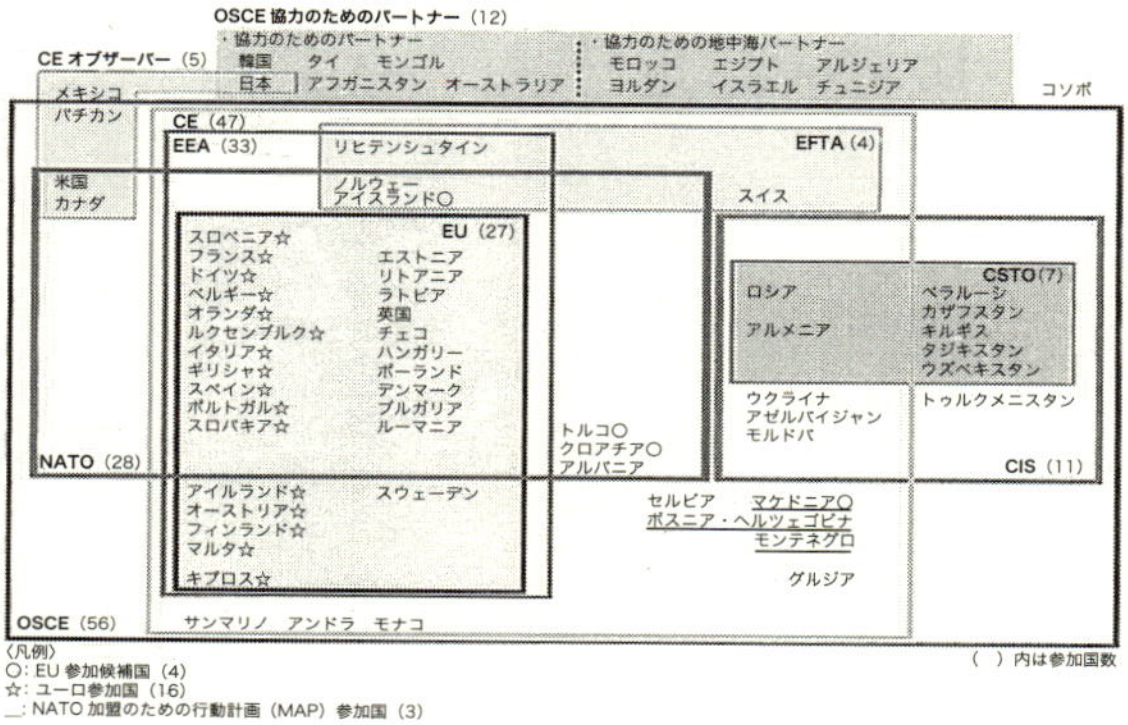

を2010年のAPECでアメリカが提唱しました。アメリカはアジアがトップになりつつあることを知っていたのですね。そして、ASEAN地域フォーラム（ARF）、安全保障を話し合う機関です。それからAPEC、これもアメリカが入っています。こういうふうに考えると実はこの12を超える地域統合の中でアメリカはすでに六つの機構に参加しています。六つとは、2010年にできたASEAN＋8、あとは、ARF、APEC、ASEAN＋10、それから、6者協議、北朝鮮の核やミサイルについて話し合う機関ですね。それからTTPです。アメリカはすでにこのヌードル状態のアジア地域統合の六つ、ほぼ半分に入っているのです。2013年からTPPが始まりました。そうすると六つ、アメリカはすでにアジアの地域統合の半分に入っています。これがリバランス、ピボットということです。EUも三つに入っています。EUはアジア最大の組織、ASEM（エイセム）、「アジアと欧州会合」という、アジアのほとんどの国とEUのすべての国が入った48＋2に入っております。そのほかにARFとASEAN＋10に入っています。

他方で、アジアの国だけしか入っていない組織は実は三つしかありません。ひとつはASEAN＝ASEAN10カ国、それから、ASEAN＋3（日中韓）。そして、SAARC（サーク）と言われる、南アジア地域連合です。ただし、SAARCはインドとパキスタンの対立で動きが鈍く、日中韓は対立しています。それ以外には全部アジアではない国が入っているのです。上海協力機構は、ロシアが、6者協議にアメリカ、ロシアが入っています。

ご存知のようにEUは基本的にヨーロッパの国だけからなっています。図を見てください。左の四角がEU、横長四角がNATO。そしてその外側に大きくあるのがヨーロッパの国連と言われる、OSCE（全欧安保協力機構）です。とてもキレイでシンプルです。これが欧州の機構です。欧州連合は基本的には欧州域内だけで形成されていて分野別に機構化されています。欧州連合EUの枠組みの中にシェンゲン協定という国境線を自由にパスポートなしで移動できるもの、あるいはユーロ経済圏、経済領域が入っていますが、ここの中にアメリカは入っていません、もちろん日本も入れません、アフリカも入れません。他方アジアの地域統合のとても大きな特徴は、加盟国が世界に広がっているということです。とりわけ半分にアメリカが入っています。これが「開かれた」地域統合ということの実態ですね。世界に「開かれた」地域統合、そしてヌードル状態。アメリカもEUもアジアの地域統合には口を出す。これはなぜなのか？　これもアジアが経済的に発展を続けているからです。アメリカも欧州も、アジアの富の分け前にかかわろうとしている。自分たちはアジア太平洋の一員とアメリカは言えますけど、欧州は言えない、言えないにもかかわらず、また、EUにはモロッコもロシアも入れないにもかかわらず、アジアと欧州は、かつては植民地状態にあったけど今は友人だと言ってASEMに入ってきています。これが、アジア・プロパーがたった三つという状態の背景にあります。他方で、アメリカ、欧州の遠心力が強すぎて、アジアは真ん中が「ドーナツ現象（羽場）」です。すなわち中心がない。ASEANがかろうじてまとまっている。ASEANの事務総長のピッツワン（当時）はハーバードに講演に来たとき、「ASEAN諸国もすごく仲が悪いよ」と言っていました。でもその仲が悪いのを調整できるのがASEANだと。アジアの12を超える地域統合が、仲が悪くても調整できるのはASEANだけです。インド、パキスタンについては、私がインドを訪れたときにSAARC（サーク）研究所の所長が、とても興味深いお話をしてくれました。一番心に残ったのは、インドとパキスタンあるいはSAARCの国々は歴史的に仲が悪い、しかし自分たちは「南アジアのアイデンティティ」をこれから作ろうと思っている、だからインドのデリーの郊外に南アジア大学院というのを作った。そこで学んだ学生たちは、きっと将来、南アジア・アイデンティティを作ってくれるだろうと言ったのです。すごく感動を受けました。ＳＡＲＣは未だまとまっていないが若者の未来に希望を託しているのです。きっと東アジアでも皆さんの世代で新しい「東アジア・アイデンティティ」を作ってくれるかもしれないと期待しています。

以上を見てきたとき、アジア地域の内側を強化する必要があります。そしてその内側の強化は経済力と市民力だと思います。政治は横に置いておいて、安全保障も横に置いておいて、この仲が悪い状態の中で、飯坂先生たちがはじき出したように現実に6割の経済協力関係が機能し浸透しているのです。私たちが買ってくる物のかなりの部分は、Made in Chinaだったり、最近は１００円ショップではMade in Vietnamとか、Made in Malaysiaとか売っていますよね。だから、まず経済力を強化していく。ヌードル状態の中でこの内側を強化していくその主導権は市民にあるというのがとても重要なのではないかと思っています。

日本はどうするべきか——アメリカとアジアの架け橋に

後半に入ります。日本はどうするべきか、ということですね。提案1です。日本はアメリカとも仲がいい。そしてアジアの一員である、であるならば、アメリカとアジアの架け橋になれないだろうか、一番それにふさわしいのは日本だと思います。日本がやらなければ、今頑張っているのは韓国ですね。韓国は韓米同盟があり、そしてアジア大陸の一員です。そして、ハングリー精神とアグレッシブな精神を持った若者たちが世界中で知力、技術力を学んでいる。日本を抜くと豪語している、その韓国に負けないだけの歴史的な力と礼儀正しさと素晴らしい技術、経済力を持っているのが日本であると思います。提案は、日米同盟かアジアかの二者択一ではない、どちらとも共同するというのが私の提案です。財務省で日中やアジアの通貨統合を考えている方々も、アジアの通貨統合によってアメリカと袂を分かつこととは考えていないと思います。アメリカとアジアの両方取る。それがやれるのではないか、そして、それをやったときの利益は膨大です。アジアをinstitutionalize（制度化）する、米欧亜のように三極構造の一極をもう少しまとめて、安定的な地域にしたら、非常に繁栄する地域にならないだろうか、それを日本がリーダーシップを取り、あるいは韓国、ＡＳＥＡＮと共同してやれないだろうかというのが一つ目です。これは将来、皆さんの課題になると思います。

二つ目は、日本の得意なことを続ける。経済の共同です。アジアとの経済を強化することはアメリカに対立することにはならない。これは２０１０年にオバマが、自分たちはアジア太平洋の一員であると言ってＡＳＥＡＮ＋８を提唱したことにかかわっています。アメリカはアジアの地域統合に入りたいのです。２０１１〜２０１２年の１年間アメリカに居て強く感じたことは、日本が思っているほど、アメリカは日本だけと結びたいとは思っていない。アメリカは世界戦略をもって政策を決定していますから、日本にこうせよというのと同じように、韓国にも、中国にも、ロシアにも、すべての異なる戦略を持っています。それに対して日本は独自のアジア戦略、世界戦略を持っているだろうか、ここをもう少し、強化していったほうがいい。オバマがＡＳＥＡＮ＋８を提案した理由ははっきりしています。オバマは雇用２００万人計画と、経済力回復、輸出倍増を彼の2期目の最大のスローガンにしました。２００万人の雇用を実現すること、そして、アメリカの経済力を回復し、アメリカの車やサトウキビを世界中に売っていくこと、それがＴＰＰであり、アジアへの接近ということであったと思います。それを今やトランプがひっくり返している。アメリカと結び、アメリカの言うなりにアジアを動かす必要はない。ヨーロッパと同様に自分たちの国益を維持しながら、アメリカと交渉するだけの実力を日本はつけていかなければならない。そうして安定と相互依存、不平等を解決し、平和と繁栄と発展を経済を基軸にして共同で享受する。これこそが最初のパワーシフトの挑戦に対する答えではないかと思います。衰退しつつあるアメリカ、欧州、あるいは日本などの先進国が目指すことは成長する新興国経済と結びつつ、こちらから提案できる技術力、知力、経験を供与していくことだと思います。

国境線の凍結

三つ目の、一番大きな難しい点は、安全保障です。安全保障問題については、私はもともと欧州の専門家ですけれども、欧州がとても賢いやり方で提案を行いました。欧州は、１９７５年のヘルシンキ協定で、紛争地域の国境線はすべて凍結するということを提案したのです。１９７５年はまだ東西ドイツが分断されているときです。東西ドイツが分断されているさなかにヘルシンキに集まった欧州の一同は、平和のためには現状の国境線を凍結すると決めたのですね。西ドイツは一旦強く反発したのですが、最終的にこれを受け入れるんですね。当時のブラント首相は東方外交でとても有名ですが、ブラント及びその後のシュミットは、東西ドイツの分断は現状ではヨーロッパの平和に貢献するということで認める。ただし、時がきたときにはこれを平和的に解決する方向で動くということで、ヨーロッパ全体でドイツも含めて、紛争地域の国境線はこれを凍結するということに署名をしました。同じことをアジアでも話し合いにより凍結する。この国境線凍結によってその後、欧州は急速に発展していくんです、経済的に回復し、そして、アメリカにならぶ経済圏を作っていきます。

もう一つは東北アジアの「ドーナツ現象」地域、統合の核がないという状態を解決する。日米同盟はそのままでいいと私は思っています。放棄してからとなると永遠に変わらない。１９６０年からこの57年間つくってきた関係を維持しながらそれでも中国や韓国と、戦争をしないで安定的で発展したアジアを作ることをアメリカは承認すると思います。今、まさに一触即発の状況ですね、さまざまなところで紛争が起こる、戦争が起こるのではないかとささやかれています。私もそう思います。尖閣周辺のどこかで日中の漁民がぶつかり人が海に落ちて死んだら、２０１３年1月中国海軍からレーダーの照射があったように、レーダーの照射に応えてどちらかが発砲したら何かが起こる。今、日本側は中国に先に発砲させたいと思い、中国側は日本に先に発砲させたいと思っています。その後の国際裁判にかかわるから、どちらが戦争を先に始めたか。だから、自分が先に始めず、向こうからさせたいとお互いに思っています。発砲したら戦争が始まりますね。たとえ局地戦でも。私は欧州史をやっていますが、セルビアのサラエボという小さな町で、皇位継承者フランツ・フェルディナンドがナショナリストに暗殺されました、一発の銃声が世界を変えた。それから何年も続く第一次世界大戦が始まります。欧州の第二次世界大戦はドイツがポーランドに侵攻していったときです。ポーランドの国境線を越えて侵攻していったとき、欧州はバランス・オブ・パワーというのがありますから、一つの国の軍が国境を越えて侵攻し始めたら、すぐにパワーバランスがくずれ何カ国かが結びついて、そして同盟国同士が戦争準備に入り宣戦布告をして、それに連鎖反応して戦争の協力関係が始まることによりヨーロッパの大戦、世界大戦になりました。

１９９９年コソボ空爆では劣化ウラン弾が使われ大問題になりました。今イラクの周辺で、子どもたちに体の異常が出てきていると言われています。劣化ウラン弾が使われたのではないかと疑われています。中国と日本と、あるいは北朝鮮のミサイルの脅威、戦争が始まったら東アジアでも劣化ウラン弾は使われると思います。劣化ウランですめばいいですが、本当に核ミサイルが発射されたら大変なことになります。それが２０１７年の状況です。軍拡論者しか喜ばない。それは押しとどめなければならないと思います。小さな突破口から世界大戦は始まります。それを押しとどめるための取り決めがヘルシンキ宣言での国境線の凍結でした。誰かは涙をのまなきゃいけない、妥協しなければならないかもしれない、どちらも妥協しなければならないかもしれないけれど。それによって戦争状態は避けなければならないし、避けられる。そういう状態にきていると思います。地域の共同を実現することで北朝鮮のソフトランディングを共同で支える。それから、安全保障の中で、非伝統的安全保障に力を注ぐ、食の安全、防災、エネルギーの総合供給、制度化です。

四つ目は、中国の民主化は急がない、なぜか？　多民族国家で民主化を急ぐと不安定化します。再び欧州の問題ですが、ソ連・東欧で民主化を進めた社会主義国のほとんどは政権が崩壊し民主政権となりました、中東欧の政府は社会主義体制が崩壊して次々に民主主義政権になりますが、20年間ほど不安定でした。ソ連は、ゴルバチョフが民主化を進めたあと91年に、冷戦終焉後の2年後に崩壊しました。中国はそれを目の当たりに見てきています。民主化すると思いますか？　民主化の結果、目の前で東欧が崩れ、ソ連が崩れ、ユーゴスラビアでは9年間紛争が続き空爆で終結しました。もし中国の指導者だったら民主化を避け安定化する方法を探し、中国は民主化しても崩壊しないということが確実になった時点で民主化を開始するでしょう、イラク、アフガニスタンも未だに不安定で、オバマはアフガンから撤退したいと言いながら未だ撤退できていません。民主化は多民族多宗教の地域では不安定化を呼びます。アラブの春の結果、それらの地域では非常に不安定化が促進されました。ウクライナもしかりです。民主化がなぜ不安定化を呼び起こすか。独裁者により統合されていた多民族社会に民主化を導入すると多様性、多様な価値を持った指導者が乱立し制御できなくなる。別の政党、別の民族、異なる主義主張の人たちが拡大し対立します。異なる意見を持った13億の民を民主主義でまとめることはおそらく中国共産党の指導者でもできない。民主化を急ぐことを外からは要求できない。民主化は内から起こるものだからです。

シンクタンクの強化

最後に、重要なことなのですが、日本の役割として、今私たちがやらなければならないこと、皆さんにも是非参加していただきたいことは、シンクタンクの強化・制度化と、ソフトパワーの強化、共同大学院の構想です。文部科学省はすでにアジアで30万人の若者交流計画を打ち出しました。日中韓の30万人若者交流計画を打ち出して、中でも、早稲田大学が共同大学院構想に着手し始めました、青山学院大学でも他大学と共同してやりたいと思っています。一大学だけではなくアジア全体で、アジアの他の大学と結びながら共同シンクタンク、共同大学院構想を進めたいと思っています。夢のように聞こえるかもしれません。しかしアメリカや欧州はすでにやっていることなのです。アメリカ、欧州は数千人規模のシンクタンクがあります。プロジェクトベースで、２０１３年、アメリカが一番シンクタンクを通じてやったことは福島原発の分析ですよね。いかにあのような悲劇を生まずに原発を維持できるのかできないのか、アメリカは原発にかわり、中国のソーラーパネルを入れ始めました。中国のソーラーパネルはアメリカや日本に比べて人件費は18分の1、生産費は4分の1でできます。アメリカのソーラーパネルを作っている会社からは猛反対が出たにもかかわらずアメリカは、中国から大量のソーラーパネルを入れ始めた。持続可能な代替エネルギーを使い始めています。それらを支える政策のすべてはシンクタンクの共同にあります。民主党が政策上多くの問題を起こしたのは、シンクタンクの基盤がきちんと整っていなかったからです。第二政党として、知や技術を育てることを怠ってきたからです。そればかりか官僚を切ってしまった。官僚をいかに使うかは政治家の役割であって、官僚を使わないで政治家だけでやれるほど、21世紀の世界は簡単ではありません。地球温暖化問題、原発問題、あるいは少子高齢化問題、安全保障などあらゆる問題は、政治家だけで決定できる範囲を超えている。政治家は決定する権限はある、しかしそれを調べて政策化にまでもっていくのはアメリカや欧州では数千のシンクタンクです。それを支えているのがハーバード、オックスフォード、カリフォルニア工科大学、世界の大学のトップ１００に並ぶ大学群ですね。アジアに欠けているのは共同のシンクタンクです。今、世界トップ１００の大学のうちに入っているのは、東京大学、京都大学、大阪大学などですが、東京大学は２００７年の17位から５年間で32位に転落しました。それを超えたのが香港大学、シンガポール大学などです、あるいはタイのタマサート大学。今、世界の１００の大学の中でも日本は相対的に下がりつつあります。それに対して今、東大や京大が巻き返しを図っているような状況にありますが、私立大学も頑張らねば。日本人は高い知力と技術力、勤勉さを持っています、経済力も持っている。それを再生させなければならないとともに、アジアに欠けている共同のシンクタンク、共同の制度作りを北京大学やソウル大学やシンガポール大学やタマサート大学と共同して一緒にやっていかなければならない。今それを日本学術会議も目指しています。日本の知力、技術力を磨くことで欧米とアジアを結んでいく。大学だけでなく、象牙の塔だけでなく、世界の経済界、官界、大学の共同のリーダーシップを作っていかなければいけない。これを日本の政権も構想として打ち出すべきである。アジアのシンクタンクネットワーク、30

万人の若者交流計画、キャンパスアジア計画。これを進めていく必要があります。それは皆さんの力なのです。

知の共同と繁栄

最後にまとめです。三つの提案を行います。そしてこれらについてこれから15回に分けて次々に話がなされると思います。一つは共同の経済発展です。これは繰り返し述べてきましたし資料も見ました。二つ目は和解と協働による繁栄ということです。３番目が「知の共同」ということです。一番重要なメルクマールは三つともアジアの地域統合と日米同盟は両立できるということです。アメリカが望んでいるのだから、アメリカの利益とアジアの利益は共存できる。もう一つ、明らかなことは21世紀がアジアの時代であるということです、21世紀はアジアの時代になりつつある。にもかかわらずアジアは組織されていない。それをいかに組織するかというのが、緊急の課題であると思います。基本は経済共同から出発すべきです。皆さんはあと数年後に就職しますね、ぜひ経済協同を一生懸命やってください。アジアに進出し、アジアからの人を受け入れることで共同と繁栄ができます。21世紀を生き延びるために、アメリカと欧州はアジアとの共同開発をすでに始めています。安全保障はなかなか Win-Win にはならない、Zero-sum ゲームですね。Zero-sum というのはどちらかが勝ったらどちらかは負けるというのが鉄則で、それが政治、安全保障です。しかし、ポジティブ・サムはありえる。経済の Win-Win 政策は私たちも繁栄する、向こうも繁栄するということで実行できます。一方ばかり得あるいは損をしていては継続しません。平和と安定と繁栄をいかに経済協同を基礎につくっていくかということが重要だと思います。

和解ということについて最後に一言述べたいと思います。２０１３年末に獲得した欧州のノーベル平和賞の根拠がここにあると思うからです。通常ヨーロッパはキリスト教であり、仲がいいから、均質だから和解は簡単にできると言われます。しかし欧州研究者としてはそれは違うと思います。独仏和解、１９５２年にヨーロッパ統合を進める「和解」が始まりますが、それは３０００万人以上の戦争犠牲者を出し、６００万人がホロコーストで殺された、第二次世界大戦終結の数年後にまさに屍の上に始まりました。自分の肉親が殺され家族が殺され、累々たる屍の上に彼らは涙と悔恨をもって敵と「和解」したのです。なぜそのようなことをしたのか。それは和解することによって欧州を再び繁栄の地にするためです。和解というのは平和構築と同じように戦争状態を終わらせること、対立を終わらせることです。仲がいい人たち同士に和解は必要ありません。対立しているから憎しみを越えて、和解するのです。それによって欧州は３０００万人の死者を出した後、６００万人のおぞましいホロコーストの後、５年間で戦争をしない「不戦共同体」に生まれ変わりました。これは天才と言われるジャン・モネとシューマンの努力によるものです。なぜ戦争が終息したのか。それは石炭鉄鋼共同体によるものです。石炭と鉄鋼こそが当時の戦争の原因だった。アルザス、ロレーヌ、シュレジエン、ラインラント。ドイツが侵略していったところはすべて石炭か鉄鋼があったところです。今で言えば、石油天然ガス、原子力です。われわれはもう一度、数千万人の屍の上に「和解」を繰り返す愚を犯すのか。尖閣のような岩場で誰も住めないところでなぜ抗争しているかというと、あそこに石油が出る、天然ガスがあるからですよね。ならば共同開発すればいい。エネルギーの共同開発によって紛争と敵対を経済共同に変えることができる。それを欧州は立証したと思います。同じことを東アジア、南アジアで実行できればよいと思っています。アジアの、相互不信の政治と抗争の芽を横に置いておいて、経済の共同発展と繁栄、共同シンクタンクの制度化が世界を安定させ危機を救うと思います。皆さんの活躍と、アジアの学生との交流と、未来に向け「知力」を蓄えていただくことが安定と繁栄の基礎になるのではないかと思います。是非、世界の50%を担うアジア経済を、皆さん若者たちが作り上げ、担っていくという時代にしてほしいと思います。

ご静聴ありがとうございました。

【引用・参考文献】

トフラー、アルビン（1993年）、徳山次郎訳『パワーシフト――21世紀へと変容する知識と富と暴力（上・下）』中公文庫、中央公論新社。

ナイ、ジョセフ（2004年）、山岡洋一訳『ソフトパワー――21世紀国際政治を制する見えざる力』日本経済新聞社。

羽場久美子（2016年）『ヨーロッパの分断と統合――拡大EUのナショナリズムと境界線―包摂か排除か』中央公論新社。

――編著（2013年）『EU（欧州連合）を知るための63章』明石書店。

――（2012年）『グローバル時代のアジア地域統合――日米中関係とTTPのゆくえ』岩波書店。

――（2009年）「拡大EU、東アジア共同体への示唆――対立から繁栄へ：地域統合の比較研究」『学術の動向』。

――（2016年）「中国の対欧州戦略――英国の離脱で強まるEUとの関係『AIIB&一帯一路構想』」『週刊エコノミスト』。

山本吉宣・羽場久美子・押村高編（2012年）『国際政治から考える東アジア共同体』ミネルヴァ書房。

Ikenberry, G. John, Yamamoto, Yoshinobu, & Haba, Kumiko (eds) (2012), *Regional Integration and Institutionalization comparing Asia and Europe*, Research Institute, Aoyama Gakuin University, Shoukadoh, Kyoto.

Haba, Kumiko (2013) (ed) (2013), *Great Power Politics and the Future of Asian Regionalism, at Harvard University*, Aoyama Gakuin University, Tokyo.

Organski, A.F.K. (1968) *World Politics*, Alfred A. Knopf.

第2講　アジア共同体の現状と課題

鳩山由紀夫

皆さんこんにちは、今日は羽場先生から、青山学院大学の寄附講座で、総理のときに東アジア共同体について提唱したが、この考え方は決して間違っているわけないと、だから勇気を出してくださいと、お話をさせていただく機会をいただき、喜んで来させていただきました。仙波学長さんにいろいろと学園の中をご紹介いただきました。由緒ある青山学院大学に初めて来させていただいて非常にうれしく思っています。またこの寄附講座にこんなに多く1200人の方々が集まっていただいている。アジアに対して皆さんがどこまで関心があるか、是非この講座を終えたときにはアジアっていいなと、アジアともっと、人々と仲良くしようと、そんな気持ちになっていただければ大変うれしいと思います。

実は三日ほど前に来日されておられた（2013年4月13～19日)、アウンサン・スーチーさんと1時間ほど、議員の方々、10人ほどとディスカッションをさせていただきました。民主化が実現して、アウンサン・スーチーさんが解放されて、日本に来た、会えてうれしいと、もうそれだけで心が躍る気持ちでした。アウンサン・スーチーさんとは実は11年前に、まだ軟禁状態のときに一度だけ電話でお話をすることができました。そのときには私のほうから、もうすぐ解放ですね、解放されたら是非日本においでくださいねと、そう申し上げました。分かりましたとスーチーさんが英語でお話をされて、是非日本は昔留学したところでもあるので伺いたいですと、でもやはり北欧の例えばノルウェーなどを訪れてから行かせてくださいという正直なご返答もありました。そのとおりに北欧に行かれてからしばらくたって日本に来てくださいました。

お話を伺うと、民主化の道半ばだとおっしゃっていました。まだまだこれからですと。彼女はBurmaと言っておりました。ビルマがもっと民主化をして、人々の心が大いに伝わって、街が、国が発展するために、日本の皆さん協力をしてくださいと、そんなお話がありました。何が足りないのですかと伺いましたら、一番人々が困っているのが雇用問題ですとおっしゃいました。その次に、欲しいのは舗装された道路だそうです。雨になると道が閉ざされて、実際歩けないような状態になるのだと。だから多くの国民の皆さんは道路の改良を欲しています。3番目に水だとおっしゃっていました。飲み水です、下水も当然ですが、下水の前に飲み水も十分に無いのですと。だから水の問題に対して強い関心を彼女は示しておられました。四つ目が電気だと、産業を興そうとしてもほとんど毎日のように停電が起きるのですと。我々は電気は常にあるのが当たり前だと思っていますが、まだ途上国では電気も大変貴重な、人間にとって欠くことのできないものです。その電気が足りないからなんとか協力してくださいと。そして、もう一つ挙げるとすれば、教育だと。いかに人材を教育していくかということが、このビルマという国を本当に民主化して発展させていくためにもっとも大事なことのように思いますとおっしゃいました。

是非、先ほど、仙波学長さんにも羽場先生にもお願いをして、実はビルマの政治犯の方々がもう20年近くも外に出ないで、牢獄につながれて、その間は勉強も何もできない若者たちがいて、10年、20年たって勉強もしてないですから、解放された、うれしいのだけれども、何の仕事ができるか、あるいは国のために政治をやろう、経済をやろう、といっても簡単にはできないと。日本で学びたい方がたくさんいるのですと。そういう方々に是非日本に来ていただいて、青山学院大学で皆さんのお友達になって学んでいただくような場を作っていただけないかなとそのことを申し上げてまいりました。これはアウンサン・スーチーさんの願いでもございますので、はい分かりましたということはなかなか無理かもしれませんが、いずれ皆様方のお友達としてビルマの青年たち、あるいは女性の方も多いと思いますが、政治犯ではあるけれど、この国をなんとかしなきゃならないと思えば思うほど、実は軍事政権の中で身動きが取れなくなっていた人たちのために、その方が解放されて青山学院大学で学びたいと言ってくださったときには、皆さんの仲間として受け入れていただきたいなと、今日はそのことを学長にもお願いをしたところです。

そのアウンサン・スーチーさんがあるところでおっしゃっていました。日本のことを察しておっしゃっていたようです。過ちは誰でもあるのです、でも、「過ちを認めることをためらうことこそ、もっとも大きな過ちではないでしょうか」、そうおっしゃいました。そうですよね、誰だって我々完璧な人間じゃないですから、いろんな失敗はします。でも失敗は失敗で、そのことはしなきゃしないほうがいいですけれども、したらしょうがない、でもそのときには過ちをきちっと謝る、認めて謝る勇気を持つということを、さらには過ちを過ちだと認めることをためらうことがより大きな過ちですとおっしゃっていました。日本が戦後の問題でいろんな意味で過ちを認めようとしていない、そのことに対して言及されたものだなとそう思っています。私はこの1月、中国の南京にまいりました。その結果、小野寺五典防衛大臣から「国賊」と言われました。国賊の話を皆さんこんなに多くの方が聞いていただけるのは大変幸せでございますが。国賊となぜ言われてしまうのか、私にはまだ理解はできません。南京にあるあの大虐殺記念館に行かれた方いらっしゃいますか？　私も実は66歳になって初めてその記念館に行ってまいりました。当時の日本の新聞に二人の兵隊さんが１００人斬りを競い合っているというそういう記事が展示されていました。メディアもはやしたてていたのです。南京で何人の人たちを殺めることができるのか競争しようじゃないか、二人の兵隊が、俺が１００人先に斬るのだと、いや、オレが先にやるのだと、それをさも誇らしいことかのように書き立てている新聞記事でした。その記念館には現実に多くの骨が埋まっておりました。掘り起こされていたものですから、かわいそうに、もう地面のところに骨がたくさん見えておりました。写真もたくさんありました。日本の兵士の証言もたくさん書かれていました。それで、そういう場所に行って、かつての日本兵が行ったことに対して、どんな気持ちでいられるのか、とてもこんなことはなかったはずですとは言えるわけありません。それは30万とかいう数がどうかという正確なことを申し上げているわけではありません。たった一人でも、一般の市民を日本兵が殺めたとすればそのことに対して、かつての日本兵が行ったことに今の日本人として謝る気持ちを持つのは当たり前だと思っています。まして、おびただしい数の方々を殺めてしまった以上、そのことに対しては、政治家としてというよりも一人の人間として大変申し訳ないことをしたと、館長さんに謝りました。館長さんはこう言いました、でもこのような記念館をつくったのは、別にこれを誇示するだけのつもりでやっているわけではありません、こういう事実というものがかつてあったと、そのことをみなさんに知っていただいて、そして二度とこういうことが世界中で起きないように、その記念のために作らせていただいたんですという話でした。そのとおりだなと思います。むしろ二度と人間が間違った戦争を起こさないように、戦争すると戦争自体が長期ですから、何を行うか分からないそういう中であのようなことが起きてしまったことを、少なくとも、日本人として二度とそのような過ちを起こさない。世界の皆さんにも同じような過ちをおかさないようにということを伝えることが私たちの役目ではないかと。そしてその役目を果たしていく中で、戦後、日本もアメリカの皆さんにお世話になったから、俺たちはアジア人というよりも西洋人の仲間入りをして考え方も行動もアメリカナイズされたことがモダンだと、そんなふうに思って進んでいったように思います。そのことがすべて悪いとは言いません。経済も発展してきました、そのことは感謝すべきです。アメリカには感謝をする点も多々と思います。でもだからと言って、自分たちはアジア人であるということを決して忘れるべきではない。いやむしろもっと、アメリカも大事だけれども、中国も韓国もＡＳＥＡＮの国々もみんな大事に、みんな一緒に仲良くやろうよという気持ちになることのほうが、はるかに重要じゃないか、そう思っております。羽場久美子先生も同じ気持ちでこのような講座をつくられた、そのことに敬意を表しながら私なりにしばらくの間お時間をいただければと思います。

今申し上げたように私としては、なぜアジアの地域統合というものを意識しなければいけないのかということを、二つの事例で申し上げました。そして、私はつい先日、3月末、東アジア共同体研究所というものを、小さな研究所ですけれども立ち上げました。これから東アジアにみんなが協力をして大きな輪ができていけるような、そういう共同体をつくろうねと。またそれはいろんな形で協力できるじゃないかと思います。日本には漫画の文化もある。漫画・アニメなどで協力をして、同じ文化を育てようとする方々と、共同体のような考え方で協力を高めようじゃないかと。あるいは教育の中で、一緒に勉強することで、この地域の過去の問題などもクリアしていこうねとか、いろんな協力の仕方をこれから考えていきたい。料理とかファッションとか、さまざまな分野で、いろんなレベルの協力の仕方をこれから模索していこうと、そのように思っているのです。

このたび東アジア共同体研究所を立ち上げ、孫崎享さんに所長になっていただきました。そして、世界友愛フォーラムという東アジアだけにとらわれないで、広く友愛ということを世界に広めていきたい、その部隊を運営していく役割を茂木健一郎さんという脳科学者の方にお願いをしています。ああいう方もネットを通じてもうすでに友愛研究会というようなものをつくっていただいて、若者の皆さんで友愛を学びたいという方々を募っているところです。皆さんにももしご関心があれば、是非、東アジア共同体とか、そういう話の原点に友愛というものが、考え方があるということを認めていただければうれしいのです。

そもそもこの友愛という考え方は、クーデンホーフ＝カレルギーという、19世紀の末に生まれ20世紀に活躍された方がいますが、お母さんが日本人、お父さんがハンガリー、オーストリアの大使で日本に赴任をして、そこで青山ミツさんと結婚をして生まれた子どもが、リヒャルト・クーデンホーフ＝カレルギーです。当時は、全体主義の嵐が吹き荒れていました。一つはヒットラー、ナチス、もう一つはスターリン、ロシア。この全体主義の嵐の中で、これではいけないと。資本主義が、自由が、大事だけれども、いきすぎると大変なことにもなる。平等も、これも大事な考え方だけれども、平等も行き過ぎれば怠惰になると、活気のない社会になってしまう。ではどうすればいいのか、その自由と平等をつなぐ役割が友愛じゃないかと、人と人との間を信頼しながら、つなぎあっていく友愛精神というものがあってはじめて自由も平等もうまく成り立っていけるのだと、その自由と平等の架け橋としての友愛という考え方を打ち出してくださった。その当時まさに全体主義に対して戦う革命の思想であった友愛革命です。

私が友愛の話を国会の壇上で何度かいたしました。その度に、いつも、またこんな話をするのかと、新聞までも鳩山の友愛なんていうものはいいかげんなものだと揶揄されました。当時、中曾根康弘元総理が議員としていらっしゃって、私も尊敬する政治家で、お話を何度も伺ったことがありますが、彼に言われました。鳩山の友愛はあまっちょろくて、まさにソフトクリームのようなもので夏が来れば溶けてしまうよと、そう言われました。なるほどな、そんなふうに言われてしまうのだなとそう思いながら、２、３年たったらもう一度中曾根総理から言われました。あ、君の友愛のことをソフトクリームと言って申し訳なかった、これからはアイスキャンデーと呼ぼうと、そう言われました。うれしいのか悲しいのか。でも、その違いが分からないのかと、アイスキャンデーには芯があるだろと言われまして、君の友愛精神にも少し芯が出てきたと、でもまだ細いと言われました。うまいこと言うなと喜んでしまって、そういう何かしゃれのきいた中曾根さんのご批判もありました。でも一般的にメディアなども、やはり政治の立場から友愛ということをいくら説いても、どうせこれは夢物語だと、うまくいくわけがないと、そう揶揄されるのがオチでありました。

そういう中で、友愛精神の考え方を私なりに、自立する心と共生、共に生かされる心、この二つに因数分解をいたしました。一人一人が自立心を持たない限り愛というものは通じるものでもありません。自分自身に対して尊厳を持たせる生き様が自立でございます。しかし、一人一人が自ら一人だけで生きられるわけはありません。したがっていろんな人たちと協力をしながらこの社会が成り立っていることをもっと積極的に受け止めなきゃいけない、自分自身の価値というものを尊厳というものを高めながら、しかし他人というものを認めないのではなくて、しばしば政治家は意見が違うと、けしからんとか言って政党を追い出すけれども、そうではなくて、違う考えをお互いに認めながらその存在というものを尊重する、相互の扶助の精神を持つということが大切だと思っています。それを共生、共に生きると私は訳しました。この「自立」と「共生」という二つの考え方をともに生かすために必要な考え方が「友愛」だと私は思っています。したがって、友愛ということを自立と共生という言葉に置き換えて、例えば、人と人との間の、個人と個人との間の友愛、自立と共生というところで、「新しい公共」ということを申し上げてまいりました。

人と人との間で新しい公共、地域と地域との間で地域主権。国がトップにあって地域が下にあるのではない。地域同士がお互いに連携をし合いながらお互いに競い合いながら、それぞれ自立し合いながら、地域を発展させていく、そういう発想が大事です。国と国ということで申し上げれば、それが「東アジア共同体」だと思うのです。日本が日本だけで生きていけるわけはありません、ご案内のとおり、食糧自給率は4割しかありません。6割は海外から輸入をしているのです。エネルギーも同じです。鉱物資源もほとんどない国です。工業も産業を発展させていくためには、当然多くの物を輸入していかなければなりません。自分の国、一国だけで成り立っていけるなどという発想は捨てるべきです。しかし、自分自身の足でこの国をしっかり立たしていこうという努力は当然しなければいけません。依存心ではいけない、自立する気持ちをもちながら、しかし、周りの国々ともっと仲良くしようという、生き様を考える特に東アジアの国々とその生き様を考えていくことが、私はこれからの日本の一番の生きる道ではないかと、そのように思っております。

そこで、私が申し上げたいのは、どうしてもこの国がもっと仲良くしていかなきゃならない相手は、私は第一に中国だとそう思っています。青山学院にも中国からの留学生の方が来られているという話も伺いました。中国や韓国は、日本にとって大変大事な国だと思います。その中国との間で、今、尖閣諸島の問題が起きている。この40年間で、もっともシビアな関係になってしまっていることは非常につらいことです。是非、この東アジア、あるいはアジアの統合の問題を考えるときに、皆さん方に考えていただきたいのは、いかにして中国ともっと仲良くなるか、韓国ともっと仲良くなるか、結局はそこにつきてくるのだろうなと思っています。

尖閣のお話を若干、（孫崎さんの代わりに）申し上げさせていただきたいと思います。尖閣諸島は日本の領土であると信じている方、手を上げてください。いやいや、そうとも言えないよと、ひょっとしたら中国の領土だと思うよという方もいらっしゃいますか、どのくらいいらっしゃいますか？　やはり断然日本の領土だと思う方のほうが多いということが分かりました。でも皆さんの中にも、いやそうでもないよと思っておられる方もかなりおられることも分かりました。簡単な話ではないのです。日本は戦争に負けたんです。そしてポツダム宣言を受諾して、ポツダム宣言の中には、カイロ宣言を尊重すると、それをしっかり守るということも謳っているのです。そして、そこにはなんと書かれているかと言えば、清国から日本が奪った島はすべて返しなさいと書いてあるのです。それを日本は基本的にはのんだのです。今、日本政府はその中には尖閣は入っていないと主張しています。なぜなら、清国から奪ったというべきものは台湾とか、澎湖島という島であって尖閣ではないと。台湾とか、澎湖島は下関条約という日清戦争が終わったときにできた条約に基づいて日本が獲得した島です。だからそれは返しなさいというのは当然だと思います。その中に尖閣は入っていないのです。でも、実はその三カ月前にそーっと日本が占拠した島です。3カ月前です。中国からすれば、それだって同じように盗んだのではないかと。当時日清戦争でもう旗色が悪い中国とすれば、日本がそーっと領土だと言ったときに、手も足も出なかったのだと思います。でも、ある意味で、彼らが盗んだのではないか、と主張することも、彼らから見ればそのように見えるのだと私には思います。

すなわち何が言いたいかといえば、それほど両方から見て議論があり、彼らから見れば彼らの理屈があるのです、また日本から見れば日本の理屈があります。それを領土問題は存在しない、ピリオドというのが一番中国に対しては挑発的な一番嫌な言葉です。この問題はないから大丈夫ですと。実際は大変大きな問題があるにもかかわらず、存在もしないと言うのではなく、堂々と日本の政府として係争地だと認めて、そして堂々と議論を通じながら、じゃあその問題をどう解決しようか、議論すればいいじゃないですか。

40年前、正確には41年前にそういうことを田中角栄、周恩来両総理の間で取り決めて、文章にはまとめなかったけれども、基本的にはこの問題はややこしいから、皆さん方の時代か、あるいは皆さん方が子どもさんの時代まで「棚上げ」しようということにしたんです。それほど、ややこしい話だから、今ここでは議論することはやめましょう、昔の賢人たちはそう言ってその話の結論を性急に出しませんでした。それが今、新たな問題として、日本が国有化などと言ったので、せっかく棚に上げたものを下ろされ、中国としても、だったら我々としても言わなきゃならないという話になってしまいました。冷静に判断する必要があると思います。こういう話をするとまた私に対して国賊だとか、中国の側に立っているというふうに言われるかもしれません。中国の側に立っているのではないのです。歴史というものをいかに正確に読み取ることが大事かということを申し上げているのです。そして冷静にこの問題に対処してきた昔の賢人の方々のあの発想にどうして今また戻れないのかということも、申し上げたいのです。中国や韓国とどうやってうまくつきあっていくかという問題の中に、尖閣の問題、竹島の問題をはじめとする、いわゆる領土問題が入っていると思っています。

そういう中で尖閣の周辺で中国は、天然ガスが出るというのでガス田の開発をしています。中国に近いから当然かもしれません。しかし、私が、総理の末期、温家宝という当時の中国の首相が来られて、首相官邸で会談をしたときに、ガス田開発を日中で、共同でやるという話しが2年間ぐらい中断していたのですが、それをもう一度私と温家宝の間で再開させましょうと言ってくださったのです。私も、前々から、まさに尖閣のある東シナ海を争いの海にするのではなくて、友愛の海にしようじゃないかということを温家宝首相や胡錦濤国家主席に申し上げてまいりましたので、その思いが伝わったのかどうか分かりませんが、私は東アジア共同体ということをずっと提唱していたこともあって、私が総理のときには諍いは一切ありませんでした。むしろ温家宝首相のほうからこの地域をもう一度、日中で協力をして耕していきましょうと、その再スタートを切ろうじゃありませんかということを言っていただいたのです。

「国際約束締結交渉」と言うのですが、その交渉に入りましょうと言っていただいた。一、二度やって、菅総理のときに例の漁船の衝突事件が起きて、一切合切どれもご破算になってしまいました。自慢するつもりはありませんが、東アジア共同体という考え方は、中国や韓国や、あるいはＡＳＥＡＮの方々からすれば非常に好意的に受け入れられていました。だからその当時はロシアも含めて、諍いを起こそうという発想にはなりませんでしたから、起きるはずもなかったのです。そのくらい東アジア共同体という構想は、私は意味があったと思っています。ただ、東アジア共同体という構想を打ち出したことが、アメリカから見ると、アメリカ外しじゃないかと、鳩山はけしからんやつだというふうに映った可能性はあります。あんなことを言って、アメリカとすればこれから中国、アジアにおおいに触手を伸ばそうとしているときに、なんで、アメリカを外して共同体なんていう構想を打ち出すんだ、と思われたかもしれません。

また、アメリカがそう思っているだろうと、日本の外務省や防衛省は忖度したのでしょう、したがって私が、総理を辞めて以降、「東アジア共同体」という言葉は一切使われなくなっています。政府の中からその言葉が消えました。消えた途端にさまざまな事件が起きてしまっていると、これを歴史的な偶然というか、必然というかは、それは皆さま方のご判断にお任せしたいと思いますが、歴史的な事実を申し上げるとそのような状況です。ですから私は、今一度冷静に日本と中国が尖閣の問題をきちっと議論して、もう一度、これは過去の人たちに学ぼうという発想になり、それからガス田の開発なども、日本と中国で一緒に協力しようねということになれば、かつてフランスとドイツが喧嘩や戦争ばかりしていたのを、鉄や石炭の共同体をつくって、ともに汗をかいたことによって、フランスとドイツが、二度と戦争はしないような、今、ＥＵという姿にまで上り詰めてこれたのです。ヨーロッパにできて、日本で、東アジアでできないはずはない、そう思っているのです。

ＥＵにおける、フランスとドイツの役割を、日本と中国が行うべきで、本当の意味で、この２国が仲良くなれば、私は東アジア共同体の構想はどんどん前向きに進められていくと思います。確かに経済などはシステムが違います、日本と中国は違います。ＥＵは基本的には同じような姿を、経済活動ができる国々が集まっています。したがってＥＵのほうが簡単だね、東アジアはやっぱり難しいね、そんなふうに思われている方が多いと思いますけど、私はどんな理想の姿もそのことを主張し続けていけば現実のものになりうるとそう思っています。そのために、このような寄附講座が存在しているのだろうと、非常にうれしく思っています。東アジア共同体の範囲は、私は決めないとしたのです。どこまでが東アジアである、地政学的なものはありますが、この国は違いますよというようなことは言わないほうがいいとそう思っているのです。安全保障ということを考えたら、アメリカをどうとらえるかという議論ですが、決してアメリカを最初から除外するということもいけないと思うのです。当然、セキュリティに関して言えば日米安保というものがある、これを否定するつもりはありません。そのおかげでアジア全体の安定というものも保たれている部分もあるのです。そのことは、やはり評価するべきであり、アメリカを度外視するべきではありません。ただ、さまざま地域の、例えば防災の協力、鳥インフルエンザなどというようなものが中国でできてきている。この鳥インフルエンザなどに関しては、日本は先進国とは言えませんが、それなりに知恵もある、経験もあると思います。ならば今も中国のこの窮状を助けるために、鳥インフルエンザというような感染症に対する共同体のような発想で、協力しよう、という考え方は大事だと思います。そしてこういう考え方のときには決してアメリカまで、鳥インフルエンザがまあ渡り鳥がどこまで行くか分かりませんが、そんなに深刻に考える必要はないと、とすればこのような問題に関しては、アメリカは入れなくていいのではないか、と。他方で、安全保障の議論のときには当然入っていただこうと、こう思ったのです。

私は、総理のときにキャンパス・アジアという構想を打ち出しました。当時の韓国の李明博大統領、中国の温家宝総理が、うん、やろうと言ってくださったので、今その3カ国でキャンパス・アジアがスタートしました。いずれ、青山学院大学さんにも参加していただくことになろうかと思いますが、それぞれの国で、それぞれの大学を指定して、今10校でモデルをスタートしているのですが、単位の互換を認めようということです。それを大きくアジア全体に、あなた方が日本にいても自分たちの好きなほかの国のほかの大学のほかの先生の講義が聴けるという、そして単位が取れるというようなシステムができればいいなと。こういう単位の互換性を認めることで、国境の壁を若者たちが感じないで、行き来ができる、学べるというシステムを作ると、ヨーロッパではエラスムスという発想の中で構想が進められているものをアジアでできないことはない。キャンパス・アジアはようやく動き始めたものです。

原子力も私は日本でこれから新しい原子力発電所を作るということは基本的に非常に難しいとそう思っております。しかし、だからといって中国やインドや、人口があれだけ大きな国々、ベトナムもそうです。そういう国では電力が不足して、今、急遽というか使わなきゃならない、大規模なものが必要だ、その気持ちも分からないでもありません。そのようなときに日本の技術というものは世界一、原発に関しては世界一の部分がたくさんあります。圧力容器などがそうです。そういった世界一のものが、日本が日本の国内でもう原発は作らないから、一切技術も進歩しませんよということになれば、世界の原発に対する不安が増すだけです。私はアジアで、日本が日本の国内でやるか、やらないかは別として、アジアの中で必要最小限、原発をもしどうしてもつくるという場合に、日本も技術の協力というものを求められるに違いないと、そのときに原発の共同管理というような発想というものが必要なのではないかなと、そのようにも思っています。

また、アジア・スーパー・グリッド構想というものがあります。これはソフトバンクの孫正義さんが発案された気宇壮大な発想です。モンゴルにはゴビ砂漠というでかい砂漠があります。あまり何も使われていない砂漠だったのですが、実は当然風がピューピュー吹いている、毎秒5mの風が常に吹いているという地域で、風力発電の宝庫だと言われています。で、こういうところに風力発電をたくさん作って、そこで出たエネルギーや電力を総延長3万6000キロの直流の送電網を作って、日本や韓国、中国、そしてモンゴル、はてはインドのほうまで送電網を結んでエネルギー共同体を作ろうという発想です。足りないときは我々のほうから供給してあげる、そういうエネルギーにおける運命共同体というものを作れば、戦争なんかできなくなりますよね。そんなことは私にとって一つの夢であります。エネルギーの運命共同体というものが、ある意味でセキュリティ、安全保障の運命共同体以上に価値のある発想ではないか、そんなふうに思ったのです。

この東アジア共同体というものを構想していく中で、どうしても考えなければならない課題というものがあります。それは先ほど申し上げたような、国としてどこまで入れるのか入れないのか、アメリカは入るのか入らないのかという問題です。アメリカに対しては、本当に必要なときに、すなわち安全保障のようなときには是非加わっていただこう。決して排除していませんよというメッセージが大事だと思います。私はそのことを総理のときにも申し上げたのですが、先ほど申し上げたように、鳩山はアメリカを除外しようとしていると、アメリカからそう思われたかもしれません。その結果、普天間でいろんなことがあったとも言われています。

しかし、東アジア共同体というものを構想するときに、日本の東アジア共同体を構想するときの中心をむしろ沖縄に置くことを考えたらどうか、そんな気持ちもあります。皆さんはどうしても日本の中心は東京だと、東京からの地図ばかり描いておりますが、東アジア全体を構想するときには沖縄というのが一つの大きな核になる島だと、地域だと思っております。すなわち沖縄から台湾や中国や韓国、あるいはインドや日本へと、結びつけていくネットワークの核があることを、そしてその重要性をもう一度認識すべきだと思うのです。地域というものを固定しない発想が大事で、必要に応じてアメリカにも大きな協力を求めるということが大事だと思っています。

日中韓の壁をどう乗り換えていくかという話は先ほど半分だけ申し上げましたが、資料「……日本と中国と韓国の年代別の意識調査……」をご覧ください。「勤勉とか質素という発想はとても重要ですか」という質問で、例えば日本の20代の人は、2割の人が重要だと、韓国は4割の人が重要だ、中国だと7割の人がやっぱり勤勉質素がいいねと、重要だねと、そのように意識調査で判明しました。これは実は私が調査したのではなくて、同志社大学で2011年に行った調査です。どこまで正直に答えているかという問題があると思いますが、それにしても、あまりにも大きな落差があると思います。特に若い人たち。歳をとるにしたがって勤勉とか質素というのは大事な発想になりますが、例えば、うちのおふくろは、ゴッドマザーなどと言われましたけれども、2カ月前に亡くなりました。その母は死ぬまでタクシーには乗りませんでした。電車やバスを使って必要なところに行っていました。ですから歳をとると勤勉とか質素というのは非常に大事だなというふうに認識する、のはよく分かります。ただそれにしても日本人は、他の国々に比べてなんでこんなに勤勉とか質素っていう発想を大事にしないのかなと。近代化が進めば進むほど勤勉質素というものが捨てられていってしまうのかなという気もいたします。これだけ意識の差があるということを見ていただきたいのです。

次は親孝行についてです。親孝行って大事だねって、中国の人はほとんどみんなが9割以上の方が、年代にかかわらず親孝行は大事だと判断しているようです。でも、日本では若者たちの4割ぐらいしか親孝行を大事だと思っていません。歳をとってきて70代以上になると、7割の方が日本も中国も親孝行が大事だというふうに感じるのですが、それは親孝行されてないからそう思っているのか、自分たちが親孝行、自分の親のことを考えているのか。たぶん子どもに対して親孝行は大事だよというふうに思っているからのような気がいたしますが、いずれにしてもこれも中国が一番ずば抜けて高いという結果が出ています。

次は寛容という考え方です。寛容の精神、心を広く持って、許すべきいろんな問題が起きてもまず許すべき心を持とうではないかという発想、寛容はとても重要だと、これも中国の方がずば抜けて重要だと思っています。日本と韓国は非常に低い。でも韓国のほうが歳をとるにしたがって、やはり寛容という概念が大事だというふうに思うようです。皆さん方が中国人に対してどういう意識を持っているか分かりませんが、少なくとも日本人より勤勉とか寛容とか親孝行というものを頭の中では、行動でどう示しているかということは、別かもしれませんが、大事だという発想を持っていることは明らかだと思います。

次はちょっと変わった調査ですが、自分の行動は人のためにするものだという発想の人と、いややっぱり自分のために生きているという発想との比較で、これは圧倒的に韓国の人が、人のためより自分の好きに生きたいという発想があるようです。自分自身がおそらく子どもの頃から大人になっても自分自身がどうやって社会の中で頑張るのかと、人のことよりも自分のことという気持ちがすごく出ているんだと思っています。多少これは変わっているなというデータだったので、お見せしました。これを逆に推測すれば、棒グラフで低い数字の部分は、自分のためより人のために生きていきたいという発想を示しています。結構、日本もお年寄りの50代、60代の方は人のためにこれから生きていこうという発想をもっているということで、これは望ましいと思います。ただそうであるとすれば人のために、日本のために、あるいは日本だけではなくて、東アジアのために、と自分の存在というものを見いだしていただければと思います。

次に、これが最後ですが、信仰を持っているかという、事実を聞いたものです。面白いです。信仰心を持つと、自分のためよりも人のために、というふうに構想するかと思ったら、信仰心に厚い韓国人が、人のためよりも自分のために行動しようという発想になっています。ある意味で正直に話をしているのかなというふうにもこれを見て分かるようです。

なぜこのような資料をお見せしたかと言うと、これだけ日中韓という3カ国、歴史的にも民族的にも極めて深いつながりのある三つの国が、実は意識において相当の開きがあるか、こういう相当の開きがある中で、どのようにして共同体の意識を持たせていくことができるのかということ、このことがそんなにたやすい話ではないとそう思ったのです。したがって、これからは分業の時代とも言われていますが、日中韓が分業で一つの大きな仕事をやることを仮定すると、日本としては例えば産業用ロボットというようなものが得意ですから、こういった工作機械とか産業用ロボットという何か製品を作る前の製品ですが、そういったものを資本財と言いますが、資本財を作るのが得意です。そういう国もある。他方で、その中間的な物、つまり中間財ですが、これをつくるのが韓国は得意。消費財、最後の最終製品、白物家電とかそういうものがそうですが、そういう最終の製品を作るのが中国は得意です。例えば産業もこのような分業体制の中で、お互いに意識が違うならば、違うというものをむしろ活かし切るような形で協力していくということが大切ではないか、そう思います。

先ほど申し上げたような基本的に尖閣などのいわゆる領土問題をいかに乗り越えるかということがあってこそ、これからの共同体、日中韓の議論が進められていくと思いますが、その前に意識の違いからこのような背景を読み取っていくことも重要なのかとそのように感じた次第です。私が申し上げたかったことは「東アジア共同体」というものを構想すること、私が総理のときにはその構想すること自体が大変な大きな意義でしたが、それから一つ一つ芽が生えてきて、その芽が生まれたものを皆さん方が大事に育てあげていくということができると思います。しかし、アメリカをどうするか、あるいは日中韓をどうするかという議論を乗り越えていかなければなりません。経済というものよりも文化などに重心を置くことが私はアジアの共同体を作っていく上に、より望ましいと思っております。

しかし、長い将来、先には共通の通貨というようなものを夢に見ることも大事ではないかと。ただ、ギリシャの例を見るようにそう簡単ではないなと、共通の通貨を作ると経済の発展の度合いが、それこそ日本とビルマなどは圧倒的に違うわけですから、それを今一つの通貨にできるはずもない、そのようにも思っていますから、長い期間をかけた中で徐々にこのような共通通貨の議論を深めていくということを議するべきではないかと思います。

最後に北朝鮮をどう扱うかということが大変ある意味で大事であり、やっかいなところだと思います。北朝鮮は核開発を行い、ミサイルを打ち上げたり、核実験を行っています。国は国民の意思でそのような行動がなされているとはとても思えない、民主主義というものが成立している国だとは思えない。それよりも国家が大事であり、国家よりも金正恩という一人の人間が大変大きな存在感を示している、こういう国だとするとなかなか簡単に民主主義が育ちにくい、したがってこのような国と最初に東アジア共同体、一緒にやりましょうという声を掛けたくてもなかなか掛けられる状況ではないだろうというふうに思わざるをえません。したがって北朝鮮などはこれからの課題として、いかにして彼らがより協力的になっていくか、いつまでもこのような金正恩帝国が続くとは思えないものですから、早晩というか将来的により民主的な国家になっていくときに協力を呼びかけていくことが大事だと思います。またそういう状況にしていくために日本と中国や韓国などがいかにして協力をしていくかということが求められているのではないかと思っています。アジア共同体というものを、東アジア共同体に置き換えてその現状の報告を申し上げながらいくつかの課題点、どうすれば克服できるか、その議論を若干申し上げた次第です。

第3講

アジアにおける大国間での日本の役割

藤崎一郎

ありがとうございます。お招きいただき大変光栄です。あちらで演壇に座っておりましたとき、羽場教授が来られて、この"Regional Integration and Institutionalization - Comparing Asia and Europe"（『地域統合と制度化―アジア・ヨーロッパ比較』）という本を下さいました。一週間前にこちらをいただいていれば、この本を読んだ上でよりよいスピーチができたでしょう。しかし残念なことに、実際にいただいたのはほんの30秒前です。（笑）

スーザン・ファー教授がおっしゃいましたように、日本の野田佳彦首相は２０１２年5月にオバマ大統領と会談を行いましたの。私は本日それについてお話しするつもりでしたが、ファー教授から「日米関係についてではなく、『大国外交とアジア地域統合の未来』について話すように」というお言葉をいただきました。そのため、お話しするつもりだったことは断念して、別の内容を考えなければならなかったのです。この表題について伺ったときに最初に思ったのは「なに、大国外交だって?」というものでした。なんとも古めかしく懐かしい言葉です。まるで40年前の大学院時代のようですね。ハンス・モーゲンソー、ヘンリー・キッシンジャー、その他のあらゆる著名な人物が思い浮かびましたが、私の同僚が「ヘンリー・キッシンジャーについては話すなよ」と言ったのです。「ヘンリー・キッシンジャーは今でもハーバードの象徴だ」、「キッシンジャーについて悪いことは言えないよ」と言うので、その話題は避けることにします。しかし私の頭に浮かんだ言葉は、力の均衡や勢力圏のようなもので、非常に古典的な言葉です。そこから考えたのですが、第二次世界大戦以降の地域的組織や機関は、まさに、大国外交を緩和するために創設されたのです。そこで成功を収めたのが、ＥＵ（欧州連合）とＡＳＥＡＮ（東南アジア諸国連合）です。

この二つを比較すると、多くの方がご存知のように、二つの条件があてはまります。一つ目は、これらの機関に属する国の国力とその規模には、違いはあっても、一定の範囲内に収まっており、そこまで大きな違いはないということです。二つ目に、全ての加盟国に共通する考えや理念があり、それが成功の所以となっているということです。ここで、この二つの基準をアジア全体にあてはめてみると、多くの人がアジアはこれらとは違うと主張してきました。私たちはこの条件を満たすことができない。なぜならば国の規模が非常に多様で、また特に人権と民主主義において共通した考えが存在しないからです。その場合、私たちはどうすればいいのでしょう。また、何を今まで行ってきたのでしょうか。

私の考えでは、これまで取り組んできたことは二つあります。一つ目は地域基準ではなく国際基準を直接導入することです。二つ目に、アジア地域主義ではなく、環太平洋あるいはアジア太平洋地域主義を導入しようとしてきました。これら二つが、私たちが取り組んできたことだと考えています。

ハーバードでは、常に三つは考えなければならないということは承知しています。ずいぶん昔にスタンリー・ホフマン教授が、「二つしか口にしなければ単純だと思われるだろう。四つ言及すればあまり整理できない人だと思われる。だから常に三つ口にしなければならない」とおっしゃいました。そのことも考えましたが、三つ目を思いつくことができなかったのです。

国際基準に関して、政治分野では例えば海洋法、国連安全保障理事会、ＩＡＥＡ（国際原子力機関）があるでしょう。この海洋法における航行の自由は南シナ海にも同様に適用されるということを我々は確認してきました。アメリカ合衆国のクリントン国務長官が２０１０年のＡＳＥＡＮ地域フォーラムにおいていわば警鐘を鳴らし、その後この問題についてあらゆる場で議論が始まったのは非常に重要なことだと考えています。それから現在は行動規範について議論を行っています。そのため、このように国際基準をあてはめる行為には効果があったのです。我々は、北朝鮮に関しても同様に国連安全保障理事会、そしてＩＡＥＡと議論を続けています。

経済・貿易の分野においてはまた、ＷＴＯ（世界貿易機関）が重要です。例えば、近年の例では、ＷＴＯの管轄下で日本、ＥＵ、アメリカが中国との共同協議を始めました。また、知的財産権の問題も国際規範の下で頻繁に議論されています。金融の分野では、ＩＭＦ（国際通貨基金）が主となる役割を果たし、日本は常にＩＭＦの強化に努めています。２００８年には、日本がＩＭＦに対して真っ先に緊急援助の１０００億ドルを提供しました。また真っ先にＩＭＦに６００億ドルの緊急融資を行ったのも同じ年です。そのため日本とアジア全体の場合は、国際機関と規範をできるだけ直接的に使用するように努めています。私たちには、ＥＵのような問題解決のメカニズムを備えた機関がないからです。

このような国際規範の多くは、以前にそこに所属していた国によって作られているため、このような規則や規範は新興国に不利だと言う人もいます。しかし、そのようなことを言う国は、国連安全保障理事会創設のプロセスをあまり快く感じていないのです。これを変えようとしている訳ではありません。

つまり、国際機関の中で非常に居心地のよい立場にいる場合、現状のままでよいと考えますが、自分に都合の良い立場にいない場合には、これが公平な状態ではないと声を上げようとすることがわかります。結局のところ一般的には、新たに加入する者もすぐに現状の一部になると私は考えています。これは日本の場合にも見られましたので、我が国の経験をもって述べることができます。

そしてここで鍵となるのは、国際規範は全て例外なく適用されるものでなければならないということです。国際法においていいとこ取りはありません。つまり、非常に端的に申しますと、すべての者が平等でなければならないのです。一部が他と比べてより平等であるということがあってはなりません。また、透明性も重要です。一つ目はこのように国際規範を直接適用するということです。

そして二つ目に大事な要素が、この汎太平洋・アジア太平洋・環太平洋の概念です。アジアでは、国際機関や地域化について議論する際、三つの特徴があります。まず、アジアでは、ASEANの害のない要素を最大限利用し始めました。二つ目に、APEC（アジア・太平洋経済協力会議）のような経済的側面から始めようとします。そして三つ目に、できるところではアジアではなく、環太平洋のパートナーシップを導入しようとします。最初の二つ、つまりASEANの利用と経済的要素から始めようという試みに関しては、説明の必要はないと考えています。しかし、この三つ目の環太平洋パートナーシップについては少しお話しいたします。

この環太平洋パートナーシップについてはいささか論争が巻き起こってきました。例えば1990年に、マレーシアのマハティール首相がEAEC（東アジア経済協議体）の案を提唱した際、アメリカ合衆国などの国から非常に否定的な反応がありました。この案はアメリカを除外しようとするものだ、という主張でした。しかし、1990年代末にASEAN＋3という、ASEANに中国、韓国、日本を加えた全ての政府の首脳が朝食の席出ASEANと協議する案が提示された際には、強い反発はありませんでした。これは非公式で、制度的なものではなく、単なる議論であると認識されたからです。その後もこのような状況が続きました。

しかし、2009年に民主党による政権交代が実現し、鳩山由紀夫首相が東アジア共同体を提唱した際に、不安感のようなものが再び生まれました。太平洋のこちら側をまた排除しようとしていると思った人もいました。2010年の9月には、菅直人首相とオバマ大統領が初めてニューヨークで対面しました。私はその場で近くに座っていたので聞いたのですが、菅首相ははっきりと、アメリカの協力なくして東アジア共同体、あるいはその他のアジア太平洋地域のコミュニティなどは存在しないと述べました。それによっていくらかこの政権に落ち着きや自信がもたらされたと考えています。その結果として、現在アメリカが加盟する組織はAPEC、ASEAN PMC（ASEAN核大外相会議）、ARF（ASEAN地域フォーラム）、EAS（東アジアサミット）、TPP（環太平洋戦略的経済連携協定）があります。ＴＰＰには日本はまだ加盟しておらず、アメリカが一歩先を行っています。そして経済分野では、おそらく時間がかかるでしょうが、このＦＴＴＡＡＰ（アジア太平洋自由貿易圏）の創設を試みていると考えています。そして、ＴＰＰはそこに至る過程の一部でしょう。

２０１０年に日本の菅首相は、日本で開かれた経済・貿易システムを成立させると発言し、２０１１年11月に野田佳彦首相は日本がＴＰＰに参加する方針で協議を開始するよう模索すると明らかにしました。日本はまだ決定を下していませんが、９カ国中ほとんどの国は、日本が参加すべきだということで合意しています。アメリカはまだ決断していません。アメリカはまだ思案中であり、日本も同様です。まだ決心がついていないのです。野田首相がアメリカを訪問した際、大統領と協議し、これについて国家レベルで協議を続けることに合意しました。

大統領と首相が会談する直前に重要なことが起こりました。両国の外交担当大臣と防衛担当大臣が沖縄の問題に関して新たな合意を形成し、海兵隊の普天間飛行場を沖縄北部に移設するとともに、海兵隊をグアムやハワイに移転することや、あまり使用されていない基地を返還することも決まりました。これは非常に重要な出来事です。日米安全保障態勢はアジアにおける平和と安定の公共財であるとよく言われます。しかし公共財というと、アメリカ軍基地の近くに住む方は、「もしこれが公共財であるのなら、なぜ私たちだけが負担を負わなければならないのか。負担を共有してはどうか。」と言うかもしれません。この新たな構想により、アメリカ軍の一部をハワイそしてグアムに移転することになります。訓練の一部はオーストラリアでも行われます。こうして分散させることにより、戦略的能力とともに政治的回復力も強化されます。このようにして、私たちは新たな時代に突入しています。

また、地域統合と地域主義に関して、アジアで真の地域化が達成されるには時間がかかります。私は、全ての国が民主主義と人権に関する理解を共有しない限り、真の地域主義はないと考えています。全く不可能だという訳ではありません。ミャンマーのように、短い期間で大きな変化を遂げた国もあります。

ここで、私は三つ大事なことがあると考えています。一つ目は、私たちは正しい道を貫くべきだということです。変革を成し遂げ、新たな道を模索するべきだと考える人もいます。しかし私たちは、国際規範や規定を直接適用し、環太平洋パートナーシップの追求を試みることが今もこれからも唯一の妥当な道であるという信念を持ち続けるべきです。私がこう申し上げるのも、指導者は新たなアイディアや目を引くような構想に惹かれることが往々にしてあるためです。指導者の中には、例えばG2やG20がG8よりも重要であるという考えに走る人がいます。このような考えが薄れてきていることは非常に喜ばしいことです。

二つ目に私たちは、できるところで協力関係をさらに強化するため、政策を推し進めなければなりません。今までやってきたことにただ固執するのではなく、今までやってきたことの上にさらに積み重ねていくべきなのです。例えば、ASEAN地域フォーラムの全加盟国と共にASEAN捜索救助を実施しようとしていることや、他の国々との合同訓練などがあります。

三つ目に、正しい道を貫く必要はありますが、私たちは常に新しいアイディアや考え方に対して心の準備をしておかなければなりません。物事は常に、非常に早く移り変わるため、常にそれに備えておくことが必要なのです。そして、時に専門家が抱える問題として挙げられるのですが、専門家は常に今日が昨日の続きであり、明日は今日の続きであると考えるところがあります。しかし、決してそうではないのです。物事が変化するときは、とても急速に変化します。だからこそ、そのことを常に心に留めておく必要があります。

最後になりましたが、少し資料をお持ちしました。部屋の外に置いておきますので、どうぞお手に取られてみて下さい。日本が直面する課題と機会、世界に貢献するために何をしているのかということが書かれています。一枚のみの資料ですが、様々な要素を盛り込みましたので、皆様のお役に立てればと思います。私のメールアドレスとツイッターのアドレスも同様に載せておきました。内容が完全に間違っている、私の言ったことが気に入らないなどのご意見もありましたら、御連絡いただければと思います。ご清聴ありがとうございました

第4講 アジア地域統合における中国の役割

程　永華

司会：仙波学長、ご挨拶どうもありがとうございました。大使はみなさん一人ひとりに600冊の本を持ってきてくださいました。それでは、まず、最初に大使のご紹介をさせていただきます。程大使は中国の吉林省の長春のご出身で、すでに小学校3年生で長春の外国語大学の日本語コースに入学されています。後でも聞かれると思いますがすばらしい日本語でお話してくださいますので期待していらして下さい。日中の国交正常化後の最初の日本への中国人留学生として来日なさいました。そして日本で大学生活を送られて中国に帰られて、日本と中国の総合友好関係そして、外務省の外交官として世界の中でのアジア・中国、そしてアジアの友好関係の発展のためにこれまで尽くされてきました。外務省に入られてから中国の外交部でアジア局の副局長をなさいまして、その後、日本大使館の公使を務められました。その後2006年から2008年には、中華人民共和国の駐マレーシアの特命全権大使を務められ、そして2008年からは韓国で特命全権大使を務められました。日本には2010年からおいでになられて2017年まで在京でいらっしゃいます。アジアあるいは北東アジアの関係が不安定な中でも、この間、日中およびアジアの友好と発展のために尽くしてこられました。今日は若い皆さんとアジアの今後の発展のためにお話してくださるということですので心より歓迎させていただきたいと思います。では、中国特命全権大使、程永華大使どうぞよろしくお願いいたします。

大使：皆さんこんにちは。今日は青山学院大学で若い学生の皆さんを前にしてお話をするということは私にとっても大変嬉しいことです。青山学院大学というのは創立以来、広い国際的視野がありまして、世界各国の大学その中で中国北京外国語大学の大連外国語大学、上海師範大学、学長の話で華東政法大学などと多く交流関係を結びました。また現在１４０数名の中国人留学生もこちらで勉学をしていると聞いております。

私は今日お話に参りましたというのは、一つは今お話したとおりで、もう一つはやはり若い皆さんと顔を合わせますと自分の気持ちも若くなる、今自分は髪の毛も白くなりましたけど、正直に言ってこの3年間（２０１０～２０１３年）苦労しました。この3年の間にずいぶん髪も白くなりました。しかし気持ちは若い人と会うと気持ちもリフレッシュし、若くなる感じがしまして、そのために今朝、中国大使館で中国からの訪問学生、日本のユニクロ、奨学生全部で16人の大学生と交流し、1時間ほど懇談をしたばかりです。

もう一つの私の気持ちとしては今回、羽場先生からいただいたテーマが私にとっては興味のあるテーマであるということです。アジアの地域統合、アジアの協力、というのは先ほど紹介していただいたとおり私の経歴の中で、今まで中国の外務省、中国では外交部といいますけども、アジア局で仕事をしている間に、北東アジアを担当し、その間に南アジア（日本では南西アジア）も担当、つまりインド、パキスタンとかアフガニスタンなどの担当をしたことがあります。その間に朝鮮半島の核の問題とか色々な処理に当たりました。また今までマレーシア駐在大使でＡＳＥＡＮのことを色々見たり、韓国駐在大使の間には朝鮮半島の南北の情勢とか色々と見たりして考えてまいりました。個人的にも非常に興味のあるテーマで、私も色々と勉強して、それで私の考え、また、中国サイドからの見方、アジアの協力、統合、経済の一体化、経済の協力をどう進めていくかの、話を進めたいと思います。

一つはアジアの協力は今非常に盛んであるということが言えます。現在は、一つはグローバリゼーション、もう一つは地域の一体化。中国的には一体化と言います。日本語では統合と言いますね。その中でアジアの地域の重要性は大変明らかになっていると、全世界的に見ても、アジアは世界の中でもっとも活力あるいはポテンシャルのある地域だと言えます。

一つは世界的な経済金融情勢の不安定のもとで、アジアは比較的早い発展を維持してきました。特に近年においては欧米で色々な金融危機・債務危機などが起きている中で、アジアの成長が比較的高かったと言えます。その中でアジアの発展途上国の経済成長率が６・１％になりました。２０１３年はアジアの発展途上国の経済成長率はおよそ７％になるであろうという見込みがあります。ですからアジアは世界経済成長の一つの重要なエンジンになりつつあるということです。

第二のポイントとして、アジアは全体的には安定を保っているということが言えます。このアジアの中であれこれいろんな問題トラブルもあります。しかしアジア全体として平和を促進して発展を求める、また協力を重要視するというのがアジア各国の国民の共通の願い共通の要望となっております。

３点目はアジア各国は、みな互恵協力ということを重要視してその間のさまざまな形の地域協力の体制・制度づくりを模索しているという現状です。つまりその協力を通じて共通の発展、共同の発展を求めているという現状であります。アジアの中の経済の一体化つまり経済の統合という勢いも大変明らかになっておりまして、現在のデータによりますとアジアの商品貿易の依存度、域内の商品貿易は２００７年が53・１％から２０１０年には54・９％に上昇しました。またアジア地域の域内の直接投資の総合依存、依存度も２００８年の23％から２０１１年の29％に上昇しました。アジアの中の商品貿易の依存度というのはＥＵに比べて低いけれども、北米、北米というのはＮＡＦＴＡというのがありますけれど、（北米と）比べても高くなっているという現状です。比較的高いレベルになっているし、これからも大きな発展の見通しがあります。

もう一つの問題点というかアジアの貿易圏、貿易圏というのはＦＴＡ、いろんな形がありますけどＦＴＡ、ＥＴＡとか全体的に自由貿易圏の建設・模索も大変盛んになっております。それがわりと重要な取り組みというのはいくつかありますが、私としてはもっとも重要視、あるいは重く見ているのは中国、日本、韓国この３カ国のというのが言えるのではないかと思います。

中国は現在、日本、韓国にとっては最大の貿易相手国でして、また、中国にとっては日本と韓国が主な貿易相手、それから、外来投資の投資国であります。3カ国が経済的な相互依存がますます深まっております。それが、2012年、昨年のこの3カ国の貿易額がすでに7000億ドルを超えました。また、3カ国の間の人的往来が昨年は1820万人、延べ1820万人を超えました。この二つの数字は例として挙げましたけれども、全体の規模からいっても、3カ国の人口が世界の全体人口の22%を占めて、経済の規模が世界の20%、貿易の規模が世界の20%とを占めております。これはおよそヨーロッパの規模に相当すると思います。ですから、3カ国はその協力が3カ国のそれぞれの利益に合致するだけでなく、地域の発展、また、世界の発展に対しても非常に重要な役割を果たしていると言えます。

この中国、日本、韓国の協力が正式に1999年、一つの制度として始まりました。今まで18の、中国では部長というのはミニスターという意味で、日本では大臣級と言いますね、韓国では長官級と言いますけども、それぞれ言葉が違います。その大臣クラスの会議、3カ国の会議のシステムが18になりまして。また、事務レベルの制度、協議、会談の制度が50いくつかになりました。これをはじめとして、3カ国の間の全方位、また、多くのレベル、それから、分野の広い協力の枠組みができまして、それが、ソウルにおいて3カ国の協力の事務局が設けるようになりました。これも私がソウルで大使をした際に韓国側から先に持ち込んできた話でして、3カ国の間で50いくつか協力の枠組みがありますけど、誰が何をやっているか、お互いになかなか情報が通じない、これは困ると、やはり3カ国の間でそういう情報を一つのバスケットに入れて、お互いに、つまり環境大臣が何を話しているか、文化大臣が何を話しているか、それがお互いに分かるように、そういうバスケットというかプラットフォームをつくるべきだという話を持ち込んできて。私も中国の在韓国大使として、これはいい話だと、賛成だとして、それを推進しました。その事務局ができたときには、私はすでに日本に居ましたけれども。しかしこの3カ国の枠組みは非常に重要であるということが言えます。

さらにその後になって2012年には3カ国の間で投資協定が結ばれました。昨年、投資協定が結ばれたと同時にFTA交渉も始まりました。この3カ国のFTAという交渉がまとまれば、必ず大きな貿易の面でも大きな効果が現れて、3カ国の経済発展、あるいは互恵、Win-Winという効果、大きな効果をもたらすに違いないと思っております。私は日本のマスコミから読んだことですけれども、日本も現在いろんな取り組みを進めております。その中で日本にとっては、大きなところはTPP。それから、中国、韓国との間の3カ国のFTA。それから、RCEP。RCEPというのはASEANを入れての、ASEANと10カ国の枠組みと中日韓。私は日本のマスコミから読んだデータで、TPPの11カ国の枠組みよりも、中国、日本、韓国と3カ国のFTAのほうが日本のGDPに対する貢献度が大きいという記事を読みました。それが、TPPが0・5、0・4%ぐらいですかね、中国と日本と韓国の3カ国のこれが0・7%以上になっているという記事を読んだことがあります。これが一つのテーマでして、もう一つ注目すべきことは、FTAの枠組みづくりとして注目されるのはRCEP、先ほどお話ししましたASEAN10カ国、それから、中国、日本、韓国、インド、オーストラリア、ニュージーランド、という枠組みです。これが第一回の交渉がすでにブルネイで始まりました。このRCEPというのは基本的な考えは、ASEANを中心にした10＋1というのがそれぞれみんなできていまして、それをより大きな枠で、より大きな範囲で貿易の自由化、それから、経済の統合を進めようという考えです。ちなみに、この東アジアの経済協力をどう進めるべきか、中国は本来、またいろんな考えがありました、日本にもいろいろと考えがありまして、それで、中国と日本、政治的な関係は難しいけれども、この東アジアの地域協力については話をして、この前インドネシアの会議で、中国と日本の共同提案としてこのRCEPの10＋6という枠で進めようと、共同提案を出しました、これに基づいて、この16カ国の間で、現在進めているところです。

このRCEPという枠組みができれば、この枠の中の人口が約30億の人口になりまして、この16カ国中6カ国の経済規模が20兆ドルに近くなります。また、国際的な金融危機、あるいはヨーロッパの現在の債務危機などに対応して、つまり、世界的な外部の需要が減っている、弱くなっているという中で、アジアの域内のニーズを高めようという面では大変効果的な措置であろうと思います。また、地域内の生産、あるいは物流のチェーンとして一層完備され、また、グレードアップにつながるものだと考えております。これが、私が皆さんにお話する第一の内容で、アジアの協力、あるいはアジアの経済の地域統合についてです。

第二に皆さんにお話をしたいのは、中国とアジアの関係、これはいくつかの角度、ポイントからお話を進めますが、政治・経済・文化、あるいは安全保障に分けてお話をしたいと思います。現在、中国とアジアの関係は全体的に、安定的な発展の良い勢いになっておりまして、善隣友好、政治的な相互信頼、また、互恵協力が一層深まっております。政治的には中国とアジアの諸国のハイレベルの交流が、往来が頻繁になっており、中国と周辺国との間で積極的に相互訪問を進めております。昨年、中国とアジアの国々の間で外務大臣級以上のハイレベルの交流、相互訪問が101件になりまして、各分野、各レベル、また、いろんなルートの交流が活発になっております。このような交流を通じて、中国と関連諸国との間で、意思の疎通、相互理解、相互信頼を深めて、また、実務分野の協力のために多くの行動を取りまして、二国間関係、さらにはそれぞれの発展のために積極的な役割を果たしました。経済的に見れば、中国とアジアの諸国の貿易が良い勢いになっておりまして、今世紀、21世紀に入ってから、中国と周辺国との貿易額が1000億ドルから1兆3000万ドルにまで増えました、この12～13年の間に中国が周辺の多くの国にとって最大の貿易相手国、最大の輸出市場、また、重要な投資国となりました。昨年、中国と東アジア、東南アジア、あるいは南西アジア諸国との貿易総額、貿易の規模が1兆1000万ドルになりまして、中国の対外貿易総額の約30％になりました。また、アジアの諸国に対する中国の投資も非常に速いスピードで成長、増えております。2011年のアジア諸国に対する中国の非金融例、つまり、直接投資、企業の投資ですけれども、それが397・5億ドルになりまして、アジアが中国企業の海外進出の一番活発な地域になりました。また、中国とアジア諸国とのＦＴＡの交渉も順調に進んでおりまして、特に中国とＡＳＥＡＮの間で、発展途上国の間においては最大の自由貿易圏ができまして、その貿易額も２００２年の５４８億ドルから、２０１２年の４００１億米ドルになりました。年平均成長20％以上になりました。つまり、中国とＡＳＥＡＮの間の貿易が毎年20％以上増え続けているという勢いです。

それから、中国とアジアの諸国の財政・金融協力も絶えず深まっております。中国とアジアの諸国との間で、２国間の、バイラテラルの通貨の交換協定、これがすでに人民元でいうと７７５０億元、人民元になりました。今まで、アジア金融危機、あるいはリーマンショックから始まった国際金融危機などの間にも中国は人民元のレートの切り下げはしない、安定したレートを保つ、また、アジア地域協力の特別のファンド、資金を設けたり、あるいは中国とＡＳＥＡＮの間の投資協力基金などの措置をとりまして、周辺国に対して国際金融危機を乗り越えるための協力支援をしまして、積極的な影響、効果が上がりました。中国と日本の間でも財政・金融協力も新たな進展がありまして、昨年の春には、日本からの申請に対して６５０億元、人民元を上限とする中国の国債の購入を批准しました。この額は決して大きいわけではありません。しかし、いわゆる経済先進国から中国の国債を買うと、これは新しいことです。これはお互いの金融の相互信頼の一つの重要なステップ措置でもあります。さらに昨年の6月1日から人民元と日本の円の直接決済が始まりました。これも中国にとっては、香港、香港は政治的には中国の特別行政区ということで、貿易の面では単独に計算しておりますので、香港ドルと直接決済のあとに、ほんとの外国という意味では日本の円というのは初めてであります。中国の人民元と円との直接取引これは大変大きな意味を持つことだと言えます。

次に、文化的に見れば中国とアジアの諸国とは交流がますます深まっておりまして、中国とアジアの人的往来というのは現在すでに３１３０万人になりました。また、特に中国とＡＳＥＡＮの間では観光業の協力ということに非常に力を入れまして、それが中国とＡＳＥＡＮの間で２０１５年には双方の人的往来が１５００万人になる目標を決めました。また、一つ、日本とは残念ながら昨年以来お互いの人的往来の数字が下がっております。しかし、韓国と中国との間では昨年、人的往来が７００万人以上になりまして、韓国から中国には４００万人以上行きまして、中国から韓国には３２０万人が行きました。つまり、中国と日本の間の数字を大きく上回っております。また、中国とアジアの国の間で多くの文化協定、あるいは協力の覚え書き、ＭＯＵ（国際交流協定：Memorandum of Understanding）を結んだり、交流を進めています。中国の対外文化交流の活動が、その3分の1以上がアジアの国において実施しております。中国とほぼすべてのアジアの国々の間で教育交流、教育協力の取り決め、あるいはＭＯＵ、覚え書きを結んでおりまして、二国間あるいは地域的な教育交流が着々と進んでおります。中国政府の奨学金の40％がアジアの諸国に向けておりまして、その枠がまた増えつつあります。また、中国はアジアの30数カ国において83の孔子学院、それから、40の孔子学堂というのを設けまして、アジアの諸国のために数万人の中国語の教師のトレーニングの支援をしました。

次に、安全保障の分野から言いますと、中国はアジア地域の平和と安定の擁護に取り組んでおりまして、互恵協力、また、共同の繁栄というのをスローガンにしております。中国の提唱によりまして6者会談、それから、上海協力機構。6者会談というのは朝鮮半島をめぐる6カ国の間の会談。上海協力機構というのは中国とロシアが中心になって、中央アジアの国々が一緒になって一つの安全保障の話し合いの枠組みということです。こういうことを通じてこの地域の平和安定、また、発展を守るために貢献をなしております。また、中国としては、そのアジア地域フォーラム（※ＡＳＥＡＮ地域フォーラム）、ＡＲＦ。それから、ＡＳＥＡＮの国防大臣拡大会議（※拡大ＡＳＥＡＮ国防相会議）、あるいはアジア太平洋安全保障協力理事会、あるいはシャングリラ・ダイアログなどの制度にも積極的に参加して、また、その中で一連の協力の提案をして、また、多くの協力のプロジェクト、活動を主催してきました。このような制度がお互いに相互補完して、また、促進して、このアジアの地域の安全保障、また、安定のために建設的な役割を果たしております。

同時に問題点もいろいろとあります。アジア地域においてもテロリズム、あるいは気候の変化、いわゆる温暖化、あるいは食料の安全保障、エネルギーの安全保障、海上の安全保障などの非伝統的な安全保障の問題もますます高まっております。朝鮮半島をめぐる問題、朝鮮半島の核兵器の問題をはじめとして、そういうホットポイントもあちらこちらで現れております。全体的には中国としてはアジア各国がまず冷戦思考を捨てて、今また冷戦時代ではありません、ですから冷戦時代にとっておりましたゼロサム、分かりやすく言えば東か西か、白か黒か、そういう時代とは違います。あるいは何か軍事的なグループになってどこかをやっつけようと、あるいはわざとどこかを仮想敵国に立てて、何かそういう軍事的な脅威をあおり立てて軍備を強化しようと、そういう考え方ではもう時代遅れです。そういう時代は終わりました。ですから中国としては積極的に平等な対話、それから、協議、話し合いと協力を積極的に進めて、それによってお互いの問題の解決に努めなければなりません。協力によって平和を求め、協力によって安全を守り、また、協力によってトラブルを解決して、協力によって調和を促進するということが、各国の間で安全保障の問題を処理するにあたっての基本的な原則にすべきだと考えております。

ここで皆さんに対して朝鮮半島の問題についてちょっとお話をしたいと思いますが、最近の一時期は朝鮮半島の問題は非常に緊張度が増して、この地域だけでなく世界的に注目を集めているところです。最近においても日本の総理特使が平壌を訪問していろいろと話をしてきました。また、朝鮮の第一書記の特使が北京を訪問して、中国の要人と話をしてきました。この2、3日の一番新しいことですけども。こういうことはみんなの注目を集めているところです。

朝鮮半島の問題はいろいろと複雑な歴史、あるいは現実的な要素が絡んでいます。中国としては朝鮮半島の南北双方にとっても隣国でありまして、また、それぞれと友好関係を持っている、こういう特殊なポジションにあります。これは世界的に見てもたぶんほかにはいないかもしれません。そういう立場から中国は6者会談の議長国として積極的に6者会談のプロセスを進め、また、政治的な合意が達成されるようにと、また、朝鮮半島の平和と安定を守るようにと積極的に努力をしてきました。

中国としては朝鮮半島の平和と安定、もう一つは、朝鮮半島の非核化、これは二つの大きなポイントです。これが、中国、日本、あるいは地域各国、あるいは世界各国の共通の利益に合致するものだと信じています。ですから、これに対していかなるサイドも、朝鮮半島の平和と安定に背くような、あるいはそれを損なうような言動のないようにと、あるいはそういう言動が現れれば中国としては反対だという態度を取ってきました。ですから、朝鮮半島の核兵器の問題においては、中国としては公正、また、責任ある態度を取りまして、朝鮮半島の非核化の目標をあくまでもそれを堅持して、追求して、また、対話と話し合いによって問題の解決に取り組み、6者会談を進めて、また、6者会談が1年あまり、もう2年近く中断になっておりますけども、その再開を積極的に推進しております。6者会談の枠のもとで朝鮮半島の非核化の問題を解決して、また、根本的に朝鮮半島、あるいは北東アジアの安全保障、長期にわたる安全保障を実現する効果的な道を探るべきだという、その線で中国は努力してきました。

6者会談について皆さんに話をしてみます。いろんな議論があります。その6者会談に取って代わるメカニズム、あるいは制度が何かできるかというと、誰もアイデアが浮かんでこない。また、今までのプロセスから見ますと、2003年、実際には2002年の10月から始まった今回の問題がありますが、2002年10月から今までのプロセスを見ますと、6者会談が着々と役割を果たして、事態のエスカレートを阻止して、問題解決のために成果が着実に上がったということが言えます。ですから、これからも朝鮮半島をめぐる問題解決のためには、この6者会談以外にはない、あるいは少なくとも今のところまだ考えられないということが言えると思います。

これが第二の部分です。

第三の部分については、中国の発展とアジアの協力、アジア協力に対する中国の政策ということです。中国はアジアの、あるいは世界の重要なメンバーとして、中国の発展はアジアから、また、世界から切り離すことはできませんし、また、アジアと世界の繁栄、また、安定のためにも中国を必要とするという認識です。中国のこれからの政策を見る上で、2012年11月の中国共産党第18回代表大会というのが一つの重要な出来事と言えます。その大会において、中国のこれからの発展のビジョンを示しました。その中で、中国はこれからの努力目標として2020年までに2010年に比べてGDP、それから、住民の所得を倍増させて、全面的に小康社会の完成を目指すという目標があります。それから、今世紀の半ば頃に、つまり2050年前後に、豊かで強くて、また、民主的で文明的な調和の取れた社会主義現代化国家を建設する。それが中華民族、つまり中国の民族的な復興の夢を実現するということを掲げております。これが一つの言葉として、中国の夢、チャイニーズドリームということが言えます。ですから、そういう目標を立てて、中国としては自信を持って進めていくというビジョンを持っております。中国は今までの経済建設において大きな成果が上がったと同時に、また、中国としては世界最大の発展途上国ということも言えます。これは中国の現在の認識というか、いろんな見方があります。中国の経済規模から言うともう世界第二位になりました。しかし、一人当たりで言うとまだまだ世界で第87番目になっております。ですから、中国を見るためには重層的に複眼的に見なければならないと思います。ですから、世界最大の発展途上国として、これからもまた多くの困難、あるいはチャレンジに直面しなければならないと思います。中国の国民がすべて良い生活ができるためには、国民の生活の向上のために、また長期にわたってたゆまない努力を続けていかなければなりません。ですから、中国としてはこれからも改革開放を続け、また、経済発展方式の転換ということをしっかりととらえて、中国の自国のこと、国内のことをうまく進めて、社会主義現代化建設を絶えず進めていく計画であります。

それから、隣国、また、アジアに対しては、中国は善意を持って隣国と付き合い、隣国をパートナーとするという方針を取っております。これは中国の古い文化の伝統からきた考えでありまして、中国としては、お互いに親戚の間ではみんな仲良くなるようにということを望んで、また、隣人、隣に対してもみんな良くなるようにと望んでおります。親仁善隣という言葉がありますけれども、これは古い漢文の言葉ですけれども、この言葉のとおり、人々に対して親しく付き合う、あるいは善意を持って隣人と付き合う、これが中国の古くからの文化的な考え、伝統であります。ですから、周辺の隣国との間では善隣友好を強化して、互恵協力を深めて、中国の発展がより周辺国に対しても利益をもたらすようにと努めてまいります。また、アジアの発展と繁栄に対してもこれから進めていく考えであります。当面、あるいはこれからの一時期においては、中国の経済は引き続き健全、また、比較的に安定した発展の勢いを保つであろうと考えております。中国の国内のニーズ、つまり国内の市場、これからも拡大しつつあるであろうと。

中国による対外投資もこれから増えるであろうという見込みがあります。現在中国の進めている五カ年計画によりますと、これからの5年において中国は、およそ外国から10兆ドル前後の商品の輸入をする見込みで、あるいは中国からの対外投資が５０００億ドルになるであろうと。それから、海外に出て観光、また、ビジネスなどで海外に出る人は5年間で延べ４億人になるであろうという見込みであります。つまり、中国の経済発展、経済規模の拡大によって、周辺国、また、アジアに対してより大きな発展のチャンスになるようにと、そういうふうに中国が努めて、またそういう結果になるようにと努めてまいります。中国としては、これからもアジアの平和と安定を守るために努めて努力してまいりまして、周辺諸国とのハイレベルの往来、また、各レベルの対話、各国との間で国の経験を交流し合って、相互理解と相互信頼を深め、絶えず共通認識、合意の拡大に努めてまいります。関係国との間の食い違い、あるいはトラブル、摩擦などを適切に処理して、中国の国の主権、安全保障、あるいは領土の保全を守る基礎の上で周辺国との関係、また、地域の平和と安定の対局を守るように努力してまいります。また、国際的な、あるいは地域的なホットポイントの問題処理においても建設的な役割を果たして、平和的な話し合いを進めて、対話と交渉による関連問題の適切な処理のために努力してまいります。

また、中国としてはアジア地域の協力を積極的に推進してまいりたいと思います。中国と周辺諸国とのコミュニケーション、コミュニケーションというのは主にいろんな輸送路とか物流、あるいは道路の建設などをこれから積極的に進めておりまして、また、地域的な資金の協力の土台、そういうプラットフォームの建設にもその可能性について探ってまいります。いろんなさまざまな形の協力を通じて、域内の、つまりアジアの地域内の経済の融合、また、アジアの競争力の全体のアップにつながるようにと努力したいと思います。ですから、中国としては積極的にアジアの経済の一体化のプロセスに積極的に参加して、さまざまな形の地域的な、あるいはサブリージョナルな協力を進めて、貿易、また、投資の自由化、あるいはその便宜をより進めて、各国との間の双方向の投資を進めて、協力の新しいポイントをつくるようにと努めてまいります。

中国としては、アジア地域と世界の他の地域の間の開放と協力に対しても支持してまいります。アジアと世界の他の地域の共同の発展を促進します。それによって南北の格差を縮小して、また、アジアの発展途上国に対する支援を強化して、その自主的な発展の能力を高めるようにと努めてまいります。ここでアジア地域と他の地域の間の協力というのは、中国としては決して、想像しているアジアの協力、あるいはアジアの統合というのは閉鎖的なアジアではなく、いわゆる一部で心配されている、欧米の国はどうなるんだと、私も聞かれたことがありますけれども、そういうことに対しては中国としては、まずやりやすいところから進める、やりやすいというのは周りの隣国の間でまず協力の枠組み、例えばＦＴＡとか、そういうのをまず進める。しかし、外部、つまりアジア以外の国に対しては決して閉鎖的なものではなく、外部も何かの形でこれにみんなで参加できるような、その中でみんなが利益を得られるような枠組みに持って行くという考えを進めております。

最後に、中国と日本の関係についても触れたいと思います。中国と日本の関係は正直言ってちょっと難しい話題です。しかし、中国と日本というのはアジアにおいては大変重要な国です。それぞれ相手にとってはそうですし、アジアの国々にとっても中国、日本というのは大変大きな存在ということが言えます。それは、私が今まで経験したマレーシアとか韓国でもそう言えます。ですから、中国と日本の関係を見る上で、それもお互いに、あるいはアジアの中でどう見るかということが問題点だと思います。中国と日本は２０１２年には国交正常化40周年を迎えました。この40年間に両国の政府、あるいは各界の方々の努力によりまして、中国と日本の関係は、各分野、また、各レベルでいずれも大きなめざましい発展が遂げられました。政治的には、お互いに四つの基本的な文書を発表しまして、両国関係の基本原則を確立して、また、戦略的互恵関係という方向を構築して決めました。その中で例えば一番重要なポイントとしては、２００８年に調印され発表された共同声明の中で、中国と日本はお互いに協力のパートナーと見なし、お互いに脅威となさない。それから、相手国の平和的発展を支持し合うという文言が、言葉が書かれております。これは大変大きな、重要な原則だと言えます。

経済的に言えば、両国の貿易額が40年前の国交正常化の際の10億ドルから、昨年２０１２年には３２９４億ドルにまで増えました。中国と日本はお互いに重要な経済貿易のパートナーになりまして、また、人的往来、文化の面でも交流がますます深まっております。両国の間の人的往来の人数は、40年前の年1万人から現在の５００万人以上にまで増えました。また、友好都市、友好省、友好県というのは２５０組になりました。２５０組というのは、お互いに正式に姉妹都市、あるいは友好都市という正式な取り決めを調印して、それぞれの議会、あるいは手続きを取ったそういう友好都市の数でして、それ以外に分野別にお互いに交流関係を結んだ関係が姉妹都市の、私たちは友好交流都市の関係と言いますけれども、それがよりさらに多くなっております。ですから、現在、想像しますと５００万人というのは、現在の飛行機、週６３０便ほど両国の間で飛んでおります。ですから、毎日で計算しますと、毎日ほぼ１００便近くの飛行機が中国と日本の間で飛んだり来たりしておりまして、およそ1万８０００人の人が中国と日本の空の間で飛んだりしているという計算になります。そのような往来というのは数字で表れているだけで、実際はこのような往来が、また、両国に対して大きな利益をもたらし、その両国の国民に対しても大きな利益をもたらして、と同時にこの地域の協力、アジア全体の平和、安定と繁栄のためにも積極的な役割を果たしました。

しかしながら、現在の関係において非常に難しい問題に直面しております。それが特に２０１２年９月に日本政府、当時の日本政府ですけれども、釣魚島の国有買い上げという事件が発生して以来、中国と日本の関係が大きな衝撃を受けました。現在ハイレベル、つまり要人の訪問はほとんど中断しまして、経済貿易協力もダメージを受けまして、人的往来も人数が減りつつあるという現状です。これは双方の利益に合致しないということで、中国側としてもそれを目にしたくない。また、私は中国の駐日大使として本当に心の痛む思いがいします。

ここで私が特別に強調したいのは、中国と日本はお互いに重要な隣国です。隣国というのは引っ越しができません、隣人というのは、良くなればいいが、あまりこれ以上喧嘩して、どうしてもという場合には引っ越せばいい。しかし、国というのは引っ越しができません。またそれぞれ非常に規模の大きい隣国です。また、お互いにいろんな分野の相互依存、交流の密度が深まって、その相互依存度も深まっている現状です。中国と日本の関係は双方のいずれにとっても、もっとも重要な二国間関係の一つと思っております。これは歴史的な言葉ですけれども、中国と日本の間の関係は、「和すれば共に利益になり、争えば共に損ずる」という言葉があります。中国の新しい指導部としては中日関係を発展する、また、重要視するという態度には変化はありません。中国としては引き続き四つの基本的な政治文書を踏まえて、歴史を鏡にして未来に向かうという精神に則って、中日関係が早期に健全且つ安定した発展の軌道に戻るようにと努力したいと考えています。その中日関係が正常な発展に回復させるには、また、中日関係の未来を切り開くには、現在、一番取り組むべき、また、適切に処理すべき問題は釣魚島の問題です。これが現在両国関係を妨げている一番大きな障害、困難になっております。私どもとしては日本側が歴史と現実を直視して、中国側と同じ方向にあい向かって行動を取り、対話と話し合いを通じて釣魚島の問題を適切に解決に取り組み解決、また、現状を管理できるような方法を探り出すようにと要望しております。

もう一つの問題としては、最近、日本では歴史の問題、歴史認識の問題において、若干消極的な言動が現れております。これは中国・韓国というアジアのかつての戦争被害国のみならず、国際社会においても心配と関心を呼び起こしております。このかつてのことについては、「前の事を忘れることなく、後の戒めとする」という言葉があります。この言葉は国交正常化の際に周恩来総理が使った言葉であります。これは古い漢文の言葉ですけれども、40年前に使った言葉があります。かつての日本軍国主義による侵略戦争は、アジアの諸国の国に対して大きな災難をもたらしました。もちろん日本国民もその中で大きな被害を受けました。そのかつての歴史を直視して、また、歴史を鏡にして、それで初めて未来に向かうことができる、未来を切り開くことができる。また、アジアの統合、アジアの繁栄の中で、より大きな役割を果たし、より大きな発展が遂げられると考えております。

未来を見通せば中国と日本は広い協力の潜在空間、ポテンシャルがあると考えます。中国は現在、建設社会、全体の経済建設を進める上で重要視しているのはエコ文明、つまり省エネ、環境保護、リサイクル経済などのようなことを通じて、美しい中国の建設に取り組んでおります。また、経済発展パターンの切り替えということにも取り組んでおりまして、これが中国と日本の間の協力にとっても大きな重要なチャンスともなっています。日本はこの分野において豊かな経験、また、技術を持っておりまして、双方が現在の流れ、また、お互いの必要、ニーズに合わせて、そういうグリーンエコノミー、環境保護、排出、それから、リサイクル経済などなどの分野において協力を強化して、両国の経済貿易の関係のグレードアップを推進していきたいと、また、いくべきだと考えます。

中国と日本はアジアの主な国として、中国と日本の間の平和、発展、協力は、アジアの前途、また、運命とも非常に重要な関係があります。中国と日本は、アジアの発展というところに着目して、手を携えて、アジアの協力、アジアの統合、アジアの発展というプロセスに取り組み、中国と日本と韓国という3カ国、あるいはRCEPのような枠組みを共に推進して、アジアの域内の貿易・投資・金融・通貨、あるいはインフラ建設、あるいは物流ネットワークなどの建設協力、それにおいての協力を進めて、共に恒久的な平和、また、共同の繁栄、また、調和の取れたアジアのために貢献をなすべきだと考えております。

「青年は未来の希望」という言葉はよく言われております、中国と日本の関係も前に向かって発展するために、また、アジアが復興して繁栄のためにも、青年にかかっております。ですから、今日ご在籍の若い学生たちの皆さんに対しても、よりアジアに対して関心を持ち、中国に対して関心を持ち、また、中国の日本の関係に関心を持って、中国と日本の間の相互信頼、あるいは両国国民の間の友情、また、アジアの連携・連帯・繁栄のためにどんどん勉学に励んで、また、将来そのために大きな役割を果たされるようにと期待しております。

第5講　中国と非伝統的安全保障の役割

天児　慧

私は現代中国研究を専門にして、同時にアジア地域統合という問題に非常に関心があり、グローバルCOEという大型のプロジェクトを5年間早稲田で代表としてやりました。それはテーマが「アジア地域統合を目指す世界的人材育成拠点形成」というタイトルのプロジェクトですが、大体20人～30人ぐらいの教員を集め、いろんな分野での地域統合をどう考えるかという議論を進めてきました。国際シンポジウムも研究会も何度も開きましたけれども。その中で、アジアの地域統合を考える場合にはこういうアプローチが大事ではないのかなというふうに思い始めたのが、ノントラディショナル・セキュリティです。非伝統的安全保障という言葉は、いわゆる国際政治学の中ではあまりなじまないかもしれない。人間の安全保障と言ったほうがイメージとしては分かりやすいと思います。人間の安全保障と言うとすぐ人権問題がイメージされるわけで、アジアの統合は必ずしもその人権問題をあんまり前面に出すわけにいかない、国家が果たす役割が非常に大きいし、国家自体が人権を侵したり、人権を保護したりするというようなケースも実はあるわけですよね。この点では中国も同じです。東南アジア諸国でも非常に多く使われている言葉は、非伝統的安全保障という言葉です。アジアの地域統合を考える場合には、一般的には、経済を中心として、経済の相互依存を進めて、そして経済的な協力の枠組み、統合の枠組みというものをつくりながら、それがほかの分野にスピルオーバーしていく、最終的には政治にスピルオーバーしていくというふうに考えられてきた。

このようなやり方でアジアの地域統合というのが進むんじゃないのかという議論はしばしばなされていました。

ところがどうも、経済的な地域統合が進んでいっても、相互依存が深まり地域統合が進んでいっても、なかなか政治的な協力・統合に向かう方向にいかない、たとえば日中関係を見れば一番よく分かるわけで。日中の経済協力はすさまじい勢いで進んでいきました。もちろん中国は日本だけを相手にしているわけではないけれども、日中関係は経済においては、もつれ絡み合ったような相互依存関係が形成されてきてる、にもかかわらず政治・安全保障でこれだけ対立が深まっている。こういうケースを見ても、なかなか経済の相互依存の進展の中で政治的な協力枠組みをつくっていくというのは順調には進んでいない。台湾と中国との関係でもそうでね。日本以上に中国と台湾の関係は、経済的な相互依存が進んでいって、台湾経済の7割ぐらいが、中国との貿易依存に絡んできている。しかし、政治的には基本的に対話しないというのが今の政権の基本的な姿勢であるわけです。そういう意味でなかなかうまくいかない。私はこのプロジェクトをやっていた頃に思ったことは、非伝統的安全保障問題をマルチのアプローチで取り組むということの重要性です。例えば自然災害、あるいは気候の問題、環境大気汚染とか水質汚染の問題といった環境汚染の問題。あるいは鳥インフルエンザとかいった、いわば流行性の疾病をめぐる地域協力の問題とか、いろいろな分野で、実は国境を越えて協力をし合わなければいけない要素が非常に増えてきているため、それをどうやって組織化していって協力の枠組みをつくっていくかということが実はアジアの地域協力を考える上で、今まではそういうところにスポット当てられていないけども、非常に重要ではないのかと思うようになったわけです。

実際に東南アジアのこうした活動に少し関わりまして、例えば東南アジアでそういうことを拠点的にやっていたのが、シンガポールにあるナンヤン工科大学（南洋工科大学）の国際関係学院のグループですが、彼らと協力をして、そういうネットワークづくりをやろうではないかということで動いたことがあります。彼らはやはりそういった面で、東南アジアあるいは南アジア、インドとかスリランカなどを含めて、そういった非伝統的安全保障の分野での地域協力を結構進めてきている。むしろ日本とか中国とか韓国のほうが遅れている。それで、この遅れている部分がまさに象徴的に示されたのは２０１１年の東日本大震災のときだと私は思います。あのときにアジアからの支援体制を組織的に日本が受け入れるという体制がなかった。組織的に、あるいは制度的にシステムとして受け入れる仕組みがなかったものだから、いろんな国から援助がくる、あるいは援助隊を派遣するといってもそれを受け入れられなかった。僕はそのときに、もしこういった非伝統的安全保障分野でそういった組織化が進んでいれば、あの事態もかなりスムーズに進んでいくし、そしてそのことがアジアにおける地域協力をさらに促進させていったのではないのかと思ってるわけです。それで、非伝統的安全保障の分野に力を入れるということは非常に重要だと考えるようになった次第です。ではもう少し視点を変えて、東アジア共同体、あるいはアジア地域統合という問題自体を振り返ってみると、大体１９９０年代の後半からアジアの指導者、研究者の間で議論が盛り上がっていきました。具体的に言うと１９９７年にアジア通貨危機が起こりその後に、やはりアジアの地域としてこういった問題に対応できる協力した仕組みをつくらなければいけないという議論がアジア各国の首脳、トップレベルで出てくるようになって、そして、東アジア共同体の議論というのは急速に盛り上がった。

もともと１９９１年、マハティールというマレーシアの当時の首相が東アジア経済協力体構想を提案したのですが、非常に議論が活発になったのは今申し上げた１９９０年代の終わりから２０００年代にかけてです。韓国の例えばキム・デジュン（金大中）というその当時の大統領のイニシアティブのもとで、東アジア共同体スタディグループというものをつくって、それを研究しようと、日本の学者もそこに参加をいたしました。中国も、やや遅れましたがその時期に非常に熱心に東アジア共同体構想を議論するようになってきたんですね。それは非常にいい傾向だし、ほんとに日中、あるいは日中韓、これが実質的な東アジア共同体の構築を促進するバネになっていけばいいなと思っていました。私もその頃から書き始めて、まとめたものが２０１０年に『アジア連合への道』（筑摩書房）として出版しました。それはかなり大胆な問題提起をした本です。ともかく中国が非常に積極的に東アジア共同体という議論をするようになった。

特に前の日本大使でその後外務大臣になった王毅さんは東アジア共同体に強い関心を持っておられ、よく勉強もする人でした。俳優のようなかっこいい顔をしているし、日本語はとても流暢で僕も随分いろいろと個人的に話をしたことがあります。王毅に対するいい印象をずーっと持っていました。王毅さんという人は、朝鮮半島の6カ国協議を最初に立ち上げたときの中国側の責任者で、6カ国協議全体をリードした人です。当時アジア問題で一番活躍していた人が日本の大使として赴任されて、日中関係の改善に取り組む。その当時小泉総理の時代で日中が非常に悪くなっていた。それを挽回するためにおそらく派遣したのでしょうが、王毅が5、6年日本にいまして、非常にいい仕事をしました。彼は東アジア共同体についての論文を執筆し、講演も行っております。印象的な論文として「新アジア主義論」がありますが、そこの基本的な彼の考え方は、非常に平等なスタンスで、国と国との間が、対等で平等なスタンスで、新しい国境を越えるさまざまな動きを取り込んで、アジアに連携した枠組みをつくろうという非常にノーマルな東アジア共同体の発想だった。私はそういう流れが中国の中でベースになっていけば非常にいいことだと、我々もそれに対して協力というか連携しながらやろうという考えを持っていたのです。

ところが、2000年以降、中国はご承知のように、すさまじい勢いで経済発展をし、軍事的に強化していく状況が生まれ、中国自身がある意味で、東アジア共同体に向かうその考え方を少し変えてきたんじゃないかなと読み取れるようになってきたのです。例えば、「中華民族の偉大な復興」を高らかに謳うようになってきたことです。そして対等、平等な立ち位置から共同体を構想するというよりも、自分が上に立ち、権威的にまとめていこうとする傾向が強くなっていきました。その大きなきっかけというのは2005年だったと思いますが、クアラルンプールで第一回東アジアサミットが開かれ、このときに初めて東アジアと呼ばれる国のトップがクアラルンプールで集まって、将来的な東アジア共同体をつくるのに、どうするかという議論を行いました。そのときに、日中の激しい対立が起こった。それは東アジアというこの共同体を構成するメンバーは、どういうメンバーになるのかということをめぐってです。ＡＳＥＡＮ10ですが、スタートは４カ国で始まり、５カ国、６カ国と増えていき、今ＡＳＥＡＮはまさに東南アジア諸国連合というその名前にふさわしい、すべての東南アジアと呼ばれる国々を集めた一つの連合体をつくったわけですが、このＡＳＥＡＮ10に日中韓の３カ国を加えた、ＡＳＥＡＮ10＋３という枠組みを主張したのが中国でした。日本も当初は少しあいまいにはしていたがそのような枠組みを考えていた。

しかし中国の台頭は急激なものですから、ＡＳＥＡＮの10＋３だけでいえば、中国イニシアティブが強くなりすぎるのではないかという懸念が日本の中でも生まれるし、あるいは東アジア共同体議論を周辺で見ている、特にアメリカは懸念を示すということで、日本はそのクアラルンプールの第一回東アジアサミットでは、その構成メンバーについてＡＳＥＡＮ10＋３＋３と、つまり、10＋６の構想を提案したんですね。これは何かというと、日中韓に加えてオーストラリア、ニュージーランド、そしてインドを入れた６カ国にしようということを言ったわけです。中国側はこれに対して非常に強く抗議をした。最終的には中国側も妥協し、その東アジアサミットに関しては10＋６に、さらにどんどん加わって、アメリカも加わるようなってきたと。

ところが中国は、10＋６というのを枠組みとして東アジア共同体をつくるという気はなくなってきた。「ああ、中国はこの問題について発想を変えたな」とおもいました。ＡＳＥＡＮ＋３は、毎年ＡＳＥＡＮ＋３の拡大ＡＳＥＡＮ会議としてやるわけです。そのあとに必ず東アジアサミットを開くという、二つをやるようになった。前者のほうが中国の発想を取り入れた、ＡＳＥＡＮ＋３。そしてＡＳＥＡＮ＋６あるいは今日ではもっと増えているこの東アジアサミットは、これは日本の発想を取り入れて。それで、両方今平行して会議として行っているが、では中国は何をしているのかというと、新しい自分たちのイニシアティブのもとに、新しい東アジアのいわば地域統合のようなものを目指しているのではないのかなというのが僕の印象です。そして、中国がおそらく考えているのは、経済で自らの影響力を周辺に広げていくという、今、周辺諸国、中国の周辺の国は、すべての国が台湾も含めて、第一貿易相手国は中国になってきました、日本も韓国もそうです。北朝鮮はもちろんです。モンゴルも、東南アジア諸国も全部そうです。それぐらい中国の影響力っていうのは増えてきたわけですね。そしてそれをいわば人民元で経済取引をやるようになってきている。日本も昨年人民元取引ができるようになってきた、つまり人民元で広げていくという今までの東アジア共同体ノットイコールです。それで、それを大中華圏という表現を私はしているわけですけども、中国の影響力が非常に強いところだけを集めて、そして、それを地域統合という形にしていくと、極端に言えば来ないやつは来なくていいと、ということを狙い始めているのではないかと。それが今の経済から始まり、あるいは文化、ソフトパワーというものを使い、そういった広がりが徐々に出てきている。

非常に注目すべきは、２０１４年のＡＳＥＡＮ首脳会議のときにカンボジアのプノンペンで開かれたときのことです。ＡＳＥＡＮは会議の最終日に必ず共同宣言を、昨年は実は共同宣言がなされなかった。なぜかというと、カンボジアが、そのときの一番大きな話題になった、南シナ海における共同行動規範というのをつくろうということを、これは前から実は言っているわけです。２００３年頃から始めて、いわば平和的にいろんな問題、特に島の領有権をめぐる問題が一番大きいわけですけれども、それをめぐる問題について、みんなで平和的に話し合いをしましょうという宣言はあるが、宣言を規範にしようというのが続いてきているわけです。規範にすれば、中国側がＡＳＥＡＮ全体から反発を受ける可能性があるので、この規範化することに反対をしている。それに昨年のＡＳＥＡＮの会議はこれを議論しないというところにプノンペン政府はもっていった。プノンペンは今非常に中国からの援助を受けておりまして、ある意味で親中国政権になっているわけです。ですから、中国の意向を反映してプノンペン政府はこのＡＳＥＡＮの会議をそういう形で処理した。つまりＡＳＥＡＮで分裂が始まったということです。

そうなると、実はＡＳＥＡＮ共同体を２０１５年に正式につくろうと宣言し、15年の末についに実現した。これはＡＳＥＡＮが10年来掲げた大きな課題でした、しかしその後の状況を見ると中国をめぐって内部の評価が別れ統一性を書くようになっています。でもそれは中国の狙いから言えば、この大中華圏の形成という、状況が狙いとしてあるのかもしれない。そういう状況の中で、アジア地域統合の問題が非常に下火になってしまうと。私自身も今、地域統合を正面からやるよりも、日中関係の問題を正面からなんとか、これを考えなければいけない、あるいはいろんな提起をしなければいけないという気持ちに実はなっているのです。しかし、僕の頭の中ではアジア地域統合は決しておそらく後退はしない、一時的な後退はあっても長い目で見ればアジア地域統合という問題は、これはもう着実にそういう歩みを進めていくことになる。

それで、中国が今、事実上、大中華圏の構築に向かって動きを進めている中で日本がどうするのか。日本はやはりもともと考えられていた東アジア共同体が含んでいるような、こういった地域共同体構想を進めていくべきだろうと思います。まったく別のアプローチかもしれないけれどもそれを進めていく、それにこだわるべきだと思うのです。そのこだわる中で非常に大事なものは、私の頭の中では、非伝統的安全保障における地域協力を組織化していくということが大事だと思っているわけです。これは中国にとっても非常に必要なものです。そして、他のアジアの国々にとっても非常に必要なものです。今後、環境問題もまだ頻発するでしょうし、ますます深刻化するでしょう。自然災害もいろんな形で起こってくるでしょうし、鳥インフルエンザをはじめとした感染症の問題もどんどん起こってくるでしょう。そういう中で地域協力をそういう視点から進めていくというは依然として重要です。ですから、そういうものを日本がイニシアティブを取ってやっていけば、それ自体が非常に重要な価値、重要な枠組みになっていくだろうと思います。そのことを今、中国はほとんど目に入れてないで、要するに自らのパワーをどれだけ外に影響力として広げていくかということしか頭に入ってないから、日本が今頑張らなきゃいけないところにあると思っています。これが地域統合に関する私の基本的な考え方です。

今日なぜ少しテーマを変えて日中関係を軸にして考えようと思ったかというと、今のような大前提の上に立っても、やはり日中関係をなんらかの形で今のような状態ではない、いい状態にしていかなければ進まない。皆さんもご存じのように尖閣問題がこれだけ深刻な日中関係の状況を深刻化しているということを考えれば、これが仮に武力紛争のような状況になったらもうむちゃくちゃな状況になると思います。安易に戦争をやって決着つけたらいいなんていうようなことを考えることは絶対に避けなければいけない。これは日本にとっても中国にとっても、あるいはアジア諸国にとっても世界にとっても、ほんとうに大きなダメージになると少し考えれば明らかなわけです。ですから、それをどうするかということを考える。そのために我々は日中関係をどういうふうに理解したらいいのかということをしっかりと押さえないといけないと思います。

これでやっと、この日中関係の問題に入りますが、中国の体制、政治体制は、ご存じのように共産党一党体制ですが、党員は８２６０万。とてつもない数です。でも人口自体が13億ですから、そのことも考える必要はありますが、今、世界でもうダントツの最大の政治政党です。ところが実際の政策を決定するトップは、中国共産党中央政治局員が25名。その中でもさらに政策決定に直接かかわっていくのは7名。２０１２年の党大会で決まった7名です。ですから、13億の人口を抱える巨大な国家が基本的には7名の意思で決められると、どういうことだと皆さん思うかも知れませんが、かつては毛沢東が一人で決めてた。あるいは鄧小平が、まあ鄧小平は長老にいろんな根回しをするというのはやってたみたいですが、鄧小平の時代だって一人で決めていたわけです。ですから、そういう意味では、とても民主主義体制というふうには言えないということです。そのトップが12年に決まったわけです。共産党の指導部ができ、そして13年の3月の全国人民代表大会、これは日本の国会に相当すると考えればいいが、そこで決まったわけですね。このトップのメンバーを見ると、いろんな中国の場合に、派閥があり、その派閥を無視するわけにはいかない。中国の政治派閥を考えるときには、よく言われるのは共産主義青年団という共産党の青年組織、共産主義青年団出身という、李克強とか、あるいはこの李源潮など人たちです。共産主義青年団が中国の中央の指導体制を動かすようになったのは、これは鄧小平時代以降です。それまではほとんど共青団というのはそういう影響力を持ってなかった。今はだんだんその力がついてきた。ところが、政治局のトップにおいては、常務委員としては共青団系は李克強1人です。多くの専門家はもう圧倒的に、これは共青団に対抗する太子党、革命幹部がイニシアティブを握ったと評価しました。日本でもほとんど政治家二世が、今、議員二世が重要なところを占めるようになってきて、中国でもそういう現象が起こっている。トップの習近平という人は、有名な父親の習仲勲という、戦前から中国の重要な指導部の一人だった人です。こういう太子党とそれから、江沢民を中心に形成された上海派のグループがある。あるいは既得権益、特にこの場合は、エネルギー関係、例えば石油とか、あるいは石炭とか資源開発部です、こういったところのリーダー、影響力のある人たちが上がってきたということです。要は全体を、つまり党というのと国家というのを見ていくと、共青団系は意外に弱体化していない。むしろ次要勢力になっているように見える。首相に李克強、それから、国家最高指導部として国家副主席に李源潮、さらに、最高人民法院の院長に周強が入ってくる。国務院副総理に汪洋という、非常に開明的な、これも共青団のグループ。それから、劉延東という女性も共青団系で、随分重要な指導部に入ってきている。おそらくこれからの中国に指導部を見ていくときに、この共青団グループの影響力がこれからの中国の指導部を見る一つの鍵のようにも見える。たしかに、ここにいたるまでの間に激しい権力闘争があった。昨年の一番大きな話題になったのは、太子党と言われたこの革命二世の中で、習近平のライバルとも言われた薄熙来の存在です。彼は重慶の党書記をやっていました。この薄熙来の失脚事件は、奥さんがイギリスのビジネスマンを殺害した容疑がかかり、そして、汚職腐敗というものと関連して、結局、薄熙来まで失脚に追いやられたという事件です。

そういう権力競争が常に絡むわけです。私はそういうものと同時に、実はこの日中関係が非常に重要な意味を持っていると考えるようになっています。日中関係を良くしたいというグループは中国の指導部にも間違いなくあるわけで、先ほどちょっと紹介した王毅なんかそうだと思います。トップだった胡錦濤、あるいは国務院総理であった温家宝というような人たちも、ある面では日中関係をできるだけいい関係に持っていこうと努力していた人たちだろうと思います。そうでありながら、やはり日中関係を良くすることはトップの権力闘争の中では非常にデリケートな問題で、ほんとに良くしようとしてやりすぎると、反日的なグループから足下すくわれて、そして場合によっては失脚に追いやられるということもあるわけです。この典型的な例は、１９８７年に当時の党のトップであった胡耀邦という人で、共青団の出身の一人です、その人が党のトップに初めてなったのは胡耀邦、この人は鄧小平に非常に近い人だったのですが、日中関係に関しても非常にポジティブな人で、当時のカウンターパートは中曽根康弘総理だった。その中曽根さんと胡耀邦さんは非常に親密な関係をもって、やはり中曽根さんも非常にスケールの大きな政治家ですから、アメリカの、当時はロナルド・レーガンという人で、「ロン・ヤス」って、ロン・ヤス関係という非常にプライベートな関係にまで、我々は親密にしているのだというイメージをつくったわけですが、それと同じように中国との関係も、中曽根・胡耀邦関係をつくろうとした。胡耀邦も非常に積極的に日中関係の改善に乗り出して、そのために、例えば日中３０００人青年交流というのが当時行われて、将来の幹部になるような日本の若者を中国に招待して、３０００人招待して、そして大々的に中国の若者との交流を進めた。共青団を中心にして中国側はその受け入れの責任者が実は胡錦濤だったのですが、それを上でしきったのが胡耀邦という人だった。この人が実は失脚をします、これは民主化運動に対して甘すぎたという批判で失脚したと言われますが、さらに日中関係においてあまりにも親日的な政策に偏りすぎたということで失脚の理由が挙げられたのです。

それから、これは皆さんも少し知っているかもしれませんが、１９８９年の天安門事件で失脚した趙紫陽、この人も非常に改革派の人であったが、趙紫陽の経済改革を支えていた軸は実は日本の通産省系のグループたちです。中国の改革開放の中で日本の役割というのは非常に大きいです。それは単にＯＤＡで対中援助をしたというだけではなくて、いわば改革開放のプランをどうやってデザインしていくかという意味において、経産省系のシンクタンクっていうのは非常に重要な役割を果たしております。僕は中国でその頃、北京の大使館にちょうどいたものですから、そのへんの事情は実はよく知っている。こういった日本との関係が非常に重要でありながらも、いきすぎると足を引っ張られるということがあるわけです。

ですから、今回の人事の形成のプロセスにおいても、この人はなんでこんなに強硬発言するのだろうと思うような人が、要するに日本に対してそんな悪い感情持ってない人が、そういう発言をする。なぜか、おそらくそれは対日強硬を取らないと足を引っ張られていくと、あるいは人事に影響するというようなこういう危惧感があって動いたのではないのかなと思います。未だに分からないのは、習近平という人はほんとに反日なのか、対日強硬なのか、これは僕実はよく分からないです。彼は国家副主席になったときに日本を訪れていますが、日本に対するいい印象を持っているというそういう報道がその後流れていたのですね。それから、習近平を実は裏で支えている一番のまあボスっていうのは曽慶紅という人ですが、この人も太子党の人で、曽慶紅と日本の野中広務さんという当時自民党の幹事長やっていた人は、これは個人的に非常に親しい関係にあって、曽慶紅さんは非常に親日的であると、イメージがあるわけです。だから、ほんとに習近平というのはどういう対日観を持っているのか、まだよく分からない、もうちょっと見てみないと。

いずれにしてもこうした関係が非常に深くて、そして、日中関係というのは単に日中の問題じゃなくて、中国の国内政治問題でもあるのだということを、押さえておいてください。それで、尖閣問題、これは昨年、国有化を宣言することで事態が非常に悪化したわけですね。だけど、おそらく、私は国有化しなくても事態は悪化していただろうと思います。それはある意味で、中国側が決して、日本側がこういう行動を取ったから、それに対する反撃としてやったんだという問題ではなくて、ある意味では非常に戦略的な、あるいはその、さらにもう少し大きな将来的な構想の中で、この尖閣の位置、あるいは尖閣を取り巻く東シナ海の問題というものを位置づけていたからだろうと思います。いくつかの大きな理由を挙げるとここに書いたようなものです。経済的理由ももちろんある。でも昨年の理由は経済的理由ではないですね。それから、体制不満のガス抜き、これは昨年の中にも間違いなくあったと思います。それから指導部の問題、さらに中国の大国化に伴うナショナリズム高揚の問題が絡んできます。ナショナリズムの高揚は常に反日感情を容易に引き起こすもので、日本に対する歴史的な屈辱を跳ね返そうといった感情が常に再生されていくということです。それから、大きな問題はこのアジア太平洋の勢力圏拡大の話です。これは先ほど言った、地域統合の問題とも実は関連してくる。これらが関連しながら昨年の尖閣問題は起こっているわけです。実はこの尖閣国有化というのは、私の解釈では中国当局の絶好の口実、チャンスであったというふうに思います。一つは国内の引き締めにとって、徹底的に反日の運動を高めることで、日本との良い関係をつくるということは、国内では非常に注意しなければ代償を払うことになるという意識を植え付けさせた。それぐらい中国の国内では、逆に言うとですね、日本の影響力というのが広がっていたのではないのかと思います。あれだけ反日でさわぎ、国有化の後、10月の後半に１００を超える都市の規模で全国的に広がったわけです。が、ほとんどは中国人の従業員が占めている企業です。中には中国人がその企業の総経理、いわゆる社長をやっている、店長をやっている、そういう会社だっていっぱいあったわけです。ですから、中国人と分かって潰しているわけです。ですから、そのへんをどう見たらいいのかと、それはそこに書いたような、この日系企業を徹底的に破壊しですね、働く中国人従業員らも巻き込む、ある種の恐怖感を与えるという、そのことによって日本とのかかわりに距離を置かせるという、そういう狙いがあったと言えるのではないかと思います。これが一つです。

尖閣問題・反日暴動の「二つの突破」が本質的な狙いであったと私は言いますが、一つは、日中関係そのものの突破です。もともと日中関係は１９７２年からいろいろ振り返ってみると、やはり大きな流れとしては日本のイニシアティブで日中関係は続いてきたと、１９９０年代の終わり頃までは、基本的には70年代も80年代も90年代の前半ですね、日本がこうすると方針を出したことで最終的にはまとまっていくというか、やっぱり日本イニシアティブの流れというのが日中関係にあった。もちろん、例えば歴史問題で中国が非常に強く抗議するとか、中国側からの、例えば原爆の実験だとか、90年代の前半に日本の声を無視した強硬な行動もあったわけですが、大きな流れで見れば日本イニシアティブで進んでいくという。ところが中国が力をつけ、そして、日本がバブルの崩壊以降、その力を弱めていくというこの中で、いわば一方向のベクトルではなくて、双方向のベクトルで日中関係が動くようになってくる。例えば日本の経済を立て直すためには、中国との経済的な関係を強化することが必要であるという状況も、日本に中国イニシアティブが働くようになってきている。私はそれを２０００年代の前半、２０１０年になる前ぐらいまでは双方向イニシアティブは非常に望ましいことだと、今後の共同体構想を議論する上でも、是非この双方向イニシアティブをキープすべきであると。「両雄並び立たず」という言葉がありますが、「両雄並び立つ」という哲学を作らなければいけないと、私は提起をして、本（『日中対立』ちくま新書）にも書いております。

ところが、中国は、やはり２００８年のオリンピック、それから、２０１０年の上海万博、そして、２０１０年についに日本をＧＤＰで抜いて世界第一位に経済規模でなっていく、さらに軍事力で言えば、２００７年だったと思いますが、もう日本の防衛予算を超える予算で、今や中国の防衛予算っていうのは１２００億ドルを達していると、日本が大体５００億ドルぐらい、そういう意味ではもうはるかに、倍を超える軍事費を使うようになってきているると。そうすると中国からしてみれば、日中関係の突破、つまり今までの日本イニシアティブというものを変えていく。むしろ中国イニシアティブに日中関係を進めていこうという考えがうまれてきたということです。これは、閻学通という、私も会って議論したことありますけども、中国でトップ２といわれる清華大学の国際関係センターの所長ですが、彼は非常に保守的なリアリストで、こう言っています。これは朝日新聞のインタビューに応えたもので、米国は中国よりも強大である、これは認めると、日本は中国よりも弱くなったと、日本はこうした状況を認識し、中国を競争相手と見ることをやめろと。それで、これは非常に極端な言い方かもしれないけども、ある意味で今の習近平体制が、日本に対して絶対に譲らない、日中の関係改善を日本側からいくら呼びかけても、日本がもう少し尖閣問題について何かの譲歩する姿勢を示さない限りは一切応じないというぐらいの強い姿勢で臨んでいることに関係するだろうと思います。おそらく日中関係においては、もう事実上尖閣近辺に関しては、日本側から言えば領海侵犯というものがもう常態化してきている。島を取るか取らないかは実はほんとはそんなに大きな問題ではないかもしれない。まあそういう意味での新しい状況をつくり出してきていると、それを固定化しようと。そして、日本が中国よりも下だということをしっかりと認識させようという、そういう段階にあるのかもしれない。これが突破ということです。

第二の突破というのは、アジア太平洋の海域への勢力拡大ということです。これは先ほどすでに説明しましたが、もう明らかに中国は、この大国主義という考え方です。自らを大国として振る舞う、こういう姿勢を持つようになってきている。その大国というのはやはり、これは日本人には少し理解しがたい部分があるが、やはり近代史以前の栄光の歴史を復活させ、近代史では凋落、列強の侵略を受ける屈辱の歴史であったが、これを精神的にも払拭しよう、そして、改めて世界の中心になろうとする意欲を強くアピールするということです。これは中国が、今日いろんなところでしばしばスローガン的に言っている有名な言葉、「中華民族の偉大な復興」ということです。習近平は特に「中国の夢」という、チャイナドリームという言葉を言うようになっている。中国の夢という言葉は、中国人自身が中国人に向かって言っているということです。外の国はどう見ても今の中国に、中国の夢を持って、我々が外国の人間がかかわっていこうという気はなくなって、ますます中国脅威論が強くなっているという状況です。ですから、そのあたりを中国はどう認識をし直していくのかは、これからの中国自身の課題だろうと思うんですが。

いずれにしましても、こういった大中華圏の形成を目指してそのために実は中国は勢力拡張を図っておるということです。新聞でも最近やたらと言われる、第一列島線というのと第二列島線という、海域拡大戦略があります。これ実を言うと、１９８２年に鄧小平が権力を握って彼の部下である、海軍司令員、後に中央軍事委員会の副主席までやった劉華清という人に命じて、長期的な海軍建設発展計画をつらせた。その中にこの第一列島線構想、第二列島線構想がある。これによると、第一列島線は２０１０年までにこれを確立すると。つい最近までですよね。そして、２０２０年から今度は第二列島線まで勢力を拡大するという構想を打ち立てているわけです。この第一列島線のポイントがが尖閣です。だから、沖縄があって、尖閣があって、台湾が。このラインを中国が海域を自由に航行できる状態を確保するというのは実は戦略的に非常に重要な意味を持っているということなのです。この発展計画は１９８２年から何年かかけて作られたものといわれていますが、いずれにせよそれが今生きているというのは、やっぱり中国の戦略というのは、かなり長期的に発想としているということですね。日本人はそんな発想ほとんど持たないと思います。このアジア太平洋への海域の勢力拡大という、これは実は世界地図でみると非常に大事なポイントになっていることです。そして、いずれそれを実現し、太平洋地域におけるパワーバランスの転換につなげていくということになります。これはもうアメリカもそれを意識しているわけですね。ですから、アメリカは日米同盟を強化する、だけど日米同盟を強化すればすべては解決するなんてアメリカは思ってないです。アメリカはそれを前提としながら、中国と直接ネゴシエーションするメカニズムをつくっているわけです。胡錦濤時代に中国の外交部、外交部のトップブレーンと言われていた王緝思、北京大学の国際関係学院の院長（元アメリカ研究所の所長）と話をしたときに、我々はもうすでに、中国との公的ないろんなレベルのパイプですが、60ぐらい持っていますといっていた。なにかあったときにそこのどこかで常に連絡を取り合って調整するようにするということです。僕が手に入れたのは2012年の2月ですけれども、ケネス・リーバーサルというアメリカのミシガン大学の教授で、今はワシントンのシンクタンクの上級研究員をしていますが、第二期クリントン政権のときのNSC、国家安全保障会議のアジア部長やっていた男です。このケネス・リーバーサルと、今言った王緝思が2人で『ストラテジック・ディストラスト』という本を書いている。戦略的相互不信という。戦略不信感、なぜ米中にはそういう戦略的不信感が生まれるのかというのを中国のサイドから、またアメリカのサイドから提示し、共同研究して発表しています。これを見るといかに、この習近平政権が米中関係を第一に優先して、新しい米中の大国間関係をつくるかということに力を入れているか、これは非常によく分かります。

例えば北朝鮮問題に関してつい最近の、北の動きに対して中国が今までとは違った態度を取って、非常に北に強硬な制裁を辞さない、強硬な態度を取った、そのことを思い出されればいいと思いますが、つまり何のためかというと、今まで血で血を流し合った兄弟関係と言っていた北朝鮮と中国の関係を、切り捨ててもいいということまで踏み込んだのは、まさにアメリカとの関係です。中国はアメリカにとって信頼されるというよりも必要とされる国になりたい。そういう状況になれば、自分たちが強くなってもアメリカが最終的に本気の攻撃はかけてこないとこういう判断をするわけです。ですから、日本はそのことをしっかりと認識しておかなければ、いくら安倍政権が日米同盟が大事だと言っても、アメリカは自分の国益を絶対に忘れるわけはないので、その国益の中では中国との関係をどう調整するかというのはあるわけです。トランプ氏の外交はまだわからないが、彼は本質的にはビジネスマンだから最終的には利害打算で動く。中国は巧みにこの部分をくすぐってくるだろう。ですからそんなに国際関係は単純じゃない。

このアメリカ、アジア太平洋のバランスのこの転換というのは、これから近い将来に、例えば10年とか20年という将来において起こるだろう。そのことを踏まえてどうするかということなんだろうと思います。私は非常にショックだったのは、以上の3点を突破したと、北京のある指導部の宴席で中国の学者から聞きました。我々は国有化を野田が決定したときに、ある指導者が、「野田首相に乾杯」と言って喜んだという、つまり、よくぞ国有化やってくれたと、言ったということですね。

その後北京に行く機会があったから別の社会科学院の連中に、私は実は10月の段階でこういう話を聞いたことがあると、ほんとうかなと、と言ったら。いや、聞いたことありますと言っていました。ですから、そういう意味では、実は非常にしたたかに中国はこの尖閣の問題に関して展開をしていたということがよく分かる。私は、こう思いますが、やはり尖閣はほんとに日本の領土なのであれば政府はもっと丁寧に説明しなければならない。中国があれだけ声高に、中国固有の領土だ領土だと言っている。日本政府はあんまり説明しないですね。最近は少し説明するようになりましたが、今までは、歴史上、国際法上、疑いもなく我が国の領土であるとこう言っているだけで。それで、日本の政府関係者に、あなた方が言っている国際法上という言い分はわかる。しかし歴史上と言ったときにいつからの歴史を言ってるのか。古代、あるいは中世以来ずーっとという風に聞こえるが、どうなのか聞いたら、歯切れが悪い。それで、あなたらが言っている歴史っていうのは1895年以降でしょうと。要するに尖閣を領有化宣言した以降の歴史について歴史上問題ないと言っているのではないか、と言ったら、そうですと言うわけです。それじゃあ全然中国側を説得できないよと、中国側はそれ以前から自分たちの領土であったと言っているのだから、その1895年以前が実は無主地だと、主のない地域だということを、もっと丁寧に主張しなければ向こうを説得するわけにいかないではないか。それで、「係争地でない」と言っているのでは中国側は納得しない。そこに踏み込んで、立ち入って議論すること自体が尖閣を係争化していくからまずいという判断があるんでしょうけれども、今やもうそんな状況ではない。私はそれでいろいろ調べました。4点、中国側の主張に問題がある。第一は、中国側の考え方は基本的に、中華民国以前までは、基本的には天下国家論が基本的な秩序観だった。世界というものを天下としてとらえる。で、天下は中国中心で、要するにトップに天子がいるんですね。その天子をトップにしてちょうど円錐形をイメージしたらいいと思いますが、円錐形のような階層性があって。で、一番外に広がっている空間が野蛮人の世界ですよね。東夷、南蛮、西戎、北狄というそういう野蛮人の世界。この同心円的階層的重層構造が秩序です。考え方としては。この重層構造は、いわば文化、この場合の文化は中華文化ですね、これの習得の度合いによってこの権威的重層秩序が考えられるというふうに言っていいわけです。その考え方は基本的には国境の概念とは違う。実は中国の、我が国の領土であるという議論は、明確な国民国家の国境の議論とは違っていたということとです。これが一つ。

第二の問題は、大陸国家として中国はずっと振る舞ってきた、ですから、陸上国境、例えばソ連とロシアとの国境に関して、ネルチンスク条約だとか、瑷琿条約などいろんな条約がある、つまり国境をめぐるそういう交渉をやって、そして提携をしているというのはあるわけです。ところが海上に関してはそういうものはないわけですね、海上にあったのは海防論のみです、海を防衛する考え方です。で、これは特に清末に、海上防塞論が出てきて、李鴻章などは、具体的に海上でどこまで防塞すべきかといった議論をしている。しかし海上国境という概念はあったかというとなかったと言っていいと思います。で、海上防衛論の話では最近僕のところにある学者がどさっと資料を送ってきて、それを見て非常に面白くて、ちょっと紹介をしておきます。海防論で、中国の海を防衛する範囲について福建省の沿岸一帯では大体沿岸より100km、中国では190里離れた海上が防衛の範囲であるというのが書かれているのですね。明の時代の資料、写真を見ますと尖閣と一番近い福建との間は330km離れているわけです。ですから、尖閣を海防の範囲に含めてはいないのは明らかです。

それから3番目は、これは中国でよく使われる言葉、自分たちの領土だという根拠とするためによく使う資料ですが、中国は朝貢貿易をやっていたわけで琉球王国、今の沖縄県ですが、琉球王国から、朝貢使が行って、それに対して琉球を属国として認めるという形で冊封使といわれる官吏が琉球人と一緒に琉球に行く。その船の記録が残っている。その記録の中で、尖閣近海を通って、そして久米島まで来たときに琉球の人々がやっと我が家に帰ったって言って騒ぎ始めるというような記録がある。それを読んで、要するに琉球の領域っていうのは久米島から東側だと、尖閣を含む久米島から西側は自分たちの領域ではないというふうに読み取れる。だから琉球にとって尖閣は自分たちの範囲ではないから、これは我が国の領土だという話をするわけです。非常に大きな問題は、一つは、ふるさとという意識と国家主権のある領域という問題を混同してるということ、中国ではふるさと意識はどうかんがえられているのか。例えば世界で言えば、少数民族は国境をまたいで存在しているわけで、そういう国境をまたいで存在している人たちは国境とは直接関係なくてふるさと意識を持つわけですね。ですからそういう事例を、実は国境を定める議論の材料にしていいのかどうかということです。

それから最後は、これもよく最近言われることですが、中国が公然と自国領として主張するようになった1971年です。日本が尖閣を領有化した1895年から1971年までは中国は公式には、一度たりとも尖閣を我が国の領土であると言ったことはない。言ったことはないどころか、1953年一番中国での権威のある新聞、人民日報には、当時、世界の反米愛国闘争を紹介した記事があります。中国当局は反米愛国闘争を非常に重視しているわけですが、その事例として、琉球人民の反米愛国闘争を話題にしていたのです。この中に尖閣諸島という名前がそのまま――中国では釣魚島、「ちょうぎょとう」と言うのだけども――で表現され、琉球人民の闘争の言ったんとして紹介されている。そういった事例は別にもあります。1930年代台湾漁民が漂流し、尖閣諸島に住む沖縄の人が、彼らを救ったことに関する感謝状が中華民国政府から日本に、その当時の日本帝国沖縄県尖閣和洋島の住民に送られています。

以上の四つの点を特に重視していけば、中国が自分の領土であったと、古来自分の領土であり、日本が日清戦争のどさくさに紛れて奪い取ったんだという議論はちょっとおかしい。日本が確かに日清戦争という有利な状況の中で尖閣を取り込んだっていうのは事実です。しかし国際法的な当時の手続きから言えば、これは間違ったやり方ではない。つまり、無主地占有の方法について1970年代に京都大学の井上清さんが、この方法は帝国主義的な侵略のやり方で、それは認められないと言って抗議しているのがあるのですね。確かにそういう面はあったと思います。しかし、私は、ではほかに何かより妥当な方法があったのと問いたい。無主地を領有化する方法としてほかの方法があったのか。何よりも中国自身が、例えばアヘン戦争とか、アロー号戦争で中国の権益が奪い取られた。それは条約によって奪い取られるわけですね、南京条約だとか北京条約とかとやられるわけです。結局中国はそれに異議を申し立てないで、それに従って問題を平和的に処理してきているわけです。だから、尖閣だけを帝国主義的やり方で奪い取ったのだから認められないと言うのはちょっと話が違うのではと私は思います。ですから、こういう流れから見て、やはり尖閣の問題というのは、日本の領土であるということを否定する必要はないだろうと。ただ、私が言いたいのはそれだけに実はとどまらない。

私は、教員になって最初に赴任したのが沖縄の琉球大学だったのですが、その間に沖縄の人といろいろ話をする機会があった。北部の本部というところで非常に面白い経験をしました。沖縄の歳をとった漁民のおじいさんと酒飲みながら話をする機会があった。いろいろ話をしているときに、目の前にみえる東シナ海を前にして「わしらの海は……、わしらの海は」と話をするわけですね。そこで私は「そのわしらの海はおじさんどこまで続んですか」

と聞きましたら、それはどこまでも続くよと、台湾海峡も越えるし、フィリピンぐらいまではいつも行っていたなという返事です。フィリピンの漁民とか、台湾の漁民と一緒に漁をやったよと、一緒に助け合ったよというような話なのです。ですからそのときに思ったのは、あ、この人には国境がないのだと、漁民にしてみれば、わしらの海というのは、海をその生活の糧とするそういう人々の生活のまさに〝場〟なのですね。これが海で生きる人々の意識なのですね。私はもうちょっと違う視点から、つまり、ネイションステイトによる国境の議論とは違う視点から、海というものを考える必要があると最近は強く思っております。

それで最後に、中国ってどうなのかという問題を考えておきます。中国は急激に発展したけれど同時に、腐敗が大きく貧困の格差が大きいとかいろいろ言うわけですよね。それを全体としてどういうふうにとらえたらいいのかということです。

分かりやすく説明するために、中国はまさに四つのジレンマに今陥っていると表現しておきます。そのジレンマの一つは、経済成長路線。経済はどんどん成長してきた、二桁台の勢いで成長してきた。他方で格差の拡大、不平等社会の問題が出てくる。これは鄧小平の「先富論」という発展戦略から始まっている。まず豊かになれる地域・人から豊かになって、その後に豊かになった地域・人が貧しい地域・人を支援して、最終的には共同富裕が実現できるというのが鄧小平の考えだった。しかし、その後自体ンはこのようにならなかった。それどころか、むしろ豊かになっていく地域・人はますます豊かになる、しかも法的なルールとかそういうものがきちっとしてないものだから、いろんなコネを使ったり、権力を使ったりして豊かになる。そういう社会構造が生まれてしまった。だから、これを断つためには大変な決断とエネルギーが必要なわけです。もちろん習近平政権はこれに手を付けようというふうに決意はしているのだけど、果たして本当にできるのか。それから国際的に見れば、この大国主義と国際協調主義のジレンマです。中国の発展は、これまで国際社会と協調して、国際社会のさまざまなメリットを取り入れることによって発展をしてきた。非常に口の悪い言い方をすれば、「人のふんどしで相撲を取ってきた」という例えが当てはまる。つまり中国は鄧小平の改革開放をやり始めた初期の段階には、お金がない、それから、技術がない、人材がいない、ないないだらけだったわけです。鄧小平は非常にプラグマティックな人ですから、ないのだったら借りればいいではないかと、金も外資で借りる、外資を導入させると、それから、技術もいろんな技術を海外から取り入れる、人材はもう例えば、まずは香港辺りから入れると、すでに使える人たちを入れる、やがて人材育成は海外で技術や知識を身につけた人を取り込む、その人たちを帰国させるということをやったわけですね。だから、中国の発展は国際協調路線、国際相互依存の結果なのです。中国が特別に何か偉大なものを持っていて、あるいた中国の特殊性があって発展したのではないのだと、そういう認識に一度立ち返らなければいけない。

ところが、成長してしまったらそういうことを忘れて、自分たちは偉いのだという話になってしまうから、それはおかしいと言いたい。それから、中国はしばしば「中国の特色」ということを言います。なんでも「特色ある」からという言い方をする。ある時には自分たちの素晴らしさを強調する意味で、ある時は自分たちの遅れた部分の言い訳のために用いる。市場化では「社会主義市場」を掲げ、非民主性の批判に対しては、「中国の特色ある」民主といった言い方をする。今や経済発展が大きな成果を収めたから、これは「中国モデル」によるものであった、これから達点を目指す国は我々のモデルを取り入れるべきだとまで言い始めた。これは２００８年の米中のサミットのときに北京コンセンサス、ワシントンコンセンサスはもうダメだということを言ったことにも関連しているんです。ところが、自分が発展するために中国の特色あるなんとかっていうのを国内的に使うことはまあそれはいいだろうけれど、国際社会にこれだけ影響力を持つようになった中国が、国際社会に対してはこの普遍主義との関係をどういうふうに説明するのかということが非常に重要になってくる。「中国の特色ある」ことだからといって、それがそのまま国際社会で許されるわけじゃないということですよね。普遍主義の議論のなかで、一番代表的なのは人権、民主主義だろうと思います。あるいは国際公共財と呼ばれるような国際法とか、国際レジームといったものに対して中国がどういうふうにそれをポジティブに受け止めて、それらに対する貢献を示すかということが問われるようになってきているわけです。これがない限りは、おそらく中国は特殊な大国として、国際社会の中で、まあ中国だからねっていう感じで見られてしまう可能性はあるわけです。これらの課題の根底にあるのが実は社会は多元的な開放社会になってきている、にもかかわらず共産党一党体制というのが揺るがないという矛盾した問題あるわけですね。

ただこれもだんだん私は変わってくるのではないか。いや、そう言いながらですね、もう何十年も、中国が1978年から改革開放を始めて、もうすでにほぼ30年が経ったのですが、なお共産党は8000万をこえる党員を抱えた巨大な政党になって一党国家体制を堅持している。共産党体制ってほんとに変わるの？　と問われれば、もうすでに変わっていますとも言える。表面の色は赤、だけど中身はどんどん変わってきているというのが、見方としては間違ってないだろうと思います。

最後に、国際秩序について、我々は新しい国際秩序という認識を持つ必要があるだろうと私は思っています。それは三つの特徴として考えられる。まず、これまで長きにわたって維持されてきた国民国家システム＝ウェストファリア・システムがやはり動き始めている。ただしアクターとして、国際社会の主役的なアクターとしての国民国家はなかなか変わらない。しかしながら第二に、トランスナショナルな状況というのはどんどん増えてきている、そういう意味で私は、N－TNシステムという表現を勝手につくったのですが。それがしばらく続くだろうと思います。つまりネイションステイトは重要だけど、それだけで国際関係を見てしまうのもまずい、同時にトランスナショナルな部分（NT）をどういうふうにアクターとして見ていくか、あるいは重視していくかというこれが非常に重要になってきたといえるのです。日中関係でもそういうことが言えると思います。三番目は、グローバリゼーションのリージョナル化という現象です。環境問題をはじめ、人の移動や国際テロなどの現象はまさにグローバル化の産物ですが、問題としてはリージョナルな現象として噴出しているということです。あともう一つは、中国の台頭をどう見るか、今日話をしたのはこれを中心にして話したわけです。こういった形でいわば、アジアにおいてはどんどんデファクトとして地域統合が進んでいる。

今も触れましたが、例えば環境の問題が非常にグローバルに生まれてきても、実際に問題になっていくのは、いわばリージョナルに出てくるわけですね。ですから、そういった意味でこのデファクトのネットワークづくりというのは非常に大事だということが言いたいということです。今後のアジア連携の未来という意味で、これは最初に話をした非伝統的安全保障機構っていうのを最終的につくれと、これはもう壮大な構想ですけれども、こういう発想がこれからは必要なのではないかと思います。地域統合に関しては、東アジアＦＴＡとか、ＲＣＥＰ（東アジア地域包括的経済連携）とか、ＴＰＰなどが話題になっていますが、最終的には、アジア太平洋全体の地域統合の枠組みを目指すべきで、そのように考えるならば、別に平行して進めたっていい、オルタナティブな問題ではないというのが私の考えです。そういう意味で全体を見ていったときに中国は今、国際公共財の擁護者とはとても言えない。そして、日中関係というのは今非常に厳しい状況に置かれている、けれども、だからこそ、やはり日本の立場というのは相当しっかり、筋を通さなければならない。そして、客観的には日米同盟も非中国との連携は必要だけども、しかしそれは反中国包囲網をつくるためにやるのではないのだということを強く認識していくことが大事です。最終的に中国は、日本との関係というのは切ろうとしても切れない深い関係なんです。単なる引っ越しのできない隣の関係ではなくて、切ろうとしても切れない関係だということを認識しながら、これまで述べたようなことを着々と進めていくしかないのではないのか。最後に、２０１２年は日中関係国交正常化40周年の都市でしたが、様々な企画・イベントが全部潰れていく中で、東京と名古屋と京都と福岡で、日中問題に関する国際シンポジウムをやりました。いろんなレベルの50人ぐらいの人に登場してもらってやったんですが、大変きつかったけども面白かったです。それをまとめたものが『日中関係「歴史の節目」を考える』という本です、勁草書房から出ました。もし興味がありましたら是非読んでみてください。中国の学者さんたち、あるいは第三国の方も日中関係の改善を一生懸命考えているのがよくわかります。

第6講　韓国とアジアの地域統合

申　玨秀

皆さんこんにちは、韓国大使の申玨秀です。

これから、「北東アジアにおける地域協力の現状と今後の展望」についてお話ししようと思っています。

今日、私の講演の内容はまず、北東アジアが今、世界においてどんな位置を占めているのか、どういうふうに扶助しているのかを見て、今まで北東アジア地域における地域協力はどんな過程を歩んできたのかを考えてみます。それから、これからの北東アジア地域協力を進める上で、環境はどうなっているし、その展望はどうなるか、発展の方向を見て、最後にこれからの北東アジア地域の協力の展望について触れてみたいと思います。

最初に北東アジアは今非常に世界的に、世界経済を引っ張っていく機関車的な存在になっています。その北東アジアには、韓国、日本、中国、3カ国が、非常にいろんな意味で世界経済において模範的な存在を見せています。ご存じのように韓国は、漢江の奇跡と言われるのですが、産業化と民主化を最近40年の間成し遂げ、戦後、開発途上国から先進国クラブであるOECDに入った唯一の国です。それに最近は20―50クラブに入りました。20―50クラブというのは、所得が2万ドル、人口が5000万人になるクラブと言いますが、今韓国が7番目に入っています。日本ももちろん1967年代に入っていますから、アジアで今2カ国、日本と韓国がこのクラブのメンバーになっています。

それに日本はご存じのように物づくりの王国です。最近中国の経済が著しい発展を成し遂げて、GDP規模では日本を抜いてしまったのですが、私は製造業に関しては日本はまだ世界一だと思います。物づくりに関しては、本当に日本は優れた技術と能力を持っています。ですから、いろんな分野において最先端の製造業を今、力を発揮しています。それに世界の工場である中国は、やはり13億という人口と非常に高い経済成長率、78年に経済改革を始めて、今までずっと大体10％前後の経済成長率を達成しています。もちろん最近は8％を少し割って、そういう傾向が鈍っていますけど、やはり大体8％というのはほんとに高い経済成長率です。ですから、世界のどこに行っても中国製品がどこでも見られるようになりました。2020年頃にはアメリカを抜いて、GDPでは世界一になるんじゃないかという予測さえあります。ですから、ほかの地域と北東アジアを比べて見ると、ヨーロッパはご存じのようにギリシャから始まった金融危機でEU統合が今のままでいけるかどうかという非常に危機的な状態に置かれています。最近は、金融危機はなんとか収めているようですが、ヨーロッパ統合が政治統合までいけるぐらい進むかどうか、これから見守る必要があるぐらい、ヨーロッパは経済的に困っている状況です。アメリカも2008年リーマンショック以降、最近は経済は回復していますが、双子の赤字が長い間続いていますから、アメリカの経済も少し問題ではないかというのが現実です。

それでは、世界における北東アジアの比重はどのぐらいか、いろんなセクターで見てみます。人口的には15億人。今、世界人口は70億人ですね、ですから大体22％です。GDP合計では、21・4％ですね。ですから、人口とGDPほぼ似ていますから、アジアは今、人口に適した経済力を持っていると言えると思います。それに貿易は17・5％です。これはヨーロッパの場合は、ヨーロッパの統合によって非常に域内貿易が活発になって、それで貿易の割合が多いのですが、北東アジアでもこれからFTAができあがってもっと経済協力が進めば、この17・5％はもっと高くなると思います。それと、外貨準備高はですね、大体5・2兆ドルで、世界の半分を占めています。これはもちろん、中国は大体3兆ドル、韓国は0・5、ですから、1・5は日本の持っている残高ですね。ですから、資金の面では豊富だと言えるぐらい外貨を今持っています。ですから全体的に見て北東アジア地域は、高い技術、それに豊富な資本、それと強大な市場、それと非常にこの地域では儒教の伝統で、教育を重んじるそういう文化がありますから、韓日中3カ国全部、教育に力を入れています。ですから、他の地域よりも良質の労働力を持っているのは、まだ21世紀経済において本当の強さだと私は思っています。

それと、生産要素を全部結合してですね、この地域では最先端の製品と高い企業家精神が、この地域の強い要素ではないかと思っています。また、韓国と日本、中国3カ国の大体のお互いの貿易とか投資を見てみますと、韓国は日本に対して貿易は1032億ドルが昨年の記録ですけど、2011年は1060億ドルだったんですね、だから2年続いて1000億ドルを超えています。それと、中国に対しては2150億ドルの貿易をやっています。それと、中国に対しては4番目の投資をしていますけど、566億ドルを今、中国市場に投資して活発に営業活動をやっています。

日本を見ると、韓国に対しても同じ1032億ドルで非常に多額の貿易黒字を出しています、大体2012年が255億ドルだったのです。その3年前は361億ドル。2011年は285億ドル。少し減少傾向はありますけど、大体200億ドル~300億ドル台の貿易黒字を記録しています。ですから、日本にとって韓国は2番目の貿易相手国になっています。それに、日本は韓国に対して、一番投資を多くする、第一の投資国家ですけど今、累計で328億ドルを投資しています。それで、日本は中国に対して貿易が3337億ドルで、中国にとってはアメリカに次いで2番目の貿易相手なのです。それと非常に多くの投資を中国市場で日本は行っています。955億ドルですから、ほぼ1000億ドル台にそろそろ乗ると思いますけど、本当に中国にとっては重要な投資国家です。それと、中国でそれを見ると、韓国は中国の三番目の相手ですが、韓国にとっては最大の貿易相手国です。ですから、韓国にとっては日本とアメリカを合わせても中国にいたらないのです。その分だけ中国の比重が非常に高まっているのが現状です。日本とは、また最大の貿易相手が中国であります。ですから、大体1位か2位か3位、そのぐらいの頻度でお互いに貿易と投資面において結ばれています。

それに、人的にはどのぐらい交流があるかというと、非常に多くの人々がお互いに往来していると思います。韓国と日本との間は556万人、大体これ2〜3年間似たような数字ですね。それと、日本と中国は495万人、韓国と中国は691万人。ですから、大体500万前後のお互いの人的の交流が今行われているのです。それと韓国、日本の留学生を見ると、この数字はちょっと多くて、韓国、日本の双方からこれを示していますから、ちょっと歪んで見えると思いますけど、韓国では日本中国の留学生は6万6000人ですけど、この数字はほとんど中国人です。日本からは1000人ぐらいでしょうか。本当に、合わせて表示するのはおかしいぐらい中国からの留学生が多いのです。日本では韓国と中国の留学生が7万9000人ですけど、そのうち韓国は1万8000人です。ですから中国の留学生が日本で多い。それと中国では、韓国と日本の留学生が10万6000人ですけど、これ6万7000人ぐらいは韓国です。ですから、日本の韓国と中国での留学生の数は、人口考慮すれば少ないというのが現状です。だが全体的に見れば、韓日中3カ国の留学生の交流はだんだん増えていますから、この傾向をもっと伸ばして、若いときに交流をして、学問的に接触を深めていくこと自体が、この地域の地域協力の土台をつくる上でとても大事だと思います。

今やっているキャンパス・アジア・プログラム、このプログラムはヨーロッパのエラスムス・プログラムを学んで、この地域で今パイロットプロジェクトとして、今、15のプロジェクトを韓日中3カ国の大学同士でやっています。ですから、このキャンパス・アジア・プログラムがうまくいけば、それをもっと質的に量的に増やして、それで大学同士の交流を本当に密接にする、それが大事だと思います。

それで、3カ国の間の文化交流を見ると、これも最近活発になっています。日本では韓国の文化、韓流が最近はやっていますし、韓国では日本の文化は、皆さんが想像するより古くから日本文化が韓国の生活の一部になっています。例えば、韓国の漫画、たくさん輸入していますけど、その輸入の半分以上が日本からの漫画です。ですから、

1位～10位の間に半分が日本の漫画です。アニメーションも同じですし、日本のキャラクターも韓国で非常に愛されています。ハローキティとかそういうキャラクターが韓国でよく、子どもたちが好んでいます。それと村上春樹の小説も、日本以外には読者が一番多いのが韓国です。それと、毎年1000冊の日本の本が韓国語に翻訳されて今、出版されていますけど、韓国が輸入する外国書籍の30％で1位です。ですから、ほんとに日本の文化は韓国でよく理解されているし、愛されています。それに比べるとちょっと中国と韓国、日本との交流は少ないけど、最近中国も孔子学院とか、いろんな文化を世界的に発信しようと思ってやっていますから、これから文化交流も盛んになるのではないかと思います。それでそういう環境の中で、韓日中3カ国の地域協力は今どの段階にきているのか、それを見ると、世界で一番遅れているのがこの地域です。

地図を見るとよく分かりますが、一番発展したのはやはりヨーロッパです。ヨーロッパ統合が第二次世界大戦以降ほんとに一生懸命やって、今まで一番進んだ地域統合のレベルを見せています。EUが中心になって、今27カ国ですけど、7月1日からクロアチアが入り、28カ国が一緒になってやっています。それとアフリカは、アフリカ連合で、もう加盟国は54カ国ですね、多いです。アフリカ国家なりに非常に密接に、地域の統合について進めています。それと、アフリカでは全体ではサハラ砂漠の以南とか、南アフリカ共和国の中心あたりです。また、西アフリカ、北アフリカ、東アフリカ、いわば小地域的な協力も今進んでいます。それと、東南アジアはもうご存じのようにASEANがベトナム戦争の当時から始まったが、非常に緩やかな形で進んできて、今は東アジアの地域協力を引っ張っているのはASEANです。それと、ASEANはASEAN憲章とか、人権の協約を採択して、もっと政治的な統合を進めていく道のりを用意したので、もちろん、その道のりをそのまま履行できるかどうかは別の問題にしても、うまく着実にやっているのが東南アジアです。それに、南米と北米、中南米、あれはOASが安全保障の面で動いていて、全体的な枠組みはない。小地域別にはBRICSとかいろんな協力体があるんですけど、全体的にはまとまってはいないです。それに比べると、我々が住んでいる北東アジアでは、20世紀の不幸なことがあって、ほかの地域よりも遅れています。特にこの地域では冷戦がまだ終わってないのでその面においても非常に不利なところがあって、今、一番遅れて初歩的な水準にとどまっています。それを全体的に見てみますと、経済が中心になってこの地域では地域協力が進んでいます。ヨーロッパの統合の場合には、経済的統合はほぼ終わって、政治的に、それに非常に規範的な接近方法をとっています。ですから、この地域では緩やかな先進的な形で、機能的に可能な分野からだんだん協力を進める、そういう漸進的アプローチをとっているのが特徴です。もちろんこの地域では、儒教とか仏教の影響もあって文化的には非常に似ていますけど、ただ、政治体制から見るとちょっと、韓国、日本と中国が異なる体制を持っていますから、それは足かせになっている現状です。ですからそれを、もう亡くなったスカラピーノ教授はこういう言葉を借りて表現しています。自然経済圏、Natural Economic Territory と言っていますけど、これは国境を越えて経済活動がだんだん深まって、それが国境を越えた超国家的な実態を生み出す、それを表すのが、Natural Economic Territory と、その言葉を借りて表現しています。ですから、中国は先ほど言ったように世界の工場。韓国は加工貿易の原材料とか副材料を供給する。日本はODAとか資本財とか技術の提供をして、この北東アジアひいては東アジアの経済を引っ張っていく、そういうことによってこの地域の経済協力がだんだん進んで、それが地域協力につながっています。

北東アジアでの地域協力の根本的な問題点は、やっぱり安全保障の問題が非常に大きい壁になっています。ほかの地域を見ると、安全保障問題は冷戦が終わってほとんど解決されています。ヨーロッパではNATO、東南アジアでは東南アジアでのいろんな地域体制、それによって安全保障を確保していますけど、やっぱりこの地域では協力安保体制、集団安全保障（collective security framework）の枠組みということで欠けていますね。この地域では、今やっているのは北の核問題を解決するための6者協議、それしかない。ですから、韓国と日本はアメリカと同盟条約を持って安全保障を確保して、中国は中国の独自的な軍事力強化に走っていますから、その面では非常に不安定な不透明的な安保環境に置かれているのが現状です。

第2番目の題目ですが、果たしてこの地域ではどういう過程をへて地域協力が進んできたのか、それを簡単に触れたいと思います。１９８０年代末に始まったんですね、それでマレーシアのマハティール元総理がＥＡＥＣを提唱したのです。East Asia Economic Caucusという緩やかな協議体を東アジアの国々がそれをつくって、経済協力について協議し、また、協力を進めようという提唱をしたのです。そのときはアメリカが強く反対しました。ですから、その当時国務長官だったベイカーがあとで回想録を書いたんですけど、その中でいかにアメリカがこのＥＡＥＣの構想を潰そうとした努力したのかがよく記されています。韓国もその中の一つです。それでそのメモには、韓国の外交部長官を呼んで、やめてくれということを強く言ったのがそこに表されています。それほどアメリカはＥＡＥＣ構想が、この東アジア地域でアメリカを除いてそういうことをやってはいけないという非常に強い考え方を持っていたんです。ですからほんとに難しい状況で、それで代わりにできあがったのがＡＰＥＣなんです。Asia-Pacific Economic CooperationというＡＰＥＣですね、それができあがってＥＡＥＣは潰されたんです。

しかし、97年、一番問題になったのはアジアで金融危機があったのです。韓国を含めた東南アジア諸国家が、外貨、為替が足りなくて、大きな経済危機にさらされた。そのときアメリカは全然手を延べてくれなかった。ですから、東アジアの国々がこれではまずいと、我々も地域協力についてはもっと真剣に検討してみようということで始まったのがＡＳＥＡＮ＋３なんです。ＡＳＥＡＮ10カ国と韓日中３カ国のサミットで毎年一回会って、それで東アジアの地域協力問題をもっと真剣に具体的にやってみましょうということで始まったのです。ですから、もともとＡＳＥＡＮ、ＡＳＥＡＮ＋３になって、それがあとでＡＳＥＡＮ＋６になります。それは私も直接かかわりましたが、その当時韓国のキム・デジュン大統領は東アジア協力に非常に力を入れて、それでつくったのが諮問機関であるＥＡＥＧ、East Asian Economic Group、東アジア経済グループをつくって、今後の東アジア地域協力の発展方向について報告書を出すようにしたんです。それで、その報告書に基づいてやったのがEast Asia Summit、東アジアサミットです。そのとき考えたのは、ＡＳＥＡＮ＋３ですから、ＡＳＥＡＮが中心になって東アジア地域協力をやるのは、主な比重は韓日中が持っているのに、今運転席にいるのはＡＳＥＡＮだと、これはまずい、だから、ＡＳＥＡＮ＋３ではなくて、ＡＳＥＡＮ10カ国と韓日中13カ国が一緒になってやるそういう枠組みをつくろうと思ってＥＡＳを出したのですが、そのときも13カ国の中では、中国の大きな存在を恐れて、13カ国では足りない、ですから他の国、オーストラリア、ニュージーランド、インド、３カ国を入れようと思って、16カ国にしたんです。それをＡＳＥＡＮ＋６と言う。それでやっていたのですが、後でアメリカとロシアが入って、今はＡＳＥＡＮ＋６＋２です。ですから今非常に抽象的な地域枠組みがこの地域をめぐって展開されています。

簡単にこれをまとめてみますと、ＡＳＥＡＮ＋３の頂上会議に参席した韓日中３カ国の指導者たちが朝食会をもち、＋３の会合を行う。それが１９９９年から始まった。公式的には２００２年に発足し、それがＡＳＥＡＮの会合に行ってその場を借りて、韓国、日本、中国３カ国が協議をするのはこれはまずいと思って、２００８年から福岡で、ＡＳＥＡＮの会議とは別に韓国、日本、中国３カ国のサミットが集まるようになった。それが２００８年です。それで、２０１０年、韓国の済州で開かれた会議では、３カ国協力の２０２０年に向けてのビジョンを採択しました、それを見ると２０２０年まで北東アジアの地域協力をどういうふうに進めるか具体的なことまで全部書いてあります。いわばロードマップですね、このときに採択されています。それでもっと画期的なことは、２０１１年９月ソウルで三国協力事務局、Trilateral Cooperation Secretariat が設立された。ですから、今までは韓国が３カ国会議を主催すると、韓国が事務局役割をやっていました。日本が開催すると日本ですから事務局の連続性がないのですね、ですからもっと地域協力の体制と任務遂行をもっと効率的にやるためには事務局が必要だということで設立された。ですから、事務局が今は大体50人以上の外交官が３カ国から来て、一緒に仕事をやっています。ですから、それ以前よりはもっと効果的に連続性を持ってこの地域の協力が進んでいます。それで、昨年、北京で第五回サミットが開かれましたが、昨年の主な成果はやはり、韓日中３カ国投資協定が結ばれたことで、これは大きいですね。この地域の投資が円滑に行われることと、それをどういうふうに保守するか、それによって投資を促進させる、そういうことができるような枠組みができあがったのですから、これはもう本当にこの地域の協力のために役立っています。それに今年から韓日中、FTA交渉も始まった。ですからやはり、貿易と投資における協力ができれば、経済的にもっと密接になりますから、地域協力のためには大事なファクターです。それで、今やっているのは大体18の分野において長官級会談が開かれています。ですからもうあらゆる分野において韓日中3カ国の長官、大臣たちが集まって、毎年会議をやっています。これは、もちろんその下のレベルの会議を含めると大体50くらい今動いています。

三番目です。今の北東アジア地域の協力の環境は、これからの発展方向はどうなるべきかということを考えてみます。それで、私がこちらに用いたのは大体、経営分析表としてよく使われますが、SWOTです。ですからSWOTというのは強みと弱みと危険と機会、それを合わせた、分析すれば現状はどうなっているか、これから目指すべき方向はどうなるか、それが分かるようになりますから、このSWOT方式はよく使われています。それで、強みを見ると、やっぱり先ほど言ったように韓日中3カ国は非常に相互依存度が高いです。それに経済活力もとても高いです、この地域は。ですから、資本、技術、労働、市場、もう全部強大な地域ですね。ですから、世界の大体4分の1を占めるそういう割合ですから、それをうまくつないでいけば、これこそ本当に強い地域協力につながります。それと、似たような文化的な背景、儒教、仏教、漢字、これは大事な資産だと思います。それと先ほど言ったように、人的交流とか、文化交流も増加傾向にあるのもこれからの楽しみじゃないかと思います。それと、事務局が発足したから、もっと効率的に仕事ができる、それも長所だと思います。それともう一つは、やっぱり問題が多ければ協力はいる。もうこの地域はここに並べたもういろいろな分野において地域協力が必要です。これは一国だけでは全然解決できない地域問題です。ですから地域協力、いわば Regional governance system、地域ガバナンス・システムが必要なわけです。

その反面弱みもあります。ご存じのように20世紀の不幸な歴史、これは我々いまだに解決されてないんですから、足を引っ張っています。それと、非常に排他的な民族主義がこの地域につきまとっています。これは地域協力を進める上で大きな障害になっています。それと、領土海洋管轄権の問題が、この地域はいまだに残っています。それと、日本と中国、もうこの両大国が非常に競争的な関係に、ライバルですよね。それがいまだにこの地域を支配しているから、それがこれからどうなるか非常に心配の種の一つだと思います。

今、中国が人口13億。日本人口1億2700万人です。ですから、日本はもちろん経済力が高いから、ある程度カバーできますけど、中国が、大きな存在になりつつあるから、中国をこの地域体制の中にどういうふうに取り込むか、これはとても難しい課題だと思います。それも、いわば弱みの一つだと思います。

その反面ヨーロッパを見ると、もちろんあそこにはドイツとかフランス、イギリスとか大きな国もありますが、それが拮抗していますよね。それと中小国が緩衝的な役割を果たしていますから、その面でヨーロッパは恵まれています。大きな国1カ国だけあるよりは、これが分散されて、お互いに協力しなければならない、そういう状況になるといいが、不幸にもこの地域にはそれがない。ですから、これからの非常に大きな課題です。

もう一つの弱みは、中国がいまだに、市場経済になっていますけど、政治体制は韓国と中国とは異なっています。これもなかなか地域協力を進める上で負担になるわけです。それと、機会と脅威、それは内在的なものじゃなくて介在的なものですね、ですから介在的な環境の中で、いい面が機会です、その中で一番私が注目しているのは、やっぱり地域主義が世界的に拡大している傾向です。だからこの地域だけ遅れると、この地域だけ取り残される。ですから、この地域の国々、もう3カ国ともうほかにいくつかあるが、この地域が頑張らなければ、世界で一番遅れてしまいます。それはいい刺激になると思います。それと、北東アジアの地域の経済活力ですね、もうまさに21世紀はアジアの時代と太平洋時代です。ですから、それを両方兼ねているのはこの地域しかない。

北東アジアは21世紀のアジア時代と太平洋時代をほんとに活用できる。それがまさにこの地域ですから、その面においてはほかの地域よりもっと有利な立場じゃないかと思います。それと、一つのメリットは、これはもう皮肉かもしれませんけど、先を走っているヨーロッパとか東南アジアとか、その地域の教訓を取り入れてやる、これはあとから始めた国々のメリットですね、後発地域のメリットを十分に生かせば、前にやった地域協力での失敗を避け、いいことだけを持ってきてうまくやれる、それがメリットじゃないかと思います。

では、脅威になるファクターは何があるかそれを見てみましょう。一番、気になるのはもうご存じのように北の核問題。これはほんとにこの地域の平和と安定を脅かす一番主な原因の一つです。ですから、これを解決しないとこの地域の安全保障は保障できない、それが一番気の毒ですけど。実際に北の核問題の上には北自身の問題があります。三代世襲で、経済はめちゃくちゃで、社会統制ができないと政権が維持できない、その体制ですから、まさにこの北の問題は大きな悩みですね、この地域にとっては。二番目は台湾問題。今はもう非常に安定しますけど、これはまだ解決されてないから、これも潜在的に危機の可能性をはらんでいる。それと、三番目はやはり、リーマンショック以降、世界経済が非常に問題を抱えていますね、ですからそのせいで、保護主義が台頭すれば地域協力には難しい場面が出てくると思います。

それと最後に、やはりほかの地域ともいろんな地域協力をやっており、それと競合関係にあるから、例えばＴＰＰを優先するか、韓日中を優先するか、また、東アジア国家であるＲＣＥＰを優先するか、もう全部選択を迫られている。その競争の中でこの北東アジアが遅れると、韓国は韓日中に集中して、日本はＴＰＰに集中して、そうなるとこの地域の地域協力はほんとにあんまりうまく進まない、そういうことになる可能性があります。ですから、これからの発展の方向は、やはり積み上げ方式で今までやってきたから、それをそのまま継承してこれからもやっていくしかないと思います。ですから、基本的には、漸進的、機能的、接近方式をとってどんどん実績を上げて、それがプラスの効果につながる、それが大事です。それと大事なのは実績も重要ですが、やはり地域協力を支えるインフラが大事、ですからそのインフラを強化するためには相互理解と相互協力の精神を植え付ける、その努力が大事だと思います。ですから、人的交流とか文化交流、それをよく進めて、それと政治家の交流、それも大事ですね、政治家はやっぱり、韓国、日本、中国のこれからの発展の方向を、ビジョンを示してリードするそういう人たちですから、その政治家たちの交流を通じて、なるべく共通のビジョンを持って、それで協力の精神で進む、それがほんとに大事だと思います。

また歴史問題がいまだに残っていますから、早いうちに歴史との和解を成し遂げて、それで東アジア地域で共通の歴史認識を早いうちに持つ、それが大事だと思います。ですから、時間はかかるかもしれませんが、三国の共通歴史テキストをつくる、それもいい試みだと思うし、そうなるべきだと思います。それでもう一つ、時間がたてば考えるべきことは、この地域には韓日中以外にも国家がありますね、ここに示されているように北朝鮮とか、台湾、香港、モンゴル、もう国家か地帯か分からないけど、こういう今入ってない、または地帯が一緒になって、地域協力を進めていくのが大事だと思います。

最後に、今後の展望について触れたい。やはり韓日関係に、今北東アジア地域協力がどういう影響を及ぼしているのか、それを見ると、やっぱり韓国にとっても日本にとっても、浮上する中国というのは、ほんとにこれから不透明ですからそれが大事になっています。でも、経済の面で見ると、大きな市場がそばにありますから期待を持っています、しかし、中国の軍事力の強化を見ると、やっぱり懸念を持っている、それらを合わせてAsia Paradox「アジアパラドックス」と言う、アジアの矛盾です、経済的には相互依存的で仲良くしなければならないし、そうなる傾向があるんだけど、政治とか、安全保障の面から見るとまだ不透明で流動的なのでそれが矛盾しています。ですから、その現象をAsia Paradoxと言います。全体的には地域協力をやりながらその過程の中で安全保障をどういうふうに確保するか、それについても共に考えて共に行動しなければならないと思います。過去を乗り越えて、地域協力を進めて、それによって相互信頼と協力を助成して、それでもっと進んで、お互いにWin-winにする、ポジティブシンキングをする。そういう関係にして、それがまさにこの北東アジアの地域協力体制、Regional Cooperation regimesをつくる、そういう最後の目標までもっていくのが大事だと思います。

韓日中3カ国協力の歴史を私は紹介してみようと思います。これは11世紀の中国の唐時代のことを指すのですが。唐と日本と韓国では、そのときは新羅だった。そのとき3カ国は非常に密接に貿易をやって、戦争もなかった。それで、日本のお坊さんである、円仁が遣唐使として唐に行って天台宗を日本に持ってくる。それで、その過程を記録した本が『入唐求法巡礼行記』、アメリカの日本大使をやっていたライシャワー教授がこれを研究して、博士号をもらったと思います。それで、その中を見ると、円仁さんを道案内して通訳してくれたのは新羅の人です。船も新羅の船。それで、唐の沿岸には新羅坊という新羅の人たちが作った村があった。それで、その村と、唐と新羅と日本、3カ国を結ぶ一種の貿易網があった。それで、その当時、船の旅は危険だった、円仁さんが乗った船が難破されたのですね。それでたどり着いたのが今の上海付近の新羅坊の一つだったのです。それであそこで面倒をみてもらって、回復されて、天台宗の本山まで行って、それを勉強して、帰る道はまた新羅の人が、新羅に船に乗せて行って、それで日本へ帰ってきた。

そのぐらい11世紀頃の韓日中の3カ国はいろんな面で貿易が盛んだったし、平和的だったんですね。それに新羅が滅びてできあがった王朝が高麗ですが、高麗と日本の鎌倉時代と、それと中国の宋、この時代も貿易が盛んだった。過去の歴史において韓日中3カ国が交流したのは、この二つの時期だったのです。

ですから、私は21世紀も貿易と交流を通じて、お互いに平和的なそういう北東アジア地域、アジアをつくっていく、これこそ我々の使命ではないかと思います。ほかの地域よりは政治的な環境は厳しいが、それを早く乗り越えて、本当の北東アジア地域協力ができるように皆さんも頑張ってください。私もその方向で、韓国へ帰ってからも努力していくつもりです。

第7講　東アジアの地域統合と朝鮮半島

李　鍾元

錚々たる方々による素晴らしい講座でお話をする機会をいただき、大変光栄に思います。講座全体のテーマは「アジアの地域統合」ですが、私はその中で、「東アジア」に焦点を合わせたいと思います。そもそも「東アジア」をどのように定義するのか。その地理的範囲をどのように設定するのか。こうした問い自体が大きな争点であるということが一つのポイントになります。

私の専門は国際政治学です。「政治学的なアプローチ」というものを念頭に置きながら、東アジアという地域の形成やその意味などについて、また朝鮮半島からの視点を交えながら、お話をしたいと思います。

東アジアにおける地域形成が基本的なテーマですが、その枠組みがもつマクロ歴史的な意味とともに、具体的な政治過程の細かいことにも触れることになると思います。理想的には、ミクロとマクロ、細かい事実に関する知識と、大きな流れに対する認識の両方を結びつける形で議論してみたいと考えています。

今日のお話は大きく三つの部分からなっています。まず、第一に、最近の国際政治のキーワードになっている「地域（リージョン）」について、その意味に注目しながら、いくつかの論点の提起を試みます。

第二に、「東アジア」ですが、この地域がどのようなプロセスを経て、創られてきたのか。その国際政治の構図や力学に焦点を合わせます。また、そのプロセスに日本外交はどのように関わったのか、どのような役割を果たしたのかについても、考えてみたいと思います。つまり、日本はどのような地域を創ろうとしてきたのか、どのような戦略やビジョンがあったのか、ということです。一般的にはあまり議論されませんが、1990年年代から2000年代にかけて、日本は東アジアの地域形成において中心的な役割を果たしました。その経緯や意味を振り返ることが、いま大きな変容期を迎えている日本外交を考える上で重要であると思うからであります。

第三に、今日の講義のタイトルにもある朝鮮半島からの視点であります。朝鮮半島から「地域」を考える場合、そこには二つのカテゴリーがあります。その一つは「東アジア」であり、もう一つは「北東アジア」です。一般的な地理的用語としては、東アジアがより大きな範囲を指し、北東アジアと東南アジアを包括するものになります。北東アジアは東アジアを構成するサブリージョン、下位の地域概念です。しかし、国際政治の観点からすると、二つの地域概念はそれぞれ異なる問題、あるいは課題を表します。

まず、「東アジア」という用語は「地域統合」と結びつけられるのが一般的です。つまり、ヨーロッパ統合と同じように、東アジアにおいて、いかに主権国家、国民国家を超える協力の枠組みを作るか、という問題が中心になります。東アジアでは経済統合は急速に進展していますが、その半面、政治や安全保障の分野では対立が顕著になっています。このジレンマをいかに乗り越えるのか。日中韓の間で高まりつつあるナショナリズムにはどのように対応すべきか。第二次世界大戦以後、地域統合を進め、ヨーロッパ連合（EU）を形成するに至ったヨーロッパの経験を参考にしつつ、東アジアの共同体づくりがビジョンとして議論されたりします。

それに対して、「北東アジア」というと、北朝鮮の核問題がすぐに連想されます。ここでは、朝鮮半島に依然として残っている冷戦的な対立をいかに解消し、平和体制を築くかが問題になります。主権国家、国民国家同士の協調体制より、冷戦体制の残滓を背景とした軍事的な緊張緩和が喫緊の課題になるわけです。北東アジアの地域協力の枠組みとして六者協議が議論されたりするのも、こうした文脈によります。

この二つの課題、すなわち主権国家（国民国家）を超える枠組みとしての地域統合と、冷戦対立を超える平和共存体制の構築は、それぞれ異なる次元の問題ですが、相互に無関係ではありません。戦後ヨーロッパにおいても、二つの課題は密接に連動しながら進展しました。第二次世界大戦の終了後、まず西ヨーロッパ諸国がすすめたのは、戦争の惨禍をもたらした主権国家、国民国家の歴史的限界を乗り越えるための地域統合、すなわちヨーロッパ統合というビジョンでした。

それとともに、西ヨーロッパ諸国は、新たに到来した東西の冷戦対立にも対処しなければなりませんでした。時期的にはヨーロッパ統合より若干遅れて浮上しますが、１９７０年代以後、全欧安全保障協力会議（ＣＳＣＥ）を舞台に東西交流と平和共存の模索が始まります。アルバニアを除いて、ヨーロッパのすべての国々が参加したＣＳＣＥは「ヘルシンキ・プロセス」と呼ばれ、政治体制の違いを超える共存のモデルを提示しました。

ヨーロッパ統合と「ヘルシンキ・プロセス」という二つの動きは、一つのヨーロッパを創るという過程の表裏をなし、また連続するものでした。ヨーロッパ統合の進展で、例えば独仏など西ヨーロッパ諸国の協力体制があったからこそ、東側への外交的な働きかけが可能になりました。また、「ヘルシンキ・プロセス」による東西ヨーロッパの共存と交流は、東欧諸国の変化を促進、１９８９年の冷戦の平和的終結の土台を築いたものとして評価されています。二つの動きの中心にあった西ドイツからすると、ヨーロッパ統合は「西方政策」であり、独仏和解など、その進展を踏まえて、冷戦対立の緩和をめざす「東方政策」を展開することができたわけであります。

西ドイツの経験に見られるように、「東方政策」と「西方政策」の有機的な関連は、朝鮮半島情勢、とりわけ韓国の外交にも示唆するところが少なくありません。今日の講義は「東アジアの地域統合」がテーマなので、主として「東アジア」の課題、すなわち主権国家（国民国家）を超える枠組みの模索に重点をおきますが、朝鮮半島、韓国の視点からは、「北東アジア」の問題、すなわち冷戦対立をいかに緩和するかという課題があることを指摘しておきたいと思います。

グローバル化する世界と「地域」

それでは、本題に入ります。冷戦終結後の世界では、地域（region）が国際政治の新しい「単位」（unit）として浮上しています。１９８９年、米ソを中心として二極構造が終焉を告げた後、世界では近隣の国々が一つの地域として連携を深める傾向が顕著になりました。米国の国際政治学者Ｒ・ローズクランスが指摘するように、「二極体制の終焉で、地域主権（regional sovereignty）が復活する」現象が各地で見られました（Rosecrance, 1991）。主権国家の集まりである地域がある種の主権体のように登場し、新しい世界秩序を構成するということです。意味は若干異なりますが、米国コーネル大学のカッツェンスタイン教授の著作にタイトルのような「地域からなる世界」（A World of Regions）の出現です（Katzenstein, 2005）。

周知のとおり、地域統合の面ではヨーロッパが先導していますが、地域主義の潮流はヨーロッパに限った現象ではありません。北米では１９９４年に米国主導で北米自由貿易協定（ＮＡＦＴＡ）が成立し、その南への拡大に対抗して、中南米では２０１１年にラテンアメリカ・カリブ諸国共同体（ＣＥＬＡＣ）が旗揚げし、独自の地域統合を目指しています。「紛争の大陸」のイメージが強いアフリカにおいても、２００２年にアフリカ連合（ＡＵ）が誕生して、ＥＵをモデルに、アフリカ議会、平和・安全保障委員会、人権裁判所などを設置し、域内の諸問題への共同対処を進めています。

それでは、なぜ地域化や地域主義が共通の趨勢として台頭しているのでしょうか。近隣の国々はなぜ地域協力の枠組みを目指すのでしょうか。まず、世界的な冷戦の終結で、地域を分断していた政治的な垣根が消滅したことが地域形成を容易にしました。また、より重要で直接的な要因としては、経済的な相互依存による市場の統合をあげることができます。より大きな市場を形成することが、域内の各国に経済的な利益をもたらすという側面です。

しかし、ここでは、「グローバル化へのオルターナティブとしての地域主義」という視点を提示したいと思います。無差別に進行するグローバル化に対するある種のオルターナティブとして、地域という枠組みが持つ意味です。

グローバル化とは、単純化していえば、国境の垣根をなくして、世界を同じような状況にする巨大な動きです。フリードマンの本のタイトルのように、世界を「フラット化」する運動です（フリードマン、2008）。世界を「フラット」にする、すなわち、政治、経済、社会、文化的な違いをなくして、均質な空間にすることが、経済の面では効率が良くなり、生産力が増大します。私たちが日用的に消費する商品の値段が劇的に安くなっているのもグローバル化の一つの恩恵といえます。海外旅行もしやすくなり、人々の交流も促進されます。

しかし、世界がフラットになることは、それぞれの社会が守ってきた価値や文化が破壊され、独自性がなくなることをも意味します。それには当然、不安や不満が生じます。各地でグローバル化の負の影響に対する抵抗が広がっていますが、それを描いたのが米国の政治学者バーバーの『ジハード対マックワールド』です（バーバー、1997）。象徴的なタイトルだと思います。まさにグローバル化の世界は、どこでも同じような消費ができる「マックワールド」の拡散です。私たちが海外旅行で日常的に体験する風景でもあります。世界の「マックワールド化」は便利な側面もあり、ある種の平等化でもあります。

しかし、伝統的な社会を重んずる価値観からすると、外から入ってくる脅威であり、排除しなければならないということになります。グローバル化への抵抗、対抗の動きをバーバーは「ジハード」と表現しました。比喩的な用語法ですが、宗教や文化の衝突がもっとも顕著なのがイスラム世界であることはいうまでもありません。世界を「フラット」にしようとするグローバル化に抵抗するのはイスラムだけではありません。だいぶ前ですが、フランスの農民がグローバル化に反対する抗議のパフォーマンスとして、マックドナルドの店を破壊したという事件がありました。

このようにグローバル化には二面性があります。経済的にはメリットがありますが、社会・文化的には脅威の側面もあります。それでは、社会や文化を守るために、グローバル化を拒否して、従来からの枠組みである主権国家、国民国家に戻るべきなのか。たしかにグローバル化への抵抗として、各地で国家に戻ろうとする動き、国境の垣根を高く使用とする声、つまり、ナショナリズムの風潮が高まりを見せているのみ事実です。排外主義的なナショナリズムもバーバーがいう「ジハード」の一つの形態といえます。

しかし、問題は従来のような国家の枠組みに戻ることが簡単ではないことです。現代のような経済の相互依存の状況では、国境を閉じることはもはや不可能です。国境の垣根を高くすることは相当のコストがかかります。経済的には自滅に至る道です。現代の経済では従来の主権国家、国民国家という枠組みは狭く、不十分であるからです。それではどうするか。市場統合による経済のスケールメリットを享受しながら、グローバル化の無差別な動きから、それぞれの社会や文化を守る道はないのだろうか。その一つの方法が地域主義、地域統合という考え方が生れました。つまり、より広い地域の枠組みを形成することで、主権国家の様々な限界、狭さ、非効率を乗り越えつつ、無差別なグローバル化に一足飛びに進むのではなく、経済的な利益を確保するという考えです。経済の相互依存、グローバル化の「恩恵」を享受しながらも、その副作用や弊害を最小限にする枠組みとしての「地域」の意味になります。マクロ歴史的には、「ナショナリズム」と「グローバリズム」の中間項としての「リージョナリズム」と位置付けることが可能かも知れません。近代主権国家体系の限界を踏まえて、より広い枠組みの模索ということになります。

グローバル化への抵抗としての「ジハード」という話をしましたが、こうした構図を理解する上で、経済史家K・ポラニーの議論は参考になると思います。だいぶ古い文献ですが、彼が１９４４年に刊行した『大転換』はグローバル化をめぐる国際政治の動きを分析する枠組みとしても有効です。彼によると、19世紀以降の世界は「二重の運動」(double movement) によって規定されているということです。「二重の運動」とは、「市場の拡大」と「社会の自己防衛」がせめぎ合う構造を指します。つまり、産業革命の結果、生産力が飛躍的に増大し、強くなった「市場」、すなわち経済活動が、政治の境界線、国境を越えて、世界的に拡大していきました。「市場の拡大」という運動です。「市場」が国境を越えて拡大し、世界を統合していくことは、経済的には効率的であり、繁栄をもたらします。今でいうグローバル化の最初の形態といえます。

しかし、「市場の拡大」は多くの問題を伴うものでもありました。市場が国境を越えて拡大した結果、それぞれの社会共同体の内部には格差が広がり、従来のような均質性、同質性は破壊されることになりました。格差の拡大は社会的な不安を助長し、共同体に様々な亀裂と対立をもたらしました。そこで、それぞれの社会は自らの一体性を守るために、市場、すなわち経済を規制する行動に出ることになります。ポラニーはそれを「社会の自己防衛」と名づけました。「市場」(経済)に対して、「社会」が行動を起こすわけです。こうじた構図の背景には、「市場」(経済)と「社会」は異なる原理に基づくものであるという、経済史家としてのポラニーの思想があります。「市場」は「効率」と「利益」を優先し、そのための「競争」を尊重するけれども、「社会」は違う。「社会」は人間の共同体として自らを維持するために、「平等」や「共存」などの価値を大事にするものであるという考え方です。

ポラニーは、こうした図式に基づいて、1930年代に出現した三つの政治体制、ファシズム、社会主義計画経済、ニューディールの共通点を説明しました。これらの三つの政治体制は互い対立するものではあったけれども、こうした文脈で考えると、「市場の拡大」に抵抗する「社会の自己防衛」という点では共通した現象ということです。三つともに、「市場」(経済)に対して「国家」が介入する体制です。この1930年代における三つの政治体制の出現を指して、「大転換」と呼びました。「市場」から「国家」への転換という意味です。経済に対して、政治、国家がコントロールを強める時代の到来です。第二次世界大戦以後の世界はこうした「強い国家」の時代であったという説明になります。

様々な「地域」の試み

私は、現在のグローバル化めぐる議論に対しても、こうしたポラニーの説明が示唆するところが大いにあると思います。つまり、グローバル化への抵抗としての「ジハード」や、グローバル化のオルターナティブとしての地域という議論は、ポラニーのいう「社会の自己防衛」の様々な表現ではないか、ということです。現に、ヘトネなど北欧の学者たちは、ヨーロッパの地域統合を「第二の大転換」と呼び、「市場の拡大」に対する「社会」（政治）のコントロールの側面を強調しています（Hettne, 1999）。

たしかにEUに至るヨーロッパ統合のプロセスを見ると、経済のメリットを追求する市場統合だけでなく、ヨーロッパの社会が大事に守ってきた価値や理念を重視する姿勢が際立ちます。ヨーロッパは多くの小さい国々からなっており、市場は分断されていました。国境で細かく区切られた狭い市場が経済復興の障害でもあったので、戦後、ヨーロッパは市場統合を進めました。ヨーロッパ統合の原動力は経済的な利益のための市場統合でした。しかし、それとともに、ヨーロッパは労働者の権利や福祉、環境保護なども社会の伝統として重視する考えを持っており、それを守るための枠組みも同時に築いてきました。こうした基本的権利や価値を保障するための政治的規制は「社会的ヨーロッパ」と名づけられ、ヨーロッパ統合の重要な部分を占めました。１９５７年に欧州経済共同体（ＥＣ）が創設されると、早速１９６１年には社会権の保障を規定した欧州社会憲章を制定しました。その後、単一欧州議定書（１９８６年調印）による域内の単一市場化が進むと、１９８９年に「労働者の社会的基本権に関する共同体憲章」が制定され、現在のＥＵ基本権憲章の土台となりました。近隣の国々が共同体（コミュニティ）を創ることで、経済的な利益を確保するとともに、自らの社会が大事にしてきた価値や理念をも守るという試みです。

ヨーロッパには、「北欧共同体」（Nordic Community）という協力の仕組みもあります。スウェーデン、ノルウェイ、デンマーク、フィンランド、アイスランドなど北欧５ヵ国で構成する地域協力のメカニズムです。常設の協力機構はなく、各国の議会からなる北欧理事会（Nordic Council）が中心となっている緩やかな協力体制ですが、非常に密接な連携が取られているので、「共同体」と呼ばれています。北欧諸国というと、人権や福祉、環境を大事にすることで知られます。そのような価値を尊重する社会を築いてきた国々です。数年前に見た北欧理事会のホームページに興味深い言葉がありました。「なぜ北欧理事会が必要か」という趣旨説明の中に、「グローバル化のペースを調節する」というくだりがありました。「北欧のような小さな国々が単独でグローバル化に立ち向かうことは難しいので、類似した社会を持つ国々の協力が必要」という説明がなされていました。まさに、主権国家体系の限界を乗り越えつつ、グローバル化へのオルターナティブとしての地域協力の意義です。北欧理事会が主催したある会議のテーマは、「グローバル化の中で北欧の福祉モデルはどのような役割を果たすのか」でした。

このような意義を持つ地域の試みはヨーロッパに限りません。中南米も一つの典型例と言えます。最近は再び保守化、右傾化が言われるようになっていますが、中南米、すなわちラテンアメリカでは、２０００年代以後、相次いで中道左派政権が誕生しました。それは１９９０年代までの新自由主義の潮流に対する反動でもありました。こうした内政の変化を踏まえて、ラテンアメリカ諸国は独自の地域統合を模索しはじめました。当時、米国が進めていたＮＡＦＴＡの南への拡大に対抗した動きでありました。２００８年にはラテンアメリカ・カリブ海首脳会議が開かれ、２０１１年にはラテンアメリカ・カリブ海共同体の創設が宣言されました。ここで注目されたのは、こうした枠組みが南北アメリカ大陸のうち、米国とカナダを除き、キューバを含めたすべての除いた国々で構成されたことでした。南北アメリカ大陸を包括する地域枠組みとしては、長い間、米国が主導する米州機構（ＯＡＳ）が中心的な存在でした。ＯＡＳからキューバは排除されていました。その状況が逆転し、米国を除外し、キューバを入れた、中南米諸国だけの「共同体」が誕生したわけであります。当時、「脱米潮流」、すなわち中南米諸国が米国から離れる現象とも言われ、注目を集めました。それを先導したのは、ベネズエラのチャベス大統領、ブラジルのルラ大統領など左派の指導者でした。最近はこうした傾向が再逆転し、左派政権の退場と保守化の潮流が広がっていますが、米国流の市場原理主義、新自由主義とは異なる社会を目指そうとする志向性が中南米諸国に根強いことを示しています。「市場の拡大」に対抗する「社会の自己防衛」としての地域主義、地域協力のもう一つの事例といえます。

東アジアの現状――経済、安全保障、アイデンティティ

それでは、日本や韓国が属している東アジアという地域の現状はどのようなものでしょうか。領土や歴史をめぐる対立が続く東アジアですが、社会や経済の面では、一つの地域として事実上の統合を深めていると言ってよいと思います。ある地域の統合の度合いを示す指標として域内貿易依存度というものがあります。地域に属する国々の総貿易額に占める域内貿易の比率です。外務省のホームページに示されているもので、若干古い数値ですが、三つの地域を比較した2005年の統計は非常に印象的です。東アジアをEUやNAFTAと比較したものです。ここでいう東アジアはASEAN10カ国に日中韓、さらにオーストラリア、ニュージーランドとインドの合計6カ国を加えた、合計16か国です。正確には香港と台湾も含まれています。これが現在外務省による「東アジア」の定義です。東アジアになぜインド、さらにオーストラリアやニュージーランドといったいわゆるオセアニア地域が入っているのか、常識とは少し異なりますが、その経緯や理由については後で述べます。

三つの地域の域内貿易比率をみると、EU、すなわちヨーロッパが65・7%、北米のNAFTAが43・5%、東アジアは55・9%です。これは驚くべき数字と言っても良いと思います。一つの連邦体に近づいているEUの経済統合がもっとも進展しているのは当然の結果です。しかし、東アジアがNAFTAよりも高い数値を示しています。NAFTAは文字通り自由貿易協定で結ばれた国々ですが、東アジアには地域を包括する自由貿易協定がありません。しかも、東アジアは歴史問題や領土紛争を抱え、対立を深めています。それにもかかわらず、経済の面では統合を進めている状況が如実に表れているといえます。政治や外交では対立しながらも、経済的には一緒にやっていかなければならない関係にあるのが東アジアの現実です。

しかし、周知のとおり、東アジア、とりわけ日中韓の間には対立がむしろ深まっています。歴史問題と領土紛争をめぐる葛藤を背景に、各国でナショナリズムが高まっているのも事実です。考えてみると、歴史認識の違いと領

土紛争は別に最近生じた問題ではありません。以前から存在していた問題です。では、なぜ今、それらの問題をめぐる対立が激化しているのか。様々な要因が介在しており、いろんな角度から考えることができると思います。ここでは、このナショナリズムの台頭という問題もグローバル化と関係があるという点を指摘しておきたいと思います。政治学では、グローバル化への反動として、「アイデンティティの政治」という現象に注目しています。グローバル化の進展で、国境の垣根が低くなることで、不安が高まり、その解消を求めて、様々な形のアイデンティティへの執着、こだわりがむしろ高まるという説明です。日中韓を中心とした東アジアで高まっているナショナリズムの風潮もこうした共通した背景を持っていることを理解する必要があると思います。さらに、近年の情報技術（ＩＴ）革命の進展もその傾向に拍車をかけています。インターネットやソーシャルメディアといった新しい技術は大衆、市民の政治参加を促進する働きをします。そこで「電子民主主義」（E-democracy）への期待も生まれました。つまり、新しい情報通信技術が参加民主主義の実現に貢献するという期待です。実際に、「アラブの春」をはじめ、世界各地で民主化の原動力にもなっています。

その半面、市民が合理的な判断ができず、感情的な集団心理に左右されるようになると、直接民主主義はポピュリズム（大衆迎合主義）になります。政治や外交も感情的な世論に支配され、攻撃的、排外的な傾向が強まります。新しいメディアがその手段となり、Ｅデモクラシーへの期待はＥポピュリズムに転落する訳です。東アジアの地域協力を阻む要因の一つです。

経済的な共通の利益があり、相互依存が進展しているにもかかわらず、政治・外交的な対立が高まっているのが、地域としての東アジアの現状であるといえます。東シナ海や南シナ海では、島や海をめぐって、物理的な衝突まで危惧される状況があります。合理的に考えると協力で得るものが多くあるにもかかわらず、感情的な要因によって衝突に向かうという悲劇が国際政治の歴史では繰り返されました。今からちょうど１００年前に、ヨーロッパでも同じようなことが起きました。電信電話など新しい技術の発明が相次ぎ、世界が一つになるという期待が高まりましたが、ナショナリズムの台頭で、各国は戦争に走りました。20世紀の初めに、ナショナリズムが吹き荒れ、戦争を求める大衆の声が高まる状況を危惧し、ドイツの歴史家シュペングラーは「ヨーロッパが集団自殺に向かって疾走している」と指摘しました。『西洋の没落』を著わした思想家の警鐘も空しく、ヨーロッパは二度にわたって大きな戦争に突入しました。その惨禍への反省から、ヨーロッパ統合の思想と運動が生れた訳です。現在の東アジア情勢について、シュペングラーが危惧した第一次世界大戦前のヨーロッパの状況と似ていると指摘する学者もいます。ヨーロッパの歴史を教訓に、いかにして東アジアは「集団自殺」という悲劇を繰り返さないようにすべきかを考える必要があると思います。

そのためには、「東アジア」という地域のアイデンティティの形成も大事です。私たちはアジア人、あるいは東アジアに属するという意識をどの程度もっているのでしょうか。東アジの地域統合にとっては重要な要素であります。

意識やアイデンティティは客観的な測定が難しく、研究も少ないのが実情です。その中で、猪口孝教授のチームが継続的に行っている調査は貴重な資料です。「アジア・バロメーター」というプロジェクトですが、アジア各国を対象にした国際共同の意識調査です。その中に「アジア人」のアイデンティティに関する項目があります。調査は現在まで続いていますが、「アジア人」意識に関する設問は第1回目の調査（２００３年）結果だけが報告書として刊行されているので、それに依拠して説明したいと思います（猪口孝、２００５）。

まず、国民意識、ナショナル・アイデンティティの国際比較です。「あなたは自分を○○人であると思いますか」という質問に対する答えです。対象となったアジア10カ国のうち、タイ、インド、韓国の3カ国は１００％を記録しました。インドが少し意外ですが、ほぼ全員がナショナル・アイデンティティをしっかり持っていると答えました。その後をベトナム99％、スリランカ98％、ミャンマー96％、マレーシア92％と続きます。日本も91％、中国は86％ですが、多くの国が90％を超える高い水準です。最下位はウズベキスタンで64・5％でした。ウズベキスタンの低さもどう説明すべきか難しいですが、アジアでは国民意識が強いという一般的なイメージを裏付ける調査結果だといえます。

次にリージョナル・アイデンティティです。同じ調査で「アジア人」という意識を持っていると答えた比率をみると、国によって大きな差が表れました。ミャンマー92・1％を筆頭に、ベトナム83・6％、スリランカ79・8％、韓国71・0％などが上位を占めています。比較的に高いレベルだと言えます。今日のテーマとも関連して、国民意識が強いというイメージの韓国で「アジア人」意識が高いことを指摘しておきたいと思います。タイ67・9％、ウズベキスタン63・7％、マレーシア61・5％などが中間グループです。ヨーロッパ人意識が平均して60〜70％台ですから、それと比較しても決して低いものではないと思います。問題は下位グループ、ワーストスリーです。下から三番目の日本は41・8％です。日本人の約4割が「アジア人」意識を持っていると答えましたが、見方によっては、「思ったより高い」といえるかも知れません。下から2番目のインドは21・4％、最下位の中国はなんと一桁の6・1％でした。他の国に比べて文字通り「桁違い」の低さです。中国の低さについては、サンプル選定の問題などが要因として考えられます。

いずれにせよ、この調査結果から一つの傾向が読み取れます。「アジア人」意識が高い国々、例えば、ミャンマー、ベトナム、スリランカ、それに韓国などは、どちらかというと中小国に属しています。人口などでは決して小さくない国もありますが、経済力などを総合した基準からすると、中小国に分類される国々です。それに対して、ワーストスリーの日本、インド、中国はアジアの「大国」です。人口の面でも、経済の面でもアジアのほとんどを占めるこれらの国々で「アジア人」意識が低い現実は、アジアの地域統合、アジア共同体を建設していく過程で、真剣に考えるべき課題です。中小国の人々は、アイデンティティに対して柔軟であり、複数のレベルを重ね合わせることができるとも言えます。つまり、○○人であると同時に、「アジア人」であるという意識を持つことが矛盾していないわけです。その半面、大きい国々の場合は、それぞれの国だけで十分ということなのか、複数のレベルのアイデンティティを重層的に持つことに不器用のようにみえます。アジア共同体を建設していくためには、日本をはじめ、これら大国の人々が「アジア人」意識を持つことが何よりも重要な課題です。

「東アジア」の形成過程と日本・韓国

さきほど外務省の定義では、「東アジア」はＡＳＥＡＮの10カ国と日中韓、それにオーストラリア、ニュージーランド、インドを加えた16カ国が含まれると言いました。これは常識的な地理的概念とは少し異なります。私たちが習う地理では、オーストラリアとニュージーランドはオセアニア（大洋州）と呼び、インドは南アジアに属します。通常の意味での東アジアは、北東アジアと東南アジアを合わせた地域を指します。それでは、なぜ外務省の定義のような地理的範囲になったのでしょうか。

国際政治における「地域」はその範囲が客観的に、当然のように前もって決まっているものではなく、政治的に、また歴史的に「創られるもの」という点をまず理解する必要があります。政治的な思惑や戦略によって、ある地理的な広がりが一つの「地域」として「創られる」のであります。例えば、「北大西洋」という地域があります。北大西洋条約機構（ＮＡＴＯ）に出てくる名称です。この地域名は以前にはなかったものが、第二次世界大戦の後、米ソ間に冷戦対立の構図が成立したときに、西ヨーロッパと米国との結びつきを強調する意味で登場しました。一つの地域としての一体感を表す意図から、戦略的に創られた地域といえます。「アジア太平洋」という名称にも同じような背景があります。この用語は１９８０年代以後、米国と東アジア諸国との関係性を強調する政策的な観点から、人工的に作られた地域名です。

「東アジア」の場合は、その範囲をめぐって、国際政治的な駆け引きが展開され、現在に至っています。当初はＡＳＥＡＮ10カ国に日中韓を加えた13カ国が想定されましたが、徐々に範囲が拡大し、上記の16カ国を経て、２０１１年以後は、「東アジア首脳会議」のメンバーに米国とロシアが加わり、合計18カ国体制になっています。なぜ、そうなったのか。以下では、「東アジア」という地域の形成をめぐる国際政治のプロセスについて、日本や韓国の役割、関わり方に注目しながら、その概要を説明したいと思います。詳細については、参考文献の田中明彦『アジアのなかの日本』（NTT出版、2007年）をご参照ください。田中教授は、後に触れるように、「東アジア共同体」構想を提案した国際的な委員会の日本代表を務められたこともあります。

今の「東アジア」という地域枠組みの原型を作ったのは、1990年、当時のマレーシア首相マハティールでした。マハティール首相は、経済成長を続ける東アジア各国の協力機構として、「東アジア経済グループ」（EAEG）の創設を提案したのであります。対象国としては、ASEAN（当時は6カ国）と日中韓が想定されました。米ソ冷戦が終結し、またヨーロッパ統合が進展している状況に対して、東アジアの地域協力を強化しようという構想でした。「ルック・イースト」政策を掲げていたマハティール首相は、とりわけ日本と韓国との連携に強い関心を抱いていました。

マハティール構想に対しては、日本や韓国政府の中でも賛同する見解が多かったようであります。しかし、こうした動きに対して、米国は敏感に反応しました。米国抜きで東アジアが一つの地域としてまとまることを警戒したわけであります。ブッシュ政権の国務長官であったベーカーは回顧録の中で、マハティール構想を阻止するために、自らが東京とソウルに乗り込んで、日韓の外相に直接圧力を加えた様子が生々しく記録されています。韓国の李相玉外相には、「40年前に韓国のために血を流したのはマレーシア人ではなくアメリカ人だった」と述べ、マハティール構想に同調しないよう迫りました。結局、米国の強い反対で、マハティール構想は挫折しました。ベーカー国務長官が回顧録で記しているように、「日本がマハティールを強く支持しなかったため、EAEG構想は私たち（米国）の東アジアにおける経済利益にとって脅威にはならなかった」のであります（ベーカー、1997）。

「東アジア」という枠組みを阻止した米国は、その代わりに、「アジア太平洋」の枠組みを強化しました。1993年、米国のクリントン政権はアジア太平洋経済協力会議（APEC）を首脳レベルの会議に格上げしました。A

PECはオーストラリアの提唱で1989年に閣僚レベルの協議体として創設されたものでした。「東アジア」より、「アジア太平洋」に重点を置く地域戦略です。「東アジア」と「アジア太平洋」という二つの地域構想がせめぎ合う構図は現在にも続いており、日本と韓国はその狭間で、選択を強いられているともいえます。

マハティール構想が挫折した後も、ASEANの巧みな外交は続きました。「東アジア」という地域を作り上げてきたのは中小国の集まりであるASEANの外交であったと言っても過言ではありません。ASEANは自らの会議に合わせて、日中韓などを招いて会議を開く招請外交を展開しました。ASEAN拡大外相会議などと言われるものです。ASEAN会議の場を利用して、日中韓などを含めた事実上の地域協力を進める仕組みです。興味深いことに、東アジアの地域枠組みの形成には、EUも一役を買っています。1993年に発足したEUは1994年に「新アジア戦略」を策定して、東アジア地域との関係強化を模索しましたが、これに呼応したシンガポールの提案で、1996年にアジア欧州会合（ASEM）が開催されることになりました。EUのカウンターパートの「アジア側」としては、当時のASEAN7カ国と日中韓が参加しました。マハティール構想の「東アジア」とほぼ重なる構成であります。EUとしては、経済成長の著しい東アジアが米国主導の「アジア太平洋」に吸収され、いわば米国の「草刈り場」になることを防ぎたいという思惑もあったようです。

実際に、ASEMの準備会合の過程で、事実上の「東アジア」が公式化することになりました。1996年2月、タイのバンコクでの第一回ASEM会議を控えて、ASEANと日中韓の外相会合および首脳会合が開かれました。対外的には「ASEMのアジア側の準備会合に過ぎない」と説明されましたが、田中明彦教授がいみじくも表現したように、「事実上の東アジア首脳会議がASEMの裏口で実現した」のであります（田中明彦、2007）。

翌年の1997年には、ASEANと日中韓、すなわちASEAN＋3の首脳会議が正式にスタートすることになります。そのきっかけはASEANによる招請外交でした。ASEAN創設30周年記念の首脳会議に日中韓の首脳が招請され、史上初のASEAN＋3首脳会議が開催されました。当初は1回限りの儀礼的なイベントの予定でしたが、ちょうどその会議の直前にアジア通貨・金融危機が始まったために、記念行事にとどまらず、東アジア地域の危機対応を協議する場と化しました。さらに、通貨危機への共同対応のために、翌1998年にも同じ会合を開くことになり、以後、ASEAN+3の枠組みは首脳や閣僚レベルの様々な会議体として定例化することになりました。ASEAN+3は東アジアの制度的な原型と言えます。地域統合は危機の産物と言われますが、東アジアの誕生もまさに共通の危機状況が背景にありました。

ASEAN+3の枠組みを土台に、「東アジア共同体」構想も提唱されることになりました。「東アジア共同体」というと、日本では鳩山由紀夫首相の構想が広く知られていますが、国際政治的にはASEAN+3の場で公式に合意した目標でもあります。1998年、すなわち発足した直後のASEAN+3首脳会議で、韓国の金大中大統領の提案で、東アジアの地域協力に向けた長期的な展望や政策を議論するための有識者会議として、「東アジア・ビジョン・グループ」(EAVG)が設置されました。ASEAN+3の加盟各国から、学者など民間の代表が2名ずつ参加する委員会でした。座長には韓国の元外相である韓昇洲氏が任命され、田中明彦教授は日本側代表の一人でした。

EAVGは1999年から活動を開始して、二年間の議論を経て、2001年のASEAN+3首脳会議に報告書を提出しました。そのタイトルが「東アジア共同体に向けて」(Towards an East Asian Community)です。「東アジア共同体」という名称が明記された初めての公式文書という意義をもちます。EAVGは民間の専門家による諮問委員会のようなものですが、各国の政府代表で構成する「東アジア・スタディ・グループ」(EASG)がその提言を検討して、2002年の首脳会議に公式の報告書を提出しました。「東アジア共同体」をめざすための具体的な政策をまとめたものです。その長期目標の一つが東アジア首脳会議の創設でした。

ASEAN+3の活発な動きを土台に、日中韓の新しい枠組みも誕生しました。ASEAN会議を利用して会合を重ねるうちに、日中韓の議論も必要ではないか、ということになったわけです。元朝日新聞主筆の船橋洋一氏によると、ASEANとの会合で日中韓がそろう機会を利用して、三国だけの首脳会議を開くというアイディアは日本の小渕首相の側近グループから出たようです。小渕首相はすぐ関心を示しましたが、「日本が切り出すと中国は断るかも知れない」と考えて、まずは小渕首相から金大中大統領に打診し、金大統領が中国の江沢民主席に意思を確認しました。１９９８年、ハノイでのASEAN＋３首脳会議の際に、小渕首相が日中韓首脳の会合を提案したときには、中国が拒否して実現には至りませんでした。しかし、１９９９年のマニラ首脳会議で小渕首相が再び提案したところ、今度は中国の朱鎔基首相が同意して、「朝食会」の形で初めて日中韓の会合が開かれました。翌２０００年からは、金大中大統領の提案で日中韓首脳会議が定例化するようになりました。

日中韓首脳会議は２００２年から公式の会議になり、首脳会議の他に外務、財務などの閣僚会議も設置されました。２００８年からはASEAN＋３会議と分離した別途の会合となり、第一回目の日中韓サミットが麻生首相の地元である福岡県の大宰府市で開かれました。２０１１年に常設の事務局がソウルに設置され、事務局長は三国が交代で務めています。

以上の経緯で分かるように、２０００年代の初めに、「東アジア共同体」の構想、日中韓の協力体制の推進において、日本と韓国は外交的に緊密に協力しました。とくに、小渕首相と韓国の金大中大統領は１９９８年の「日韓パートナーシップ宣言」などで日韓関係を新しい段階に発展させたことで知られていますが、二人の指導者は日韓の二国間関係だけでなく、「東アジア」という地域枠組みの形成にも協力したのであります。日本と韓国で「東アジア共同体」という言葉がメディアの頻繁に登場し、そのようなタイトルの書物がたくさん出版されたのもこの時期でした。

２００５年は、「東アジア共同体」構想にとって、一つの分岐点になりました。その年に、東アジアの首脳が一堂に会する歴史的な会議が開かれました。現在に至る東アジア首脳会議の創設です。東アジアサミットともいいます。毎年開催されていますが、日本の新聞でもあまり報道されず、一般的な認知度は低いと思います。なぜ、そうなったのでしょうか。

さきほど言いましたように、東アジア首脳会議はＥＡＶＧやＥＡＳＧが長期目標として提示した重要な枠組みでした。しかし、首脳会議の参加国をめぐって、関係国の間で意見の対立が表面化して、その中身が曖昧なものになってしまいました。東アジア共同体に向けた大きな一歩となるべき会議が、関係国の思惑の違いを露呈し、むしろ共同体創設への機運を失速させるという皮肉な結果になったのであります。

その背景には、中国の台頭、予想以上に強く、大きくなった中国への対応がありました。当初、東アジア首脳会議の参加国としては、もともとのメンバーであったＡＳＥＡＮ＋３という枠組みがありました。しかし、巨大な中国の存在を考えると、その枠組みでは不十分と考えた日本やシンガポールは、参加国の範囲を広げて、インドやオーストラリアなどを含むべきだと主張しました。「東アジア」の範囲をめぐって、いわば「現状派」と「拡大派」がせめぎ合いましたが、最終的には日本などが主張した拡大路線が採択されました。その結果、２００５年、マレーシアのクアラルンプールで、史上初の東アジア首脳会議が開かれたときに、参加国はＡＳＥＡＮ１０カ国に日中韓、さらにオーストラリア、ニュージーランド、インドを加えた16カ国にのぼりました。その後、中国の拡大がさらに進んだので、２０１１年には、米国とロシアが加わり、現在、東アジア首脳会議は18カ国体制です。米国の参加には、台頭する中国を牽制したいというオバマ政権の「アジア重視戦略」が背景にありました。国際政治の思惑が絡んだ結果、今や米国とロシアまでが「東アジア」のメンバーになった訳であります。

このように参加国が拡大したことで、「東アジア共同体」の実現という当初の目標は薄れ、東アジア首脳会議は「中国問題」を議論する場と化した感があります。参加国の関心も低下し、儀礼的なものになってしまいました。

２００５年には、領土や歴史問題が噴出して、日中韓関係も悪化しました。小泉首相の靖国神社参拝問題で、日中韓首脳会談も開かれない事態になりました。「東アジア共同体」の議論も後退して、あまり聞かれなくなりました。２００９年に成立した民主党の鳩山政権で再び「東アジア共同体」が注目されましたが、民主党政権の意欲的な取り組みが挫折した後、日本外交は東アジアの地域統合に対して消極姿勢に転じました。「東アジア」というと、「協力」より「対立」が連想される状況になり、一般的な関心も急速に低下しました。

以上で繰り返し強調したように、「東アジア」という地域を創る過程で、ＡＳＥＡＮとともに、日本は重要な役割を果たしてきました。現在、「中国脅威論」の影に隠れてしまった感がありますが、もう一度、日本にとって「東アジア」という地域がどのような意味を持つのかを真剣に考える必要があると思います。

韓国の地域主義外交と東アジア

最後に、詳しく述べる余裕がなくなりましたが、東アジアの地域形成に対する韓国の外交について、整理してみたいと思います。韓国というと、ナショナリズムのイメージが強いかも知れませんが、その外交には、地域主義外交とでも言うべき流れがあります。地域主義外交とは、地域の枠組みを模索する外交という意味です。ＡＳＥＡＮ諸国と同じように、中小国に属する韓国にとって、外交戦略の一つと言えるかも知れません。大国とは違って、中小国の外交には多国間の枠組み、地域協力の枠組みが重要な外交の舞台になります。

韓国の外交にとって、自らが属する地域は三つあります。アジア太平洋、東アジア、それから北東アジアです。戦後韓国の外交では、国際情勢の変化に応じて、これらの地域概念が順番に登場しました。「アジア太平洋」とは基本的に米国との関係を表すものであり、戦後の冷戦期にはこれが中心にありました。冷戦終結後、１９９０年代以後、「東アジア」が新しい地域外交の焦点になったのは、先に述べた通りです。それと重なって、北朝鮮問題、朝鮮半島の核危機の浮上とともに、「北東アジア」が注目されるようになる、という形です。

戦後の冷戦期には韓国の外交は構造的に制約され、独自の選択肢はあまりありませんでした。経済的にも弱く、米国や日本への依存が大きな部分を占めていました。外交の地平は非常に限られていたと言えます。しかし、そのような状況の中でも、例えば、李承晩政権は「太平洋同盟」のような地域安全保障の枠組みを模索したりしました。もちろんこれは「反共同盟」の構想であり、地域を統合するといっても、「反共陣営」の結束強化を唱えたものでした。基本的に米国の支援を取り付けるためのものでしたが、その中で、例えば、日本を牽制したり、韓国の国際的な地位を確保したりするという思惑を含んだ構想でした。冷戦対立を利用しつつ、自らの目的を追求しようとした、冷戦型の地域主義外交と呼ぶことができると思います。

朴正熙政権も同じ動きを示しました。１９６６年のアジア太平洋協議会（ＡＳＰＡＣ）の創設は、朴正熙政権が力を注いだ外交の実績でした。米国に次ぐ規模のベトナム参戦国という「地位」を活用して、米国の後押しを得て実現したもので、地域協力というより、反共同盟の試みにすぎませんが、韓国が主導した初の地域機構という意味があります。しかし、米国のニクソン政権がベトナム和平を進め、ベトナム戦争が終結したことで、この地域機構は存在意義を失い、自然消滅しました。

１９８０年代に入り、オーストラリアと日本の努力でアジア太平洋の地域協力が進展して、ＡＰＥＣが誕生すると、韓国も積極的に加わりました。１９９１年、第3回会議をソウルで開催した際には、議長国として、天安門事件で孤立していた中国を国際社会に復帰させる役割を担い、台湾や香港と一緒に中国をＡＰＥＣに加盟させることに成功しました。その時の巧みな外交はアジア各国から一定の評価を得たようです。それが土台となって、１９９２年には中国との国交を結ぶことにもなりました。

それと同時に、１９９０年代後半には、先に述べたように、東アジア外交を活発に展開しました。金大中大統領の外交的なイニシアティブで、「東アジア共同体」構想の進展に一定の貢献をしました。これは金大中大統領の個人的なビジョン、すなわち、朝鮮半島の平和体制のためには、中国を組み入れた東アジアの地域協力が欠かせないという考えがありました。しかし、それだけではなく、韓国社会で一般的に東アジアへの関心が高まったという状況がありました。とりわけ、学界やメディアを中心に、東アジア論が盛んに展開されました。冷戦体制によって分断されていたアジア大陸との新しい関係設定への期待が背景にあったと思います。もちろん成長する中国への経済的な関心もあります。韓国にとって、中国を含めた東アジアの地域協力の枠組みは、いろいろな意味で重要な課題です。今、日本では「東アジア」への関心が後退しているように見えますが、韓国では依然として積極的な議論のテーマになっています。先ほど紹介しました「アジア人」意識の調査で、韓国の順位が高いことも、その表れであると言えます。

しかし、韓国には北朝鮮問題という、より緊急な課題があります。その対応に直接関連する地域概念は「北東アジア」です。米ソ冷戦の終結後、当時の盧泰愚政権は中ソとの関係改善など「北方政策」を展開しましたが、その一環として、「北東アジア平和協議会」を提唱しました。朝鮮半島の南北に日米中ソなどを加えた枠組みで、後の六者協議の原型とでも言うべき構想です。直接的には北朝鮮問題を解決するための枠組みですが、さらに中国の東北地方や旧ソ連の極東地方といった巨大な潜在力を持つ地域に対する長期的な関心の表れでもあります。

次に北東アジアの地域概念を積極的に展開したのは、盧武鉉政権でした。「北東アジアのバランサー」を掲げて、「反米」ではないかとも批判された政権の外交戦略でした。しかし、大きな文脈では、盧泰愚政権の北方政策と類似した部分が多く、ある種の連続性があります。軍部出身の盧泰愚政権と、民主化の流れを汲み、「左派」と言われた盧武鉉政権が同じような外交戦略を展開したことは注目に値します。つまり、政権の政治的な立場を問わず、韓国の外交に共通する方向性があることを示しています。

2013年にスタートした朴槿恵政権も保守派の政権ですが、外交政策の柱として、「北東アジア平和協力構想」と「ユーラシア・イニシアティブ」を掲げています。「北方政策」につながる流れです。

韓国にとって、地域主義外交の重要性はますます高まっています。安全保障の面では米国との関係を土台にしながら、台頭する中国との関係を深めていかざるをえないという構図では、日本と韓国の間には共通するところが多くあります。「東アジア」という地域形成をめざす外交の意味もそこにあると思います。

【引用・参考文献】

猪口孝編（2005年）『アジア・バロメーター——アジア世論調査（2003）の分析と資料』明石書店。

田中明彦（2007年）『アジアのなかの日本』NTT出版。

バーバー、ベンジャミン（1997年）『ジハード対マックワールド』三田出版会。

フリードマン、トーマス（2008年）『フラット化する世界』日本経済新聞出版社。

ベーカー、ジェームズ（1997年）『シャトル外交激動の四年』（上・下）新潮社。

ポラニー、カール（1975年）『大転換——市場社会の形成と崩壊』東洋経済新報社。

李鍾元（2010年）「韓国の地域外交とアジア太平洋」渡邉昭夫編『アジア太平洋と新しい地域主義の展開』千倉書房。

李鍾元（2012年）「東アジア共同体と朝鮮半島」山本吉宣ほか編『国際政治から考える東アジア共同体』ミネルヴァ書房。

Hettne, Björn (1999). "Globalism and the New Regionalism: The Second Great Transformation." Björn Hettne, et al, eds., *Globalism and the New Regionalism*. London: Macmillan.

Katzenstein, Peter J. (2005). *A World of Regions: Asia and Europe in the American Imperium*. Ithaca, NY: Cornell University Press.

Rosecrance, Richard (1999). "Regionalism and the Post-Cold War Era." *International Journal*, 46 (3).

第8講 アジア地域統合と知識共同体の役割

伊藤憲一

皆さんこんにちは、先ほど羽場先生からご紹介いただきました、伊藤憲一でございます。私が今回のスピーチの5番手の位置づけで、テーマとして「アジア地域統合と知識共同体の役割」というタイトルをいただいていることについて、まず一言述べるのが適切かなと思う次第であります。アジア地域統合というのは全体を貫くテーマでありますので、私からここで触れることはあえて避けるという意味じゃないですが、触れるまでもなく、むしろ知識共同体の役割。知識共同体というのは何なのか、これは学生の皆さんには初めて聞く言葉かもしれませんのでちょっと説明しておきます。英語では、エピステミック・コミュニティと言っております。日本語では知識共同体とか認識共同体とか、いろんな訳が使われているようでありますが。ここでは知識共同体という日本語を使っておるわけであります。知識共同体というのはこれは、人間社会の中で驚くような重要性を持っている存在なのですが、宇宙において最近ダークマター、ダークエナジー、暗黒物質、暗黒エネルギーというものの存在が大きな話題になっているわけですが、これは全宇宙の存在の4分の3以上を占める存在でありながら、その存在自体が人類の知識によってはつい最近まで認識されていなかった。しかし現実には宇宙を動かしている4分の3以上の力がこの暗黒物質、暗黒エネルギーであると言われております。私に言わせれば人間社会における知識共同体の存在とその役割、影響力というのは宇宙における暗黒物質に匹敵するんじゃないか、自らは悟られないように目立たないように動いていながら実は人間の社会を根底から動かし、引っ張っていっている力が知識共同体であります。知識共同体を持たない運動などというのはありえませんが、あったとしてもまったく影響力がないでしょう。それに対して、たいした実体的力はないのに、莫大な知識共同体のエネルギーを持っている運動もあります。まあ１９１７年のロシア革命以後、１９８９年のベルリンの壁の崩壊までの、世界を揺すぶったコミュニズム、共産主義。これは、コミンテルンというコミュニスト・インターナショナルという国際的な組織まで持っていたわけですが、それなどはもっとも力不相応に世界史と人類の社会作用を支配した知識共同体の例であると言えるのではないか。

それで、私が今日もらった演題の中で皆さんにお伝えしたいと思うのは、第一に、東アジア地域統合という、これは国際政治、経済、社会、文化にわたる一つの流れ《トレンド》の動きでありますが、アジア地域統合には知識共同体はあるのか、なければダメですね、なければ夢物語を誰かが語っていたというだけのことで、やがて消えていきます。しかし、しっかりとした知識共同体が存在し、その地域統合の流れを支えているとすれば、これは今それがどのように誰の目に見えているかとは無関係に、これは決して、我々として目を離すことができない社会現象、トレンドであるということになると思います。アジア地域統合、知識共同体の役割はどのようなものか、それを今日、私が知っていることというか感じていることのままお伝えしてみたい。

アジア地域統合というテーマを論ずるのであれば、やはりここではアジアという言葉を自覚的にとらえて、その意味することをしっかりとつかまなければ、とりとめのないものになる恐れがあるわけです。アジアとは何か、いきなり私から今マイクを突きつけられてアジアとは何かについて滔々《とうとう》と語ることのできる人が果たして何人いるか。あまりにも当然、と思われることは、案外全然当然でもなければ、当たり前でもないという場合が多いのですが、アジアとは何かという言葉については、そのことが特に言えるのではないか。私は、アジアとは何かという言葉を聞くと、最初に思い出すというか、名前が浮かんでくるのは、インドの詩人タゴールと日本の画家岡倉天心です。タゴールも岡倉天心も、単なる詩人、単なる画家ではなく、哲学から歴史、政治にいたる広い関心を持って、その中でアジアを見つめていた人です。タゴールと岡倉天心と言えば、これは常識ですから、皆さん知っていると思うし、知らなければこの機会に、あなたの脳のストックのどこかに入れてほしいと思いますけれども、この二人は「アジアは一つ」という言葉で知られるんです。タゴールと岡倉天心について我々ほとんど何も覚えていないとしても、「アジアは一つ」という二人が発した言葉はその後も脈々として今日にいたり、それが多くの人の心、本人が気がつかないのに動かしているという性質の言葉であります。タゴールと岡倉天心が会ったのは、1920年代ですね。タゴールは3回日本に来ております。で、その頃世界というのは第一次大戦直後の世界ですが、日本とタイとエチオピア、この三つを除く世界中のすべての国は、ヨーロッパ人の植民地にされていたという時代です。信じられないことですけども、ヨーロッパはユーラシア大陸の西の端にある突き出た大きな半島という程度の存在であったはずなのが、18世紀の産業革命以後の世界のエンジンになって、強大な軍事力を手に入れて、アジア、アフリカ、南北アメリカという広大な世界をその支配下に置いていたわけです。タゴールはインド人ですから、インドの独立ということを強く願っていたわけですが、しかしタゴールの偉大さはインドを越えて、こういうヨーロッパ以外の世界、とりあえず彼はアジアというものに着目して、「アジアは一つにならなければならない」というタゴールの願いの裏返しは、「ヨーロッパ人が世界を支配している異様な世界ではダメだ」という彼の信念だったわけです。タゴールは1920年代に三度日本に来ますが、その後来なくなってしまった。どうも、タゴールは日本に大変期待していた。「日露戦争に勝って、ロシアというヨーロッパの列強をアジアの国で初めて打ち負かした国、この日本を先頭に立ててアジアが一つになれば、ヨーロッパに対して、自分たちを取り戻すことができるのではないか」というのがタゴールの願いだったようです。ところが第一次世界大戦で勝ち組に残った日本は、その後、満州事変を起こし、中国に侵入して日中戦争を起こすわけです。そのような日本にタゴールは大変失望したようで、最後に日本に来たときに、日本が中国に対して21カ条の要求というのを突きつけていたときですが、「中国を物質的に滅ぼすことはできても、精神的に滅ぼすことはできませんよ。中国は必ず生き残って反撃してきますよ」ということをタゴールは日本人に語っているんですね。ところが日本では「アジアは一つ」というタゴールの言葉が伝わるだけで、その「アジアは一つ」というのは、助け合って、対等、平等の立場で「アジアは一つ」というのではなく、その後の日本人は、むしろ大東亜戦争という形で「アジアは一つ」という理想をねじ曲げていったように思えるわけですが、いずれにせよ、私がここで述べたいと思ったことは、アジアという言葉をそれまでの、それまでというのは、タゴールや岡倉天心の現れた1920年代までのアジア人は、アジアという言葉を使うことがなかったということですね。で、タゴールと岡倉天心が現れて初めてアジアという言葉をアジア人が使った、このことは意味が大きいんですね。ここに最初のアジア地域統合のエピステミック・コミュニティ（知識共同体）が誕生したと、私から言わせれば言えるのではないか。

話は変わりますが、ベネディクト・アンダーソンという東南アジアを主として研究した政治学者ですが、『想像の共同体』という名著があります。『想像の共同体』でアンダーソンが言おうとしたことは何かと言うと、国家とかネイションとかいうものは、実は頭の中で想像して描いた共同体にすぎないんだ、で、それを具体的に検証しています。国家とかネイションとか当然の存在と思われた共同体が、実は想像され、想像の中で手を加えられた共同体に過ぎないんだと。日本で言えばですね、日本国民というものは何千年も前から一つの共同体として存在してきて今日にいたって、未来永劫変わることがないというのも一つの見方ではありますけれども、ベネディクト・アンダーソンによれば、日本という国民国家ですらも、ということは日本以外の国民国家と称しているものはほとんどすべて、国民国家として想像の中で描かれて生まれてきたものにすぎないんだと。実際、幕末、例えば、日本を見てみれば、一般の農民とか町人とかにとってみると、彼が自分の生きている共同体として認識できたのは、たぶん一緒に暮らしている村落の人たち、あるいはせいぜいその周辺の交流のある共同体に過ぎなかったのではないか。

武士の場合には藩という存在があって、薩摩藩とか長州藩とかそういう藩に対する帰属意識というのは非常に強かったと思うわけですが、果たしてどれほどの日本人がそれらを飛び越えて、自分が日本人であるという意識を、江戸時代あるいはそれ以前の戦国時代、鎌倉時代持っていたのか。

これは問われなければならない問題であろうと私は思うのですが、そういう日本人が幕末にアヘン戦争の勃発を聞き、浦賀にアメリカの黒船が押し寄せてくるのに直面して、初めて「自分たちは長州藩だとか、薩摩藩だとか言っているわけにいかない。日本人なんだ」という意識を強く持つようになって、それが明治維新の原動力になったと思うわけであります。

で、そういうことを申し上げたのはなぜかと言うと、ヨーロッパにヨーロッパ人がいますね、こちら側にアジアと称してアジア人がいますね、ところが、私に言わせると、このヨーロッパ人がヨーロッパと言うときのヨーロッパと、アジア人がアジアと言うときのアジアとは全然意味が異なっているのです。その違いが今日のいろいろな違いに通じてきているということであります。まず、ヨーロッパという名前はヨーロッパ人にとって自称なんです、自分で自分に付けた名前なんです。意味があるんです。

ところが、アジア人にとってアジアという言葉は存在したことがないんです。今でも存在しないと言えるくらいの言葉なんです。誰かほかの人が自分たちのことをアジアと呼んでいるという、そういう意味でのアジアに過ぎないんです。皆さんのうち何人くらいが、この古代ギリシャの神話を知っているか存じませんが、まあ知っておられる方もおるでしょうが、知らない方もおられるのではないかと思うのでご披露しますと。ヨーロッパという名前は、地名ですが、地名は実はエウロパという名前からくるんです。エウロパというのは古代ギリシャ神話に出てくるフェニキアの王女の名前です。エウロパが海辺の砂浜で戯れているのを、空の上から見たギリシャ神話の中心的な神様の一人、ゼウスですが、ゼウスはエウロパがほしくなっちゃう、それで、白い牡牛に変装してというか、化けて下界へ降りて行って、それで言葉巧みにエウロパを背中に乗せて、そのままトロイに向けて遁走して連れ去ってしまった。もうこれは拉致ですよね、北朝鮮がやった拉致と同じことなんだけれども。フェニキアっていうのは今日のレバノンです。当時の世界、古代ギリシャの世界というのは「エーゲ海が中心であり、そこに自由と平等繁栄の世界があり、フェニキアからトルコ、メソポタミアにかけて、遅れた停滞的で閉鎖的なアジアがある」というそういう認識の構造なわけです。そこで、もちろんそのフェニキアの王や王子はね、自分の娘や妹を持ち去られたわけですから、戦争をしかけて取り返そうとするんですが、取り返すことはできない。で、エウロパは結局ヨーロッパに連れ去られてしまうわけですが、ヨーロッパ人はそこで、エウロパは自由を求めて、東の世界から西の世界に、実は自分たちが連れてきたんだけれども、逃れてきたんだと、こういう解釈をするわけです。そして、エウロパの名前になぞって自分たちのことをヨーロッパとかヨーロッパ人と言うようになっているわけです。これに対して、アジア人というのは野蛮で文化の遅れた人たち、地域であるという決め込みをしていくわけです。これがですね、ヨーロッパという言葉とアジアという言葉のスタートなんです。もう少しちょっと詳しく説明すると、Ａｓｉａの最初のＡＳ、アスっていうのは、古代アッシリア語で東という意味らしいんですね。ということはアッシリア人にとってさえ、アジアというのは自分のことではなくて、東のほうにいる人たちの意味なんですね。だから、アジアというのは西のほうの人が東を見て呼んでいる名前であって、東の人が自分のことをアジアと名乗った固有名詞ではないんです。

私も50年前くらい前にはアメリカの大学で勉強していましたけども、毎日膨大な量のリーディング・アサインメントというのを出されまして、なんという本の何ページの何行から何行まで読んでこいと、明日までに。で、その指示したのをリーディング・アサインメントというだけど、その指示した紙だけで10枚くらい。で、もちろん数十冊の本を読まなきゃならないわけですけども、全部読むわけじゃないんです、指示されたところだけ読むんです。

そのために大学図書館があるんですね。私が学生だったのはハーバード大学ですけども、ワイドナー図書館というものすごい、世界で一番大きいと言われる図書館があって、どんな本でもありましたね。今思い出してみると、当時読ませられたもの全部、私の専門は国際政治学でしたが、みんな繰り返し繰り返し同じことを言っていたんだなというのを、したがってそれを読むのは、洗脳された可能性が高いなと思うんだけれども、繰り返し繰り返し読ませられたものが言っていたのは、ヨーロッパは自由、平等、進歩の源泉であるのに対して、アジアは停滞、抑圧、そして退歩の世界であるということがですね、繰り返し繰り返し出てくるような本ばっかし読ませられていたのがね、ハーバード大学の政治学部の教育だったなと。

今の私にしては、もうあれから50年もたっているんだから分かることでありますけれども。でも長い間その価値観に支配されていた自分を、少なくとも、当時米ソ対立の真っ盛りでしたが、ソ連の共産主義などに対して、なんらの理解、好意的な理解など育ちようも……、あるはずもない、徹底した結果としての反共教育が当時のハーバード大学の国際政治学部学科ではあったなと、でももっともそれはハーバード大学だけのことじゃなくて、アメリカで勉強すれば、まあアメリカのソ連研究というのはそういうことだったなと思うわけであります。

私がアジアとの関連で皆さんに指摘できることは、要するにアジアというのはヨーロッパ人から見て、ヨーロッパ以外のすべてをアジアと名付けていたということですね。そのうちにアフリカがヨーロッパ人の目から見て、特別の存在であることが分かってきたために、ヨーロッパ人の定義するアジアからアフリカが抜けて、中近東と言われている、近東というのは近い東という意味なんですね。で、人の行き来が繁くなるにつれて、特にアレクサンダー大王がペルシャを越えてインドまで攻め込むようになってきて、さらにアジアは東の広がりを含むようになり、中国や日本もアジアの一部として理解されるようになったわけです。

でもこれはあくまでもヨーロッパ人のアジア理解であって、当時のアジア人は、自分をアジア人であるとか、あるいはアジアの一部であるとか、考える発想はまったくなかったんですね。現実問題として今日の私どもの知識と視野の中でアジア全体を見ると、アジア、アジアと一言で言っているけれども、実態としては東アジア、中央アジア、南西アジア、西アジア、この四つをアジアとして我々は認識しているのだろうか。言い換えると、例えば中国、例えばインド、そして日本ですら、アジアなどという概念を受け入れたことはなかったんですね。常に自分が世界の中心であって、その周りにほかの世界がある、だからそういう世界観のもとでは「アジアは一つ」とか、「一つでなければならない」とかいうような発想はまったくなかったし、今でもないのではないかと思われるということを認識しておく必要があるわけです。特に日本から見た場合、日本は先ほどの、中近東という観点、視点、同じそういう視点から見ると、中近東はヨーロッパに近いアジアなんですが、日本は極東なんですね。一番東にある、東の果ての存在が日本である。中国は逆に、中華帝国と称して、自分が世界の中心であって、その東西南北に東夷《とうい》・西戎《せいじゅう》・南蛮《なんばん》・北狄《ほくてき》という四方があり、そこにより文化の劣った国々がいるだけであるという認識ですから、そこからアジア地域統合という発想が出てくるわけがないわけですね。しかし、そういう中で我々が存在するのだという認識をまず持たないと、日本が例えばアジアの中で、東アジアの中でどういう存在、どういう位置なのかということが見えてこないという問題があると思うわけです。

アジアというものを考えると、シベリアというのはアジアじゃないんですね。地理的にはアジアと隣接しておりますけれども、そこにいるのはロシア人であって、ロシア人は白人であり、キリスト教徒であって、深くヨーロッパの中から、ヨーロッパの価値観を持って生まれてきている。太平洋もアメリカや豪州がその代表的存在ですが、アジアと言えるかどうか、また言うべきかどうか議論の対象になる。そういう、アジアという存在である我々が、初めて自称として、自分から自分のことをアジアと名付けるという意味で、それが成功するかどうかは別として、アジア地域統合問題の意味があるのだということであります。

では次に、そのようなものとして、アジア人がアジアを取り戻し、自らのものとしてこれを作り直す、統合するというとき、そんな動きが現実にあるのか、また、そんな統合を推し進めてゆく力がアジアの内部にあるのかという質問が当然出てくるわけで、その観点から、このアジア統合の動きについて触れてみたいと思うんです。アジアは着実に統合に向かっていることは否定できない事実です。これは客観的に観察される動きであって、地球から宇宙を見るとき、天動説では見えない現実が地動説によって明らかにされるのと同じように、着実に動いてゆくアジア地域統合の動きというものを観察することができるわけであります。

どういう力がアジアを統合に向かって突き進ませているか、三つの力が働いていることが否定できません。一つは、市場主導、マーケット主導の動きです。２番目は制度主導、インスティテューション主導の動きです。そして３番目が、理念指導、ビジョン、理想、アイデアが主導してゆく動きであります。これらの統合の主導していっている力とその動きを認識できないと、アジア地域統合について認識することもできません。まず、市場主導的な動きについて言うならば、これは言い換えると企業主導の動きということですね。これはプラザ合意という合意があって、日本円が一挙に戦後の円安体制から円高体制に転換した後の地域経済の動きであります。プラザ合意前っていうのは冷戦時代であって、冷戦時代というのはアメリカが日本を保護し、特別な面倒を見るという時代であったわけで、その保護下で日本の産業は当時、すべての商品・製品を日本国内で作ることができる、且つそれを世界中に輸出して、どこへ持っていっても売れる、安い商品を作ることができる、つまり自己完結的な経済大国であったと言われていますが、プラザ合意で一挙にその前提となる円安体制が、１ドル３６０円だったんですからね（最近円高が円安になったと言ったって1ドル１００円ぐらいの話で。３６０円がどんな円安だったかということは皆さん簡単に理解できると思いますが）、それが廃止されたあと日本の経済はすべての産業を日本国内で日本人だけでやるということが不可能なことを知り、１９７０年代にはＮＩＥＳ（Newly Industrializing Economies）と呼ばれた台湾、香港、シンガポールにどんどん工場を移して、投資をするようになったわけです。ところがすぐにこれら諸国は日本の技術や資本をわがものとして、日本の競争相手になってくるという状況のために、80年代になると今度は日本の企業がインドネシア、タイなどのＡＳＥＡＮ諸国に進出したわけであります。それが相手国の経済を立ち上がらせることになったわけです。

同じことが90年代には日本と中国の間で繰り返され、そして21世紀に入ってからの今日、今や日本の企業はベトナムであるとか、ミャンマーであるとかにまで押しかけて行って、そこで工場を建てて、日本人の技術者が最初は出かけていきますが、アジアの人たちは優秀ですからね、たちまちその程度の技術は彼らも身につけて、このために気がついてみると、この雁行形態というのは、雁が群れをなして飛んでいくとき、第一陣、第二陣、第三陣、第四陣というふうに飛び立っていくのですが、それと同じような雁行形態的な発展をもたらした力があり、それは今日も働き続けているんですね。それを主導しているのがマーケットであり企業であるわけです。これの存在を考えれば、アジア地域統合というのは決して、言葉の遊びで起こっている現象ではなく、着実に経済的な基盤をもって展開している地域事情であるということが分かると思います。

市場だけではありません、政府の動きを見ていると、政府もそういった地域の組織化に乗り出してきています。１９６７年にＡＳＥＡＮというものが結成されました。１９８９年にはＡＰＥＣが発足しております。１９９８年にはＡＰＴ（ASEAN Plus Three）が設立されております。ＡＳＥＡＮ10カ国と日中韓３カ国の計13カ国でが設立されております。これらを背景として、さらにＴＰＰ、あるいはＲＣＥＰ交渉というものもスタートしているのが今日の実情であります。制度主導の地域統合というのは、政府が頭を振らないと動きませんから、極めて政治的な展開となるわけで、その意味で、むしろ政府の動きについてはここに紹介したようなＡＳＥＡＮ、ＡＰＥＣ、ＡＰＴという流れが、地域統合に向かって着実に進んでいるものなのか、むしろ制度的には、あるいは政府の動きとして見た場合には、地域統合がむしろ難しいものであるということを示しているのであると、いう見方も、これを否定することはできないだろうと思うんですね。ですから、アジア統合の動きとして、ここに三つの動きを私は指摘したいと思うのですが、それはよく分析して結論を導き出すのでなければ、自動的に結論が自明であるというものではない、ということを指摘しておきたいのです。

最後に、理念主導で進んでいると思われる部分があります。そしてその担い手が先ほど申し上げたように知識共同体であります。エピステミック・コミュニティであります。エピステミック・コミュニティとしてどのようなものがあり、それらが、どのような役割を果たしているのかについて少し首を突っ込んで様子をのぞいてみたいと思います。その前にもう一度ＡＳＥＡＮというものをじっくりと見直してみる必要があると思うんです。ＡＳＥＡＮというのは10カ国からなると言われております。この地域は、東アジアの南半分という意味で、東南アジアと従来言われてきた地域でありますが、東南アジアというのはやはりインドネシアが一つの大きな中心的存在で、日本はかつて東南アジアのことを南洋と言っていたのですね。西洋・東洋に対して、北洋・南洋の南洋です。そのとき中心的な存在だったのがインドネシアです。インドネシアだけではなく、マレーシア、タイ、シンガポール、それにフィリピンを加えた国々がまず一体になったのが１９６７年のＡＳＥＡＮです。このときは、ベトナム、ラオス、カンボジア、ミャンマーなどはまだＡＳＥＡＮに入っておりません、というのも１９６７年の段階ではベトナム半島において、北ベトナムと南ベトナムの間にベトナム戦争がまだ戦われていたということがあったからであります。ということで、１９６７年のＡＳＥＡＮの発足というのは東南アジアが、自分たちの間の地域統合を進めたいという意欲を示したという意味で画期的なことではあったのですが、それが東南アジアの、しかもベトナム戦争の北側ではなくて南側、という広がりから広がりを拡大できなかったという状況が認められるわけです。

そういうときに１９８９年ですが、豪州などの提唱によってＡＰＥＣというのがつくられております。Asia-Pacific Economic Cooperation（アジア太平洋経済協力会議）です。非常に大きな広がりの傘をかけた提案で、最初は閣僚級の活動が中心でしたが、１９９３年にアメリカのシアトルで大統領や首相が出席する首脳会議を発足させ、さらに1994年にはボゴール宣言という地域の貿易自由化の野心的な目標を掲げたということがあって、この90年代で言うと、アジア地域統合という話を我々がするときのイメージとしては、ASEANではなくて、もうもっぱらAPECでしたね。APEC華やかなりし全盛期の姿があったということであります。

しかし、APECはその後伸び悩み、むしろ1998年のAPT（ASEAN＋3）の台頭によって、地域統合の主導的な地位をAPECはAPTによって取って代わられます。そのような状況がつい最近まで続いていたわけです。それで、APTを中心としてアジア地域統合が進むのではないかとさえ言われていたわけです。それがそうでなくなったのは、APTのTはThreeのTなんですが、日中韓の関係が全然良くならない、なるべき姿にならない、ということで、APT…どう考えたらいいのだろう、これを引き続き地域統合の目標として考えていっていいのだろうか、それともやっぱりこの際APECにもう一度戻ったほうが良いのではないだろうか、というような議論があるわけです。

目下政治的に日本政府が選択すべき二大選択肢として議論の対象になっているのは、TPPとRCEPですが、TPPはまさにAPECを流れを継ぐものであり、RCEPはAPTの流れを継ぐものであるわけです。そしてその両方の交渉がスタートしようとしているのが今年2013年であるということであります。私は二者択一する必要はなく両方とも日本は参加して、日本自身の経済力の強化を実現していくべきであろうと考えておりますが、状況といたしましては、APECとAPTが競合するような関係の中で、しかもAPECの背後にアメリカがあり、APTの背後に中国があるというようなことになると、なかなか難しい地域構造の構図になってくるのではないか。これらをどう裁いていくのか、それはエピステミック・コミュニティ、アジア地域統合の知識共同体の問われている力量であろうかと思っている次第であります。ここで、改めて理念主導的な役割を果たすべき知識共同体の役割が重視されると言わざるをえません。アジア統合の担い手としては、第一に企業があり、第二に政府があり、第三に知識共同体があると申し上げましたが、企業は引き続き頑張っているわけでありますが、企業は本質的に自分の会社がまず儲かるということが必要で、その論理にしたがってやるべきことをやっているとそれが結果的にアジア地域の統合を進めているという形になっているということであります。政府は国益の担い手として、常に地域統合についてもそれが国益に役立つのであれば、国益として採用しよう、しかしそうでなければそういう動きを続けることはできないというのが政府の立場であろうかと思います。これに対して知識共同体というものが誕生しております、そのことが今やアジア地域統合のビーコンになっているのではないか、最初にその理念としてアジア地域統合というものを打ち出したのは冒頭申し上げましたように、タゴールと岡倉天心であります。この二人が「アジアは一つ（Asia is one）」という有名な言葉を語った瞬間にアジア地域統合という理念が生まれたのであり、それがなければ何もなかったという、そこに知識共同体の果たす役割の独自性と同時に偉大さが表明されていると思うわけであります。しかし、タゴールと岡倉天心の発したシグナルはその後あまりにも高く舞い上がった星のように、現実の世界から忘れられている存在になっていたと思うのです。

その「アジアは一つ」という概念を作り直して見せたのは、１９９０年マレーシアのマハティール首相だったと言えると思います。マハティール首相はこのときＥＡＥＣ（East Asia Economic Caucus）という東アジアの……、経済共同体ではないけれども経済協力体、そういう東アジア諸国の集合体をつくることを提案したわけであります。この場合マハティールは、加盟国としてＡＳＥＡＮ10カ国と日中韓3カ国を頭においていたわけです。ところが１９９０年という時点において、１９９０年というのは冷戦が終わった直後ですが、アメリカは、マハティールのＥＡＥＣ構想はアメリカをアジアから追い出す試みであるというふうに受け止めて、ＥＡＥＣつぶしにかかったわけです。で、やはりアメリカの持っている外交力というものはそういうときに発揮されるので、日本を含めて最初はマハティールのＥＡＥＣ構想に関心を示していた諸国が次々と、アメリカのご機嫌を損ねるわけにはいかないというわけで、ＥＡＥＣ構想に反対はしないけれども参加できないという意思を表明する事態が続いていたわけです。これが１９９０年代です。そのようなときに「ＥＡＥＣはアメリカが反対しているから触れないことにしよう」という了解のもとで、シンガポールのゴー・チョクトン首相が１９９６年にアジアとヨーロッパの会議（ＡＳＥＭ）というものの設立を提案したわけです。ヨーロッパというのはＥＵですから参加国は決まっていて、あとアジアをどうするかということでしたが、ゴー・チョクトンはＡＳＥＡＮ＋３を頭に置いていました。ゴー・チョクトンが何を考えてＡＳＥＭなどと言うことを言い出したのか、それはアメリカにとって猜疑心をまねく動きではあったのですけれども、アジアとヨーロッパが対話をして、相互理解を深めるのに、アメリカが反対する理由は見つからないという中で、ゴー・チョクトンのＡＳＥＭ構想は事務的に進んでいっていたということが一方であるわけです。

ここで注目に値するのは、日本の果たした役割です。橋本龍太郎、日本の首相ですが、１９９７年の1月にシンガポールを訪ねて、「せっかくＡＳＥＭということでＡＳＥＡＮの10カ国が集まるのであれば、その10カ国と日本との会議を別にやろうじゃありませんか」と持ちかけたのです。ＡＳＥＡＮ＋１と言うんですね。それで、１９９7年の1月のことでしたけれども、「いつやろうか」というのは「12月にやろう」ということになったのでした。ところで、ＡＳＥＡＮというのは10カ国ありますが、議長は持ち回りで毎年変わるわけです。で、97年１２月のＡＳＥＡＮの持ち回りの議長はマレーシアでしたので、「クアラルンプールで97年の末にＡＰＴ＋１をやろう」という提案をしたわけですが、これを受けたＡＳＥＡＮ側が、「せっかくの機会だから、日本だけではなく、中国、韓国も呼びたい」という反対提案があり、もとより日本がこれに反対すべき理由はありませんので、それに合意することによって、結果的に１９９7年12月にＡＳＥＡＮと日中韓の13カ国がクアラルンプールで会合することが、97年の1月の時点で決まったという、外交の流れがあったわけです。

皆さんにお配りしたメモに「１９９7年アジア経済危機下で瓢箪《ひょうたん》から駒で誕生したＡＰＴ」と書いてあります

ね。これは非常に意味が深いことなのであります。突然、１９９７年の夏ですが、タイのバーツが急落してアジア経済は大変な危機の中に放り込まれたわけです。そういう中で、97年の12月、マレーシアのクアラルンプールでＡＳＥＡＮ10カ国と日中韓３カ国の首脳会議が開催される運びとなったわけです。８月に経済危機が起こってもう各国とも大変なことになっていました。韓国経済なんかももう破産寸前まで行き、インドネシアではスハルト政権が崩壊しました。そういう政治経済の重大な危機が生じた中で、そういうことはまったく想定していないまま、１９９７年12月クアラルンプールで、ＡＳＥＡＮ＋３の最初のサミットが開かれたわけです。そして、そこで矢継ぎ早やに経済危機への対処策が合意され、実行に移されていったのです。そのとき日本は非常に強力な役割を果たしました。これは日本にそのような経済力があったから可能だったことであったと言わねばなりません。それを見て、クアラルンプールで会合したＡＰＴ13カ国は、「１９９７年12月に会いましょう」ということで会った。「来年また会う」、約束もまったくなかったのですけれども、目の前の経済危機とそれに対する日本の支援のような展開を見て、これはもう「毎年やりたい」ということに話が急転していったわけです。アメリカはなすところを知らず、日本が中心になってアジア通貨基金（ＡＭＦ）をつくろうという動きなどに対しては、依然としてアメリカはこれをつぶしにかかるという動きがある中で、それを排除して「ＡＰＴの臨時一回限りの会合ではなく、毎年首脳が集まって、アジアの地域統合を進めましょう」ということが合意されたわけです。したがって、これは１９９７年のアジア経済危機というものがなければ、ＡＰＴ（ＡＳＥＡＮ＋３）というものの誕生はなかったんじゃないかと思うわけであります。

そういう中でマレーシアの動きというのが非常に重要であったと思います。マハティールさんは政治家ですけれども、同時に最高のシンクタンクマンであったとも言うことができるのではないか。このＡＰＴ（ＡＳＥＡＮ＋３）首脳会議をもり立ててゆくシンクタンク的な機能を持つ組織として、ＮＥＡＴ（Network of East Asian Think-tanks）が２００３年９月に北京で設立されたわけでありますが、その会議に出席した者の一人として、私もその雰囲気を皆さんにお伝えしておきたいと思います。このときは、このような97年アジア経済危機というプレッシャーのもとで、その必要があったればこそASEAN＋3という、かつてアメリカが排除したいと全力を上げたアジアのまとまりが推進され、そして実現されたということだと思います。その後もAPT首脳会議は毎年開催されて今日にいたっております。その傘のもとで、NEAT（東アジアシンクタンク連合）もまた活発な知識共同体、エピステミック・コミュニティとしての活動をしております。NEATがどのような活動をしてきたかについて、その詳細を今ここで語る時間はございませんが、羽場先生からご紹介のありました、『東アジア共同体白書』（たちばな出版）という600ページくらいの内容たっぷりの充実した報告書があります。日本を代表してNEATに参加している東アジア共同体評議会（CEAC）の報告書です。日本の側から見たNEATの活動そして東アジア地域統合のうねりのようなものの総括であるとご理解いただければと思います。この本は日本図書館協会の推薦図書にもなって、全国の図書館に備わっておりますので、皆さんも一度目を通していただければ、今日の講演では伝えきれなかった知識共同体としてのNEAT（東アジアシンクタンク連合）の活動の状況と、そこからどのような知恵が出され、それがどのような形でASEAN＋3首脳会議に報告されているか、専門用語でテイクノートと言うんですけれども、テイクノートされているかが、お分かりいただけると思います。

第9講 アジア地域の課題と国連

明石 康
（文責：羽場久美子）

皆さんこんにちは。明石でございます。私にとっては少し難しいテーマでお話しすることになりますが、「アジア地域の課題と国連」という題を頂戴して、私なりに私の経験を踏まえた話をしたいと思います。国連とアジアとの関係は、国連とアフリカとの関係とか、国連と中東地域との関係に比べると、ちょっと縁が薄いと言いますか、アジアと国連との関係はややいびつな一面もあるのではないかと思います。それには、冷戦時代の事情が色濃く反映しておるというふうに考えますので、私がどうしてそう考えるかについては、私の話の中でさらに説明したいと思っています。

アジアにおいては地域機構というものがいくつかあって、その中には皆さんご承知の、東南アジアの10カ国が加盟しているＡＳＥＡＮがあります。それから、西のほうに行きますと、南アジア、インドを中核にした、パキスタンやバングラデシュが一緒になったＳＡＡＲＣという、ＡＳＥＡＮの南アジアにおけるカウンターパートのような機構があります。さらに西に行くと今度は湾岸地域に、イランとサウジアラビアに挟まれた地域で、Gulf Cooperation Council、湾岸協力機構とも言うべき地域機構があります。またご承知のとおり、ＡＳＥＡＮの落とし子とも言うべきものとして、ＡＳＥＡＮ地域フォーラム、ASEAN Regional Forumがあり、これは、我が国も中国も入っているし、北朝鮮でさえも入っており、太平洋の向こう側のアメリカも入っている、かなり大きな紛争予防を中心とした機構があります、これは基本的にはＡＳＥＡＮの落とし子と言うべきものです。それから、ＡＰＥＣという加盟国の多い、経済を中心とした、太平洋を挟んだ、ラテンアメリカ諸国も入っている大きな機構があります。しかし、私は国連とそういう各地域との関係について考えてみますと、アフリカが一番国連とは親近感をもっているという気がしています。アフリカと国連の縁というのは、国連ができてからもう67年になりますけれど、その全期間を通じていろいろ関係が深いのです。

国連の平和維持活動、ＰＫＯ活動の一番始まりが１９４８年です。その最初につくられた国連のＰＫＯ活動はアフリカに接続した、中東地域のイスラエルとパレスチナの間に国連休戦監視機構ＵＮＴＳＯがあります。我々は「アンツォ」と呼んでいます。イスラエルという国が１９４８年につくられると同時に、その周辺のアラブ諸国はそういう国の創設は認められないということで、第一次中東戦争というのが起きました。それをともかくやめさせて、国連の休戦監視団というのができた。これは、将校レベルの軍人さんたちが各国から集まって、国連の名の下に休戦が破られて再び戦争にならないように、モニタリングをやる機構です。軍人さんたちが参加しますけれども、ピストルぐらいしか携行しない、ほとんどシビリアンと変わりのないような役割を果たしました。これが１９４８年です。それから、１９５６年には世界を震撼させたスエズ危機がありまして、そのときに国連緊急軍が現地に派遣されました。これが、その次の国連の大きな動きだった。それからしばらくして１９９３年にアフリカの東部のソマリアという所で、大変な深刻な人道危機がありました。ソマリアにおいては、国連のＰＫＯは本来武力は行使してはいけないけれども、冷戦が終わった当初で、国連も少し自信過剰もあり、ソマリアでは国連を支援するアメリカ軍その他の支援を得て武力行使がありました。

しかし国連は本来、どうしても戦争をするのは、得意ではないので、このソマリアにおける国連の制限された武力行使というのは失敗に終わりました。これはまさにアフリカの中で起きたことですね。それから、その翌年の９

4年には、アフリカの真ん中の小さい国、ルワンダという所で、ツチ族とフツ族の血で血を洗う惨劇がありまして、約80万人のツチ族がフツ族によってかなり計画的な形で惨殺された事件がありました。国連は小規模な数百人のPKOを派遣していたのだけれども、何十万人を動員した組織的な人道的な暴力に対しては、残念ながら国連は何も手が出なかったわけです。アフリカの中でもっとも大きい国はスーダンという国でしたが、それも南のほうで、南部スーダンが独立したので、スーダンは一番の国ではなくなりました。2番目に大きい国としてコンゴ民主共和国がありまして、その国の東部地域で国連はかなり大きな平和維持活動を展開して現在に至っています。それから1年か半年の間にその北のほうで、マリという所、マリに入ってきた極端な勢力、それに対してマリの政府がフランスからの助けを得て、それを武力で鎮圧するということがありました。フランスは自力ではマリの政変を鎮圧できないので、どうしても国連とアフリカの中のECOWASという西部地域の地域機構が合体して、マリでともかくも平和維持をやりました。こういう過程を見ると、アフリカと国連との関係は非常に錯綜していますけども大変密接な関係があります。PKOに関してもいろいろな種類のPKOが展開されて現在に至っているわけです。最初に申し上げた丸腰のモニタリングを中心とするPKOから、第四世代目のPKOというのは、PKOとしてほぼ限界の、ぎりぎりの線で自衛のために、役割を果たす、最小限の武力の行使だけは許されているというPKOが展開されています。

それでは、次に肝心の話であるアジアに関しては国連とどういう関係にあるかと申します。これも非常に重要な出来事が続きます。まず一番記憶に残るのは1950年に朝鮮戦争があった。1950年というと、アメリカと当時のソ連ががっぷりと二つに組んで、下手をすると核戦争が起きるという恐怖の中に、アメリカを中心とする自由主義陣営と、ソ連を中心とする共産主義陣営が対峙しあった時代です。そのときに北朝鮮から、南側の韓国にかなり大規模な形で軍が侵略をしてきました。それに対抗するために、アメリカを中心として国連はそうした侵略を排除するための国際軍を組織した。本来であったら国連の安保理においてはソ連は拒否権を持っているので、アメリカが何を言おうとそれを防ぐことはできたはずですが、たまたま中国の代表権の問題で国連は上を下への大騒ぎをしていて、中国の代表権は朝鮮戦争のあと、台湾海峡を越えて台湾に逃れて行った国民政府が国連で代表権を持っていたのです。それでソ連は、国民政府は中国を代表する権利はないと、それは北京にできた中国の共産政権でなければいけないというので、問題がこじれ、これが解決されたのはやっと1971年にキッシンジャーが北京に飛んで、毛沢東や周恩来と話をしたあとで解決することになったわけです。

とにかく、この中国代表権の問題があったのでソ連は安保理をボイコットしていた。そのためにアメリカは安保理でともかくも多数の国の賛成を得て、朝鮮戦争における国連の具体的な対応が可能になった。この朝鮮戦争のときのアメリカを中心とする連合軍は、国連軍というふうに称されていますけれども、ほんとうの国連軍ではない。国連憲章の中に規定してあるほんとうの国連軍というのはまだできていません。国連軍がどうあるべきか、どれくらいの兵力を持つべきかについての、大きな国の間の対立があまりにも大きいので、ほんとうはできてないのです。ですから、朝鮮戦争のときに派遣されたのは、アメリカを中心とする多国籍軍であったわけです。そういう時代、国連としては、どっぷりと冷たい戦争に関与することに関係させられたわけです。

それから、1947年、1948年のあたりにインドとパキスタンが戦争をしました。本来一緒になっていたインドとパキスタンですが、イギリスから独立するにあたって、やはり宗教を中心として二つの国に分かれ、このインドとパキスタンの間で、国境地域、カシミールという風光明媚ないい所をめぐって帰属を争う事件が起きました。それをやめさせるために国連からUNMOGIPというPKOが派遣されることになった。それから、1990年代に冷戦が終わってからですけれども、カンボジアにかなり大規模なUNTACという平和維持の部隊、総数2万2000人ですから、当時としてはもっとも大きな国連の平和維持活動が展開されたわけです。私はそれの最高責任者の役を務めさせられたわけですけど、これが1992～1993年に国連のUNTACというPKO活動として展開しました。

それから7～8年たってから、インドネシアの東部にある東ティモールにおいて国連が主催する人民投票が行われて、多数のティモール人は独立しようとした。これが気にくわないというので、インドネシア系の政府が反抗しまして、東ティモールは大混乱に陥ったけれども、これについてはオーストラリアを中心とする国連の多国籍軍が、それに次いで国連自体が組織するＰＫＯ活動が現地に派遣されました。

それから、皆さんが新聞とかテレビをご覧になってしょっちゅう出てくるシリアの問題が現在あります。国連も、ブラヒミという私のよく知っている、大変老練で賢い、元・アルジェリア外務大臣をやった人が国連を代表してシリアの問題をなんとか解決しようとして一生懸命やっています。しかし、シリアの混迷というのは甚だ深刻で、今のところトンネルの先に明かりは見えない。でも、もしシリアの問題で、関係する部族の間で、党派の間で何か妥協が成立するならば、おそらく国連はＰＫＯ、しかも第四世代の一番最新の武器とか兵器を持った、しかしそれを制約的に使う第四世代のＰＫＯというのが派遣されることになると思います。

また、近年アジアにおいては、スリランカと国連の問題がアジアの一部として浮上してきております。スリランカという国は、国内でタミル系の少数民族と、シンハラ人という仏教徒が多いですが、その多数派との間で約30年間、国内の民族紛争が行われました。この民族紛争がやっと２００９年に終わった。少数派のタミル人の武装勢力はテロ行為も行いましたが、これが鎮圧されて、一応国は平和になりました。しかし、一応戦禍がなくなったとしても、それは真の平和とは言えないわけです。そんなことでスリランカをほんとうに統一的な平和な民主国家にするためのポスト・コンフリクトの平和構築というのが真剣に行われています。同時に、シンハラ人、タミル人を含む、一人一人の人権の問題が非常に大きく中心課題になってきているわけです。

他方２０１３年には、アメリカのオバマ政権において外交問題を担当する人たちの一部交代が行われている。今までオバマ政権の国連代表をやっておったスーザン・ライスという人が、ホワイトハウスに移って外交問題に関してオバマ大統領を助ける重要なアドバイザーになっていた。このライスさんの後任としてはサマンサ・パワーというこれまた女性の人権活動家がなるということになった。その意味ではアメリカの外交において何か力点の移行というのが行われる可能生があり注目いたしました。

皆さん、国連と言うと、ニューヨークにおける国連総会とか、安全保障理事会、そのどちらかを思い浮かべると思いますけれども、国連はいろんな顔を持っています。ニューヨークでのそういう平和・安全に影響する仕事のほかに、ジュネーヴにおける人権をめぐるややイデオロギー的な戦いというのがもう一つあるわけです。それから、開発途上国の現場における開発の問題とか、貧困の問題をどうやって解決するとか、国連のいろいろな顔が存在するわけです。そんなことで、ニューヨークにおける国連がどうしても我々の印象に浮かんでくる。これからはジュネーヴにおける人権をめぐる問題というのが、ニューヨークと同じように中心課題になってく可能性があると思います。

今日は滅多にない機会なので、アジアと国連について、早足でいろいろなことを触れたいと思います。アジアと国連との関係の中で、とても大事なエピソードが歴史の上でいくつか過去60年間にあったということを記憶していただければありがたいと思います。まず、国連はアジアにとって非常に関心のあることを一つやりました。実は東南アジアのインドネシアという国、ASEANの中で一番人口の多い大事な国ですけれども、このインドネシアはオランダの植民地だったけれども、戦後まもなくオランダから独立することを決めたわけです。ところが第二次大戦が終わって、オランダ軍がインドネシアに帰ってきました。それで、独立を目指すインド人たちは、武力に訴えてもオランダに抵抗しようという気持ちになったわけです。その間にあって、インドとオーストラリア、この2カ国が一緒になって、オランダがインドネシアに戻ってきて、また植民地政治をやるというのは問題であると。国連がその間に立って調停をすべきであると、安保理事会が決めました。国連は自ら調停案を作り、オランダとインドネシアの間の斡旋に努めました。その結果めでたくインドネシアは独立国として自立することになりました。このプロセスで国連は非常に前向きな積極的な役割を果たしたわけで、その後、アジア中東、アフリカ、それぞれの地域において、植民地だった国を次から次に独立させる、そういう「産婆役」を国連は務めたわけです。これはきわめて重要な役割と言えます。それから、先ほどちょっと触れましたが、インドとパキスタンの間の第一回の印パ戦争にあたって、国連はともかくもう戦争という血なまぐさい戦いはやめてほしいと、その平和維持活動を現地に派遣したんですけど、これは1948年から現在までずっと続いています。では国連はなんで問題を解決してさっさと撤退しないのかと皆さん思われるかもしれませんが、問題の解決というのはそんなに優しくないのです。パキスタンはこのカシミール地域で、民意の確認といいますか、住民たちがインドにつこうとしているのか、パキスタンにつこうとしているのか、民族自決の原則にしたがってきちんと判断して帰属を決めるべきだと言っていました。しかし、インドはそれに猛反対して現在に至っているわけです。ですから、戦争をやめることも容易ではないけど、一応やめたとしても、それに代わる恒久的な解決策を見いだすというのは容易ではありません。イスラエルとパレスチナをめぐるそういう新しい平和の発見というのも容易なことではないわけです。そんなことで、カシミールをめぐる印パの対立というのはまだ続いているわけです。

それから、先ほど触れたように朝鮮戦争のときには、ソ連が欠席したこともあって、アメリカが多国籍軍を派遣することができたと言いました。そういう強面の、強制型の国連軍というのが朝鮮半島に派遣され、北から攻め込んできた軍隊を38度線よりも北のほうに押し返すことができた。ソ連はそれで安保理をボイコットして欠席したので、しまったと思って安保理に帰ってきて、そのために朝鮮戦争に関しては、安保理は行動できなくなるのですね。それで、アメリカは知恵を働かせて、この問題を安保理から国連総会に持っていくことを決めたのです。国連総会は本来そういうことをやることになっていなかったのですが、総会においてアメリカを中心に、平和のための結集決議というのが採択された。安保理が行動を取らないときは総会が、これは勧告の形にすぎないが、ともかくも決議を採択できるということになったのです。

90年代になって冷戦は終わったと、これから国連を中心とする平和の時代に入るということで、世界中の人は胸を膨らませたわけです。ポスト冷戦期において、初めに行われた大規模な国連の平和維持活動というのはカンボジアで行われた。実は、カンボジアにおけるＵＮＴＡＣの総責任者を私が務めることになりまして、カンボジアのシハヌーク殿下との二人三脚を行い、ともかくも国連全体に、冷戦は終わった、みんな仲良くして新しい世界をつくろうという機運が満ち満ちておりました。安保理の常任理事国の間でも、アジア諸国の間でも、非常にそういう対話の機運が強かったので、とにかくチームワークに基づいてやりましょうということになりました。カンボジアはポルポト派の抵抗があって、一時危機状態になりましたけれども、ともかくも目的を達成して、一年半後に国連ＰＫＯを現地からきれいさっぱりと撤退することができました。それから、90年代の終わりごろ、東ティモールがインドネシアから独立して一人前の国になったわけですけれども、この東ティモールにも国連は、カンボジアに比べると小規模なＰＫＯ活動ですけれども、それを派遣して、ともかくも新しい小さな国をインドネシアの東側につくり上げました。これが現在に至っているわけですね。

ここでちょっと注意してほしいのは、カンボジアにおけるＰＫＯ活動には、いろいろ国連ＰＫＯに習熟しておる国も10カ国以上参加しましたが、我が国と中国とそれからドイツ、この三つの国は初めて、若葉マークの国連ＰＫＯ参加を達成したのです。私にとって非常にうれしかったわけですが、日本と中国は今、非常にぎすぎすした緊張関係にありますけども、国連の枠内で、ＰＫＯをお互いに施設部隊を派遣して、非常にむつまじいような友好的な関係をＵＮＴＡＣの中でつくることができました。また、中国はポルポト派とも親しい関係にあったので、私は中国の当時の外務大臣とか外務次官と連絡して、ポルポト派を国連に協力するように説得することを中国にお願いして、協力を得ることができたわけです。その頃私の国連スタッフとして協力してくれた中国人が何人かが、今、中国の外交上極めて重要な役割に就いたのを私は非常にうれしく思いました。２０１３年4月に北京に行ったときに、そのうちの何人かと久しく話をしてきました。

それから、アジアにおける他の問題でも、その処理の上で国連ないしは国連の機関が関係してきております。例えば、タイとカンボジアの国境にはプレアヴィヒア寺院という古い仏教寺院がありまして、この所属をめぐって、タイとカンボジアはいろいろ対立を続けてきました。国際司法裁判所、これは国連の一部ですけども、国際司法裁判所に持っていかれてですね、1962年にその判決が出ました。判決によると、このプレアヴィヒアのお寺はカンボジアに属することになった。しかしながら、いや、タイのほうの立場が正しいという三人の裁判所の判事がおりました。その三人の一人は日本の判事で田中耕太郎という人です。それから、二人目は中国人の判事でこれまた有名な人です。三人目はこの国際司法裁判所の裁判長でオーストラリア人だった。で、確かにカンボジアが多数の支持を得て勝ったけど。三人の判事が少数意見を出した、タイ側も負けたとは思わなかった。それほど立派な少数意見だったわけですね。そんなことで、国際司法裁判所までいった問題ですが、その後また対立が続きました。これでご覧になるように、裁判所に持って行ったからというので、国内では大体それで、最高裁判所までいけば決まりますよね。しかし国際社会ではなかなかそこまでいかない。それが難しいところであって。その後も国際司法裁判所はこの問題で再び意見を出すことがありました。幸いにしてタイとカンボジアは両政府が知恵を働かせて現在この問題はほぼ解決したということが言ってもいいと思います。

それから、もう一つだけ皆さんに報告したいのですけども、あまり報道されてない、スリランカにおける民族紛争です。先ほど少し触れましたが、インドの南にある、インド洋上に浮かんだジャガイモのような形をした小さい国がスリランカという国です。大きさはほぼ北海道と同じくらい、人口は約2000万人いる国ですけども、人口の7割強をシンハラ系の仏教徒が、また、2割近くをタミル系のヒンドゥー教徒が占めております。30年間の紛争を続けてきました。2009年にタミル系の少数派、「タミル・イーラム解放のトラ」というあだ名が付けられていましたが、これが軍事的に敗北して、軍事的な抵抗勢力としてはもうなくなりました。しかし、その後も国連のジュネーヴの人権理事会での審議は続いております。私はこのスリランカの問題で、日本政府の代表を務めスリランカを訪ねて、できるだけスリランカの中の多数民族と少数民族がお互いに友好的になり、国連もまた人権がきちんと守られているということで満足するような関係になるように努めているわけです。実は2013年の3月、国連の人権理事会にアメリカが決議案を出しました。スリランカはいろいろ平和のためにやっているけれども、まだまだほんとうに多数民族と少数民族が信頼しあえるような関係になってない。スリランカ政府はまだやることがたくさんあるというスリランカを批判する決議案を作り、これが多数の支持を得て人権理事会を通りました。アメリカは日本にもその決議案を支持するように働きかけてきました。しかしその審議の真最中にスリランカからラージャパクサという大統領が東京に訪ねてきて安倍総理と会談しました。安倍総理がこの大統領に会う前に私は大統領に会って、いろいろ国際社会の思う方向で譲歩するように話をしたわけです。約2時間話をしたわけですけれども、まあ大統領も日本の考えを考慮に入れていくつかの譲歩をしてくれました。それで日本はアメリカに賛成しないで棄権することにしました。当時の日本としてはそれが一番いい解決策に思われたけれども、アメリカにはある不満が残ったと思います。

以上のように、アジアと国連との間の関係を律する問題について皆さんに話しました。それで、最終的には、アジアと国連との関係はなかなか、簡単そうに見えるけれども複雑であると、いうことを皆さんおわかりになったと思います。そこからいくつかの結論が生まれてきます。まず最初の結論は、冷たい戦争がアメリカとソ連を中心として行われたので、その冷たい戦争によってアジア諸国と国連との関係もそうスムーズではない、ゆがめられた形になっていったということが言えると思います。今でもご承知のとおり、朝鮮半島においては南北の対立が依然続いていますし。中国は台湾を国連から追い出すのには成功したけれど、台湾を軍事的に占拠することはできないままでいるわけです。そういう意味では冷たい戦争はヨーロッパでは終わったが、アジアではまだ終わってないということが言えると思います。

それから、二つ目は、我々はグローバル時代に入った、国境は易々と越えられる時代になった、情報も物もサービスも、あるいは感染症のようなものまでも、国境を易々と越えてグローバル化時代が始まったというふうに考える人も多いわけですけれども、アジアをよく見てみると、まだ古い国家主権の意識が牢固として残っているんですね。その点アフリカのほうがアジアより進んでいると言えるかもしれません。そんなことで国連が、ないしは人権理事会が何を言おうとも、それに反発する勢力がアジアのいろんな所で存在しているわけです。

世界全体をとるとほんとに不幸な、例えば大虐殺が行われているような所に国連のような機関がそれをやめさせるために介入していくというのは是認されるべきだという人道的介入、最近は「保護する責任」という言葉になっていますけれども、それを認めるべきだという声が大きくなっている。しかし、アジアではちょっと待てよと、それはまあ良く聞こえるけれども、そう簡単に国際社会が易々とアジアの中に入ってくるというのは許されるべきではないという慎重論も多いわけです。そういう国際社会の介入によって過去においていろいろ痛い目に遭わされた記憶が、中国とかインドにはまだ強いわけです。そんなことで、戦争を起こした張本人に関しては、今や国際司法裁判所のほかに国際刑事裁判所というのもつくられているわけです。しかし、カンボジアにおいてはそういう国際的な裁判所をつくるのではなくて、１９７０年代後半のポルポトによる恐怖政治が行われたカンボジア、ここにおいては１７０万人のカンボジアの人が無残な形で死亡したと言われており、この戦争犯罪を裁判するにあたっては、カンボジアは国際法廷ではなくて、国内に特別法廷をつくって裁判している。これには日本も半分近いお金を出して上げているけれども、遅々として裁判が進みません。容疑者になっている人たちはもう80代の後半を越えている人もいるのでもっとスピードアップしてほしいと思っています。こういう場合に、国際裁判をやるべきか、国内裁判をやるべきかということに関しては、基本的に私は国内裁判で裁いたほうがいいと思います。国際裁判だと、どこかから来た外国人が、外国の基準で裁判するのを面白くないという人が多いと思うのです。だから国内裁判のほうがいいかもしれない。しかしながら、裁判所が使うべき基準は国際的に認められた基準・尺度でやるべきだと思います。最終的な目的は、人を裁くというよりも、その国のすべての民族が納得できるようなそういう国民的な和解を成立させることではないかと私は考えています。そんなことで、裁判のやり方についてはいろいろやり方があると思いますけども、それぞれの地域それぞれの国で、多少やり方が違ってきても致し方ないと思います。90歳代で、大変老齢になっている南アフリカのネルソン・マンデラ（2013年12月5日死去）は、ほんとうにアフリカが生んだもっとも優れた政治的天才の一人ですけれども。ネルソン・マンデラは、やはりヨーロッパ的な欧米的な方法ではなくて、アジアとかアフリカはそういう土着の知恵があるのだから自分たちで判断し裁くべきだと言っております。裁判をやろうとしても、何万人、何十万人を裁判する、そういう時間的な余裕も財政的な余裕も我々の国は持ってないのだ、したがって、いろいろな国の残虐行為があったわけだけれども、それに対して真相はどういうことだったのか、それについての責任は誰が持つべきなのかということを十分に解明し、またその下手人が本当に心の底から悔い改めるならばそれを許すと、そういう和解の行為というのがアフリカとかアジアの歴史的な知恵として存在するんじゃないかということを彼は言っておりました。ラテンアメリカ諸国、アフリカのいくつかの国、また、アジアの東ティモールを含むいくつかの国で、これは、そういう真実と和解という形で行われているというのが現状であります。

また、私は、平和も大事だけども人権も大事だという考えが強くなってきていると申し上げました。しかしながら、人権を定着させるというのはなかなか容易ではない。スリランカの例を取って見ますと、このタミル系の人とシンハラ系の人たちは何世紀も、おそらく1000年以上にわたっていろいろ力の支配を繰り返して現在にいたっていますし、ここ30年間をとってみても非常に難しい状態があったわけで、そういう意味ではヨーロッパ的な明確な基準に基づいて人道面・人権面から裁断するのがいいことなのか、それともアジア的な方法で問題の解決を得たほうがいいのか、そういうことについていろいろ議論が戦わされています。それで、我が国がスリランカでやろうとしていることは、基本的には人権の立場に明確に立つと、しかしながらできれば、多数派と少数派がお互いに協力し合えるような寄り添うような形でお互いの距離を縮めていくと、そのプロセスにおいてはお互いのメンツを潰さないように、退路を遮断しないようになんとか和解の道を探ると、また、そういう話し合いはすべてを公開してしまうと、譲歩しにくくなるので、非公開の外交というのも必要に応じてはこれを加味するというふうにやっています。こういうやり方は一見するとあんまりはっきりしない、奥歯にものの挟まったようなやり方に思われるので、良くないというNGOとか人権団体もおるわけですけれども、どちらがいいのかは非常に悩ましい問題だと思います。

とにかく、アフリカとかラテンアメリカに比べると、アジアにおいては全体として、アジア全体を地域として考える見方が遅れていると思います。その背景にはアジアがいかにも大きすぎると。広がりがあり、また深さがある。それから、アジアの中のいろんな地域の間の違いが、覆いきれないというのがあると思います。また、ヨーロッパでは、国のサイズがそんなに違いません、一番大きい国はドイツ、イギリス、フランス、次はイタリアあたりです。しかし、アジアにおいては図体の特別大きい中国があり、インドがあり、その次には我が国日本があるわけです。小さい国もたくさんあるし。また大きな国にすぐ追いつきそうなインドネシアのような国もあります。そういうことで大国、ミドルパワー、それから小国と、非常にアジアは複雑です。そういう意味で、私はアジア全体を包含した地域機構というものをつくるのはなかなか難しいと思っています。

そうするとどうればいいか、今現在やっているように、南インドを中心とするSAARCのような機構、それから、湾岸諸国を含むグループ。そういうサブ地域的な機構をまずつくり上げて、十分に経験を積むことが大事であるような気がします。それから、これは非常に希望を持たせますけれども、インドネシアのアチェとか、フィリピンのミンダナオで成功しているように見える、交渉を通じた平和の追求というのがいいのではないかと思います。これはきちんとした方法論に基づいているのではなくて、また理論は特にないのですが、アドホックなやり方で、アジアの場合EUとASEANの協力に基づいて、フィンランドの大統領もやったアハティサーリという人が中心になって妥協案をつくったのですね。ミンダナオの問題は今のフィリピン政府の賛同を得て、ASEANの中の一角であるマレーシアが音頭取りをやって、これにはほかのいろんな国、日本も加わって、NGOの平和を目指す団体も一緒になって頑張っておるという状況があります。

最後に結論として、国連憲章の第8章が地域的取極、地域協力についていろいろ述べています。私の話でおわかりになるように、アジアにおいては地域協力というのがラテンアメリカ、アフリカ、ヨーロッパとの比較において必ずしも完璧に行われたということは言えないわけです。ヨーロッパはある意味では一番進んでおり、ヨーロッパ連合というのは立派に機能しているわけですね。そういう意味で、アジアにおいてはASEANを一つの大事な核として、その経験に基づいて地域協力を拡大していくというのが一番良さそうに思います。その中心となるべき国は、やはり中国とかインドとか日本であるべきだと思いますので、これらの国々の知恵と、また、自制の精神、協力に基づいて、国連とのグローバルな協力と、アジア地域とのリージョナルな協力をかみ合わせながら進んでいくべきだと思います。これに続くものとしてインドネシアとか、韓国の役割も大きくなっていくと思います。こういうものをつくっていくにあたっては、やはりアメリカのような腕っ節の強い、またソフトパワーもある国、ロシアのような国もアジアの北にある大事な国です。さらに、日本からは離れておりますけれども、地域協力で一番豊かな経験を持っているEU諸国との理解と協力というものもますますこれから大事になってくると思われます。非常にいろんなことについて触れて、皆さん今日の話の中心がどこにあったのかちょっと分からないという感じももたれるかもしれませんけども、アジア全体を論じる場合は、やはりいろいろなケーススタディというものを踏まえた上でアジア全体を論じることが必要であるので、是非アジアと国連のケーススタディをきちんと学んでいただければ幸いです。ありがとうございました。

第10講　いま、なぜアジア共同体なのか

鄭　俊坤

アジア共同体講座について

今日はアジア共同体とは何を意味するのか、なぜこれが必要なのか、そして皆さんとどのような関連があるのか、また皆さんができることは何か、発表者の経験などを交えて、皆さんと一緒に考える時間にしていきたいと思います。

実際、このアジア共同体の授業は、アジアの多くの大学で行われています。現在47の国と地域で約４４０の大学に広がり、約２６０校の大学で講義が行われ、さらに１８０以上の大学が講座開設のための準備をしている状況です。この講座は基本的に各大学においてオムニバス授業で行われています。一人の人間を理解するためには、顔などの外見の見えるところだけでなく、コミュニケーションを交わすことによって性格や趣味やあらゆる視点から見る必要があります。同じく、国家などの共同体を理解するには様々な側面からアプローチをしなければなりません。一般的にアジア共同体へのアプローチは、政治、経済、安全保障、環境、エネルギーなどからが主なものです。しかし、財団はそれだけではなく、文化、歴史、教育、芸術、あるいはスポーツなどのあらゆる学問的な領域からアプローチをして、アジア共同体の理解と創成に繋げていきます。

もう一つの特徴は、アジア共同体講座を教養課程の科目の一つとしていることです。学生たちには教養課程において、幅広いアジアに対する理解を得た上で専門領域に進んで欲しいと思います。自分がアジアとどのような関わりがあるのか、アジアでの自分の役割は何であるのかについて、考えて欲しいです。自分とアジアと世界との関わりについて、どのような問題意識を持って、専門の研究に入るのか、そのようなきっかけにしてほしいのです。財団が共同体のビジョンを提示したり、モデルを提案したりすることはありません。次の世代の主役となる学生の皆さんに、共同体について考えて欲しいのです。既成世代が思っている国家意識と価値観は、20代の学生の皆さんが考えていることとは異なるはずです。

例えば、アジア共同体について、アジアの大学生たちにアンケート調査を2年前に行ったことがあります。そこでは、一般の研究者が考えているアプローチと、平均年齢20歳の学生たちが考えているアプローチは異なっていました。それは、政治、経済でもなければ、安全保障でも、環境でもない。既存の学者が考えているアプローチではなかったのです。彼らは人的交流、教育、文化交流、政府の意志、などの順に答えています。このような若い学生達の視点に立って、今後、アジア共同体の形成に向けて、さらに活動していただきたいと願っております。

アジア共同体についての問題提起——近代国民国家について

一般的にアジア共同体について話をすると、学生の中には国家というものを否定するイメージを持っている人がいます。「一つの国民国家をつくったのに、この国はこれからどうなりますか」、「アジア共同体の形成によって、国家の形がどのように変わりますか」、「国は今後どうなりますか、国はなくなりますか」、などといった質問を受けたことがあります。国家がなくなることことよりも、これまでの国家の役割やあり方などが時代と共に大きく変化することを意味します。

これまで歴史の中で様々な形態の共同体が存在しました。国家も様々な形態の共同体の中の一つに過ぎないのです。この講義の中で取り上げている国民国家は、一つの文明のなかの制度として受け入れたものです。それはこれまで非常に重要な役割を担ってきました。国民国家を形成することによって、個人の自由や平等、生活の質、福祉をよりよい形で享受することができるようになりました。国民国家があったがゆえに、それ以前より自由と豊かさを手に入れているのです。しかし、この国民国家が今までの役割と形で、これからもずっと存続し続けることができるのか、それについては疑問を持たざるを得ません。単に国民国家を否定するのではなく、その問題点や限界があるとすれば、それは変化していかなければなりません。

国民国家は新しい近代文明として、日本に導入されました。例えば、日本の場合は明治維新を通じて国家の形を変え、近代国家をつくり上げてきました。それによって、日本は世界でもトップクラスの非常に素晴らしい国家を作りました。しかし今日に至り、実際多くの限界、問題、矛盾が現れていることも事実です。今日において、国民国家は制度と思想としての限界だけではなく、もう一つの問題点を抱えています。

近代国民国家の形成には、三つの要素があったと言われています。正統性の原理としての民主主義、それから組織原理としての自由主義です。最後に、国民を心理的に統合するために、ナショナリズムが必要だったのです。近代国民国家では人々を一つに心理的に統合するために、国民のアイデンティティを形成する必要があったのです。心の中に一体感を持たせ、国民がその中でエネルギーを発揮できるような統合のプロセスが必要だったのです。国民を一つに束ねるプロセスがあったのです。国民が一つになって素晴らしい国家をつくるという歴史を、それぞれの国は持っています。国はそれぞれ異なる年月をかけて国民を形成してきました。しかしこのことは、時に他者（他国・他民族）に対しては内なる壁をつくってしまうのです。他の国に対して、心の中で見えない壁、あるいは偏見をつくる可能性があるのです。例えば、ナショナリズムの研究においても盛んに行われていますが、文化、言葉、文学、歴史や考古学、メディアなど、あらゆる学問がそういう手助けをしてきたのです。国民は国家単位でものごとを考え、判断し、行動することに慣れています。

以上のことを踏まえ問題提起をすると、文明としての制度がもっている国家の壁、そしてその国民国家の形成プロセスにおいて人々が心の内面に持っている心理的な壁（内面的な壁）、この二つの壁をグローバル社会の中でどのように解決していくのかが、アジア共同体論のテーマです。

アジア共同体へのアプローチ

アジア共同体に関しては、大きく分けて二つのアプローチが考えられます。一つは構造機能的なアプローチ、いわゆる政治や経済や安全保障、環境というアプローチです。既存の研究の殆どがこの側面からのアプローチをしています。自国にとってメリットがあるのか、アジアにどういったメリットをもたらすのか。国家にとってどのようなメリットがあるのかという視点です。こういう構造機能的アプローチの視点は、国家が焦点となるのです。このアプローチは、もちろん最終的には個人に繋がっていくのですが、個人に焦点を当てるのではありません。国家間という全体のカテゴリーの中でアプローチしているがゆえに、個人が何をなすべきなのか、個人にとって具体的にどういうメリットがあるのかが分かりづらいのが実情です。国益という非常に抽象的な概念が、個人にどのように繋がっていくのか。例えば、農業も工業もどちらも国益に繋がりますが、その時にどちらを選択するのが国益に繋がるのか。

もう一つのアプローチは、社会、文化、教育的な視点からのアプローチです。これは個人に焦点を当てたアプローチです。冒頭で話しましたが、アジア5カ国の首都圏の大学生、東京、北京、ソウル、デリー、ジャカルタ、そしてアメリカの西海岸にあるアジアの留学生を対象に、アジア共同体についてのアンケート調査の結果があります。対象者の平均年齢は20・63歳で、大学の1、2年生が中心です。アジア共同体の可能性があると回答したのが34%。アジア共同体が必要であるとの答えは55%でした。そして注目したいことは、アジア共同体の形成のために最も必要なアプローチ方法は何か、についての答えです。優先順位をつけ、複数答えるようになっていましたが、第一番目に「人的交流」が最も重要であると考えていました。お互いに顔がわかる形での交流を通じて理解していく。既存のメディアや歴史的な書物を通した間接的な理解ではなくて、直接顔を合わせて言葉を交わすことです。その国を考える時に人々の顔が浮かぶような、そういう交流が必要であるとのことです。

二番目は、教育です。このアジア共同体論講座がアジア中に広がっているのも、その一環だと思います。お互いを理解できるツールとして、ロシア語、中国語、韓国語などの近隣諸国の語学を身につけることは非常に有意義なことです。最近は、アジアの言語や文化を勉強する機会、アジアに関する講座、またアジア関連研究所も増え、またアジア共同体研究センターも設立されています。これも時代が要請している流れです。

三番目は、文化交流です。特に日本の学生の回答に最も多かったものです。文化のギャップによってお互いの理解が妨げられることがよくあります。文化は我々の考え方や行動を制限する場合があります。例えば、日本人が日本の文化の中でだけで考え、行動すると限界があります。そういう意味で、自国の文化に拘束されず、相手の文化を理解することは非常に重要です。

四番目は、政府の意思です。インドやインドネシアの学生に最も多かった回答です。アジア共同体についての研究者の研究よりも、その分野では素人である学生達が答えたアプローチのほうが、時間はかかりますがアジア共同体に向けて、後戻りすることなく着実に前進していくことができます。私は寿司が大好きで、帰りに寿司を食べたいと思っていますが、日韓関係が悪くなったからといって、寿司を食べないわけにはいきません。生きていく上で、体で覚えた文化的な親しみはなかなか変えることができないのです。そもそも共同体という概念の中では、個人間の親密感、相互の繋がり、感情的な深い繋がり、道徳的な確信、社会的な連帯感・凝集力、時間的・空間的な連続性、というものが重要な要素となっています。世界中が格差の問題を抱えていますが、格差によって社会に見えない壁が生まれてくるのです。国民国家が目指した国民の統合は見えない壁をなくすことでもありました。そういう意味で、制度的な構造機能的なアプローチよりもより根本的なアプローチとして、文化交流や人的交流や教育が重要であると言わざるを得ません。このようなアプローチを通じて、新しい考え方、価値観が生まれてくる可能性が十分にあるのです。

内面的な壁とアイデンティティ

アイデンティティ、ナショナリズム、国家、民族については具体的に理解することは簡単ではありません。そこで一つ事例を、自己紹介も兼ねて話します。私は約30年前、日本について関心を持って、特に、文化や政治について勉強するために日本に来ました。今は、韓国よりも日本での生活が長くなりました。日本に対する考え方、知識、様々な人間関係などは当然日本に来る前と今ではかなり変わりました。日本についての考え方や視点が変わっただけではなく、韓国についても変わりました。表現が正しいかどうかはわかりませんが、より客観的に見るようになりました。アイデンティティも変わっていくものです。民族というアイデンティティは変わらないが、新しい情報や知識、そして関係、経験によって、人間は変わっていくのです。生まれながら、生涯一つのアイデンティティだけを持って生き続けることはありません。アジア各国を回ることで、アジアに対する理解も考え方も変わりました。人々に対するイメージも変わりました。今まで持っていた心の中の壁も少しずつ変わりつつあります。

私の子供は日本で生まれ育ちました。国籍は韓国です。家では韓国語で話をします。外では日本語を話し、日本の食べ物を食べ、日本の環境、文化の中で、20年間生活してきました。友達も日本人が多い。言葉も食文化も日本の文化に馴染んでいます。メディアも日本のメディアと接しています。しかし、学校教育は小学校から高校までインターナショナルスクールで教育を受けました。教育は、韓国でも日本でもない、アメリカの教育を受けて成長しました。人間のアイデンティティ形成や社会化にとって、重要な要素としては一般的に、家庭、教育、メディア、文化などが挙げられます。一般的に同じ国民であれば、これらの要素が同じであるはずです。しかし彼は全部ことなる影響を受けて成長しました。パスポートは韓国人、文化や生活の土台は日本、教育はすべて英語によるアメリカの教育を受けてきました。

彼は今、アメリカの大学で勉強をしています。2年前に「3・11東日本大震災」が発生した時に、彼はアメリカの大学で日本を支援するためのサークル活動に参加しました。彼は韓国人ですので、韓国人の留学生が集まるところへ行きました。そこへ行くと、サークルの学生達が「あなたはどこから来たのか」と質問をするのです。すると彼は、「日本から来ました。でも私は韓国人です」と、自分を説明せざるを得なかったのです。そのサークルの学生達とは、お互いに距離感と異質感を抱いたようです。互いに文化の違いを感じたのです。彼らは純粋に韓国で生まれ育って留学している学生達です。文化の違いをお互いが感じたわけです。今度は、彼は自分が日本での生活が長く日本の文化に馴染んでいるので、日本人のほうが親しいと思って、日本人が中心となっているサークルに行きました。そこでは「あなたはどこの国の人ですか」と言われました。今度は国籍が壁となりました。彼は、「国籍は韓国だけど、実は日本で生まれ育って、ずっと日本で育ちました。日本のために何か活動できることがないか、と思って来ました」と伝えましたが、そこでは国籍を前提としてグループを形成していて、ここも居場所が違うということを感じたのです。そこで今度は欧米人が集まるスポーツやコーラスのサークルに行きました。今度は、人種や文化の違いから、アジアと欧米との間の大きな壁があることを実感させられました。アメリカの中でも、特にアジアに対しての見えない壁があるのです。そこで彼は、自分とは何なのか。自分のアイデンティティとは何なのか。国籍なのか、文化なのか、あるいは教育環境なのか。そもそも大学というところは壁がないはずです。いかなる壁もない自由なところであるはずです。しかし見えない壁を皆が作っているのです。自分のアイデンティティをどこに求めるべきなのか、非常に難しい問題です。

ところでアジア共同体論の授業のために、2012年に中央アジアのキルギスタンに行きました。まさにシルクロードの中心にある国で、授業に参加している学生の皆さんの顔が実に多様でした。皆さんと同じような顔をしている学生もいれば、欧米人の顔、また多様な民族が混ざった顔の学生もいました。キルギス国立大学とキルギス・

ロシア・スラブ大学での講義が終わった後、二つの大学の20名程の先生方が歓迎会をしてくれました。その時、最初に挨拶をした先生がこう言ったのです。「私は純粋なロシア人の歴史学を教えています」と。純粋なロシア人もいるのかと、驚きました。その次の方も、「父はポーランド人で母はキルギス人です。政治学を教えています」と挨拶しました。20名ほどの先生がこのような自己紹介をしながら挨拶をしました。先生方は、自己紹介の際に自分の民族のことや自分のルーツのことを話していました。キルギスはご存知の通り、約80の民族が共存している多民族国家です。彼らは自分について隠すことなく自由に、自然体で表現していました。翌日、カザフスタンに行って同じ経験をしました。カザフスタンは131の民族が共存している多民族国家です。そこでは民族の壁を感じませんでした。キルギスやカザフスタンなど、中央アジアの国々は、日本や韓国、またはアメリカのように、より民主化され、自由化している国々から学ぼうとしています。日本や韓国、アメリカが、確かに制度的には民主化され自由化されているかもしれませんが、中央アジアの方々の方が心の内面においてはより自由であると思われます。人間が生きる上で、心の内面を自由に表現できることが、自由に生きることであり、そのような社会こそ壁のない自由な社会を意味するものではないでしょうか。日本や韓国での経験からすると、日本と韓国の方がある意味において内面を表すことが難しい社会です。表現がきついかもしれませんが、マイノリティにとっては息苦しい社会とも言えます。先進国から学ぼうとしている中央アジアの方が、制度的には後れていたとしても、人間が生きる上ではより自由な社会ではないでしょうか。共同体を創ることはこういう壁を乗り越えて初めて一緒になれるのです。今後、アジア共同体を進めていくためには、このような壁をなくして行く努力も並行して進めていかなければなりません。相手に対する偏見を持っている限り、一緒になることはできません。共同体はそういう感情的な心の繋がりを必要とするものです。

新しい越境の形

しかしながら、国境を越えるということは人類の歴史の中で常に行われてきたことです。例えば、まず、政治的な迫害や経済的な貧困から逃れるために国境を越えざるを得ない人は、続いてきました。政治的な意味で自由を求めて、あるいは経済的な意味で貧困から逃れるために、戻ることのできない越境を選択せざるを得ない人々が、場合によっては難民や不法滞在の形で越境するかもしれません。

国境を越えるもう一つの場合があります。グローバリゼーションと共に、才能や能力を持っている個人、また富を持っている個人は、自由に選択的に国を選ぶことができるようになりました。今日、各国は優秀な人材と資本を受け入れようと競争をしています。どの国も優秀な人材と資本が入りやすくするために法律の整備を進めています。

2013年2月号のエコノミスト誌に、このような記事がありました。アメリカは今、様々な意味で危機意識を持っていますが、どうすればアメリカは立ち直ることができるのか、危機から脱出することができるのかについて、ハーバード大学の卒業生を中心にアンケート調査をしました。回答では、アメリカに留学しているアイビーリーグ大学の卒業生には卒業と同時にグリーンカードを発行するように、また、若い人材が母国に戻らずアメリカに残って、アメリカのために貢献できるようにとの提案がありました。民族や国籍に拘わらず、人材が必要であるということです。

このような国境を越える移動は、国連のデータを見ると1990年代初めは8000万人でしたが、90年代後半になると1億2000万人に増え、2005年には約2億人になります。おそらく2050年には世界人口の約7%が国境を越えた形で居住することになると予測されています。学問には国境がないと言われていますが、今は科学者にも国境がないと言えます。若い科学者は自分が住みやすい場所に移住するのです。データを見ると、現在、科学者の外国人比率が最も高い国は57%のスイスでした。カナダは約47%、オーストラリアは約45%、そしてアメリカとスウェーデンでは約38%を外国人科学者が占めています。それは経済的な視点でも、新しい技術革新をもたらすことに繋がります。アメリカは科学者の人数は最も多いですが、その外国人比率はトップではないのです。物理学者の博士号を見ると、１９７０年代のアメリカでは25%が外国人による取得でした。１９１０年を見ると半分以上を外国人が占めています。アメリカは人材を大事にしています。しかし、優秀な科学者の誘致はカネの論理では成り立ちません。閉鎖的な文化や環境が優秀な人材の移動を妨げているとのことです。

また、各都市における外国人比率を見ますと、ロンドン31%、ニューヨーク34%、香港42%、ドバイ８３%となります。外国人比率が高いということは、ある意味で他者に対する多様性と包容力のある社会であり、さらに様々な面で非常に活性化している社会であると言えます。さらに各国の外国人比率を見ますと、アメリカは１０%、スイスは19%、ルクセンブルクは36%です。しかし、ＯＥＣＤ34カ国の中でも最も低い国としては、日本は１・６%、イタリアは２・２%、スペインは２%、韓国は２%、などが挙げられます。これらの低い国々はＯＥＣＤ先進国の中で少子高齢化と急激な人口減少などの深刻な社会問題を抱えています。どのような因果関係があるのかは分かりませんが、共通の問題を抱えていることは事実です。つまり閉鎖的で、閉ざされた文化の社会には、外国の若い人材が集まらなくなります。経済はグローバル化しているけれども、政治的な、制度的な側面では、50年前と現在とではそれほど変わっていません。そういう意味で、政治的側面と経済的側面でのギャップや軋轢が起きていることも事実です。

このような変化や限界に対してどのように対応するのか、それこそアジア共同体論が取り組むべきポイントです。すなわち、アジア共同体は単に国家間の統合を意味するのではなく、このような変化や限界に対して、その方向性を模索していくものです。これはアジア共同体論が目指していく最も重要なテーマなのです。

「変化」や「限界」についての対応

変化への対応については二つのことが考えられます。一つは変化を拒み、過去の古き良き時代の価値を評価して、戻ろうとするものです。したがって、より高い壁、ハードルを作って、既存の価値や規範、制度を守ろうとする原理主義的な対応です。もう一つは、既存の限界、危機から脱皮して、新たな変化を追求しようとする動きです。これは多元主義的な立場から、アイデンティティも、国家・民族などに固有なものも、新しいものとの融合によって変化していくことができるという視点です。

最も分かりやすい事例が、明治維新のときのことです。19世紀半ばの世界の変化の中で、日本では近代国民国家を創るための変革を求める勢力とそれを拒む勢力が対立していました。当時の対応は、日本の歴史の中で最も重要な選択となりました。新しい変革をするときには、変化の方向が重要です。アジア共同体を論じるときも同じことが言えます。そういう変化のときには原点に戻る必要があります。例えば、病気になると病院で検査をして基礎的なデータを採集します。患者の最も基礎的なデータから判断をし、患者から具体的に話を聞いて、それらを総合して処方箋を出します。これと同じく、今日の社会は様々な限界と問題点を有していますので、最も基本的な原点に戻って臨床学的にそれを判断する必要があります。例えば、国家とは何なのか、国民とは何なのか、国家と国民との関係、自分はどういうものなのか、人間とは何か、について考える必要があります。

国家と個人についての原点からの発想

国家は国民の合意によって人為的に創られたものです。地域統合を論じる際に、トマス・ホッブズ（Thomas Hobbes）という学者が注目されています。トマス・ホッブズは近代国家の原型となる論理を組み立てた人物です。彼は社会契約説の先駆的な学者です。彼は何よりも「人間理解」からスタートしています。すなわち、人間という原点に戻って、国家を理解したのです。人間とは何なのかを考え、国家とは、あくまで個人の生命と安全を確保するために結ばれた契約の産物であるという。人間は自然状態で自由に生きることを望んでいますが、しかし完全な自然状態では、自分の生命を守ることができない。すなわち、人間の本性からして、お互い奪い合って取り合うという万人の万人に対する闘争状態になってしまう。人間は非常に罪悪な性質を持っているがゆえに、自由な状態が維持できない。そこで契約によって、一番大事な権利をその契約によって譲ることで、共通の権力、最高の権力として国家が誕生してくるのです。個人を守ってくれる国家がそこで生まれてくるのです。確かにアジアの国々で、人々が自然共同体の延長としての国家意識を持っていますが、今日の国家は一種の契約の産物なのです。ホッブズがアジア共同体やEUを論じる際に注目される理由は、人間理解という原点からスタートしているからです。それはホッブズが生きた17世紀にも、今を生きる私たちにも同じように大切なことと言えます。

個人の命と財産そして家族を守るために国家が必要であるということです。この優先順位を考えて欲しいのです。共同体を構成する人々の追及するものが変わることによって、共同体のあり方も、役割も変わっていくべきだということです。つまり国は永久でも万能でもないはずです。国がなくなるわけではなく、国の役割が変わるのです。私たちの大切なものを守るために、例えば人権概念は時代ともに新しく付け加えられ、変わって来ました。生存権や、社会権など、色々な権利が新しく生まれたように、個人にとって大切なものを守り追求するためには、自らを制約し縛るような古きものを捨てて変化しなければなりません。

個人にとって国家とは

これと関連して、安全保障の概念も変わっていくのです。他国の侵略から国を守ることを前提とする伝統的な安全保障概念がありますが、今日では人間の生命をいかに守るかの視点から、非伝統的な安全保障概念が注目されています。環境、食などあらゆる分野の脅威から生命を守ることです。国家間の戦争よりも、私たちはこのような様々な危険にさらされています。鳥インフルエンザが流行して、中国へ授業に行くことが難しいときがありました。この他に自殺防止なども広い意味での安全保障の概念に入ります。息苦しい社会から逃避しようとする人々が死を選ぶ。社会に一種の「構造的な暴力」が存在するから、弱い立場の人々が自殺せざるを得ないという側面があるのです。それゆえ、すべての責任が弱者にあるというよりも、社会を構成する皆の責任でもあるのです。共同体を考える上で、また人間の生命を考える意味でもこれらのことを考える必要があるのです。これを改めてホッブズの視点から考えると、国家とは何なのか。国家は何をすべきなのか。国防だけではなく、個人の生命を守るための役割が国には当然出てくるのです。

ここで国家と個人との関係について考える意味で、わかりやすい事例を紹介します。2年前に東日本大震災が発生しました。私たちは、人間がどうすることもできない限界を経験しました。一昨年ユーチューブでアクセスが最も多かったのが東日本大震災でした。人間が作った原子力発電所の事故は、国と個人との関係、民主主義の問題、資本主義の問題、人間の命の問題、環境の問題、などあらゆる本質的なテーマを私たちに問いかけているのです。これらは一人一人の命と直接関わる重要なテーマです。その中で一つだけ取り上げます。主権国家として、エネルギーを確保することは非常に重要な政策の一つです。原子力発電所には建設の段階から色々な問題が存在します。原子力発電所の建設は国民の命に関わるテーマですが、国民には知る権利が保障されていなかったのです。情報の壁がありました。科学には必ず二面性があると言われます。人類にとってのプラス面があるとすれば、そこには必ずマイナス面があるということです。プラス面だけが国民に知らされて、そのマイナス面の情報が公開されなかったのです。推進する側に有利な形で情報が遮断されたのです。国民の命に関わる以上、国民に情報を公開し、最終的な判断は国民に任せるべきです。それは民主主義の本質にかかわることです。この原子力発電所の事故では、ヒロシマに投下された原爆の約168個分の放射性物質セシウム137が一気に噴出したといわれます。今なお収拾のめどが立っていない状態です。現在、世界中には583基の原発が存在し、韓国でも、中国でも稼働しています。今回は日本の東海岸で起きた事故のため、海には被害がありましたが、隣国への大きな被害はありませんでした。韓国や中国では原子力発電所がそれぞれの国の東海岸に多くあります。中国には約18基、韓国には21基ほどの原子力発電所があると言われています。もし、これらの国で事故が発生すれば風の向きの影響で、日本に大きな被害を与えかねません。今後、中国でも韓国でも事故が起きない保証はありません。日本の住民の生命に関わる問題ですが、周辺国のこのような政策決定に対して、命を守らなければならない周辺国の住民は何も知らされず、また何の表現・主張もできないのです。これでいいのでしょうか。個人の命に直接かかわる問題については、地域を越え、国という壁を越えて、地域で生きる一住民として、市民として、正しい情報を知る権利があるだけでなく、命を守る権利があるのです。単に国家間協議を通じて、解決できる問題ではないのです。個人の生命に関わる問題ですので、国にすべてを任せる以前に、地域で生きる市民としてすべての情報を知る権利が保障されるべきです。国家間の協議体に頼るのではなく、国を越えた、情報を共有できるある種の共同体のようなものが必要なのです。これは地理的で空間的な視点からの問題提起です。つまり、国境を越えた視点での地域統合の必要性の例をここに見ることができます。

もう一つは、単なる地理的な意味だけではなく、時間的・歴史的視点での問題提起として、また人類全体の課題として、原子力発電所から出る使用済み核燃料の処理問題が挙げられます。使用済み核燃料の処理は、日本だけでなく、世界の重要な課題となっています。高レベル放射性廃棄物のの地層処分では地下３００メートル以上に10万年から20万年単位で保管するということです。地球に安全に処分できる場所ははたしてあるのだろうか。そして10万年以上続いている企業や国が存在するだろうか。誰が人々の命を担保することができるのでしょうか。国家も企業もすべての責任を次の世代に転嫁する無責任な決定をしているのです。地殻変動はいつどこで起きるかわかりません。これは時代を超えて、人類全体が考えなければならないテーマです。宇宙のごみ問題も同様です。先進国が打ち出した宇宙のごみは誰が回収するのでしょうか。

このような例を見ても、一つの国家単位での発想、考え方では解決できないことが多くあります。国家を越えた視点からの発想や行動が必要です。今までの私たちの考え方は、場合によって、西洋的な視点に、また男性的な視点に、あるいは、エリートの視点に支配されていたことは否定できません。同じく国家・国民という視点から、国民でない人々の人権や価値を無視してきた経緯があります。国民の名の下で、マイノリティが排除されているのかもしれません。そういう意味で近代国家を生きる人々の考え方、発想を変えていく必要があります。今のデモクラシーや資本主義だけでは、今日の諸問題を解決することはできないのです。

私たちは、国家は一つの共同体に一つの文化があって、一つのアイデンティティが形成されるということを前提にしています。違うものをなるべく認めず、皆が同じく考えれば、それが正しくなるという視点です。ベネディクト・アンダーソンが言っているように、21世紀を生きる人々にとって、国民というものはイメージとして心に描かれた「想像の共同体」なのです。文化は人間の行動や考え方を束縛するものです。国民国家の中で形成されてきたナショナルな文化に拘束されることなく、他者との壁を作らず、自由で創造的な社会を作って行かなければなりません。

結び――国民国家を超えて

これまでの話は、国民国家を否定するのではなく、国家という概念に縛られることなく、国民国家を超えて、次の段階の国家の役割、あり方を模索していくときにきているということです。一般的に、アジア共同体を論じるときにはEUに言及せざるを得ません。EUは国民国家を超えて、地域統合という意味では、一つのモデルを提供しています。EUについては、それを可能にした三つの要素が指摘されています。まず、共通の価値観が存在していることです。すなわち、宗教、文化、歴史が共通しているからです。二つ目は、共通の目標、利益があるからです。三つ目は、共通の敵、経済、持続可能な発展、あるいは安全、平和などが共有できる一つの目標であったからです。

またはライバルがいたことです。旧ソ連という敵の存在、そしてグローバリゼーションと共にアメリカの出現によって、アメリカとの競争による拍車がかかったのです。EU統合についてのこれらの三つの視点は、非常に相対的な視点で、また偏狭で対立的な視点での共同体の形成を論じています。

このような視点は、本来アジア共同体が目指すべき方向やあり方ではないと考えています。一つの共同体の出現によって、他の共同体が脅威を感じ、それが不安要因となって対立意識を引き起こすことは、新たな壁をつくることを意味します。つまり、アジア共同体形成がアジア以外の共同体や集団に対立、不安、脅威をもたらすのではなく、ウィンウィンの関係や調和のとれた共存関係をもたらす方向を目指すべきなのです。

そういう意味で、アジア共同体とは、単なる地域的な概念に縛られず、「開かれた共同体」としての、人間の持つ可能性を広げる役割をもつ共同体であり、さらに、人々が持っている豊かで多様な個性を発揮し、伸長することのできるものであるべきです。また地域が持っている多様な伝統や文化を継承・発展していく、そういう役割を持つ共同体なければなりません。それは人類自らが作り上げてきた古い「壁」を一つずつ越えていく（卒業していく）過程としてのアジア共同体でもあるのです。最終的には一つの地球共同体に繋げていくことです。

21世紀を生きる人々には、国家や国民という概念に縛られることなく、多民族、多文化、多様な価値で構成される市民社会の中で共存していく選択肢しかないように思われます。ベネディクト・アンダーソンは、「人間はお互い似通った人々同士でグループを形成するのではなく、グループを形成してから似ていると判断する」と言っています。したがって、統合のための制度的なアプローチと共に、個人の内面に持っている心理的な壁を卒業していく努力と訓練が必要です。と要請に富んでいるアジアの人々がアジア共同体という同じ発想をし、同じ方向を目指し、互いがと要請を認め合って包容していく時に、さらにアップグレイドした共同体を創ることができるだろう。

その具体的な方法論については、これから議論を進めていかなければなりません。EU誕生の父ともいわれるジャン・モネも、「我々は国と国ではなく、人と人とを結びつけようとしているのだ」と言っています。アジア共同体の実現には、実現可能な分野から実践していくことが重要であると考えています。例えば、教育を通じてのアジア共同体は既にスタートしたと考えています。すでにアジアの多くの大学がこの講座を積極的に受け入れています。このような教育を通じて各自の内面に抱いている他民族・他文化に対する「内なる壁」(心理的壁・偏見・先入観)を卒業していくことによって、他者に対する理解と配慮、違いに対する包容力を持つことができます。これは個人レベルにおけるアジア共同体の実現とも言えます。

したがって、アジア共同体を形成することは、単なる国家間の制度的統合を意味するものではなく、今までの制度や価値観を超えて(卒業して)、これからの時代に必要な新しいパラダイムの変換(価値観、世界観、国家観、思想や制度などの変革)を意味するものです。そのためには制度的な壁をなくすための研究、また人々の心の内面の壁をなくすための努力・訓練を並行して行わなければなりません。

第11講　アジアの文化交流の意義

青木　保

皆さんこんにちは。本日は、羽場先生の企画になる「アジアの地域統合を考える」、これにお招きいただきまして本当にうれしく思っております。私は、２０１３年の３月まで本学の総合文化政策学部の大学院の特任教授を３年８カ月ほどさせていただきまして。２０１２年の１月から兼担で今の国立新美術館ですが、六本木にあります、そこの館長で、４月からは館長職に専念させていただきまして、大学のほうは失礼いたしました。

アジアのことを考える場合に、特に東アジア、ここにレジュメというか、簡単にどういう話をするかということを記したものが皆さんのお手元にあると思いますけども。東アジアっていう地域は今いろんな面で重要です。あるいは世界の大きな注目を集めている地域です。これはなんと言っても中国がめざましい経済発展をして、世界の大国の仲間入りをしたということが大きな原因ですけども。同時にこの地域は、まあ特に今の日中関係を考えても分かりますように、領土問題、あるいは韓国と日本の関係でも領土問題がありますし。また、東南アジア諸国と南シナ海における中国との領土問題もあって、そういう一種の紛争の契機をはらんだ地域としても大変注目されているわけですね。北朝鮮という問題もあります、それから、台湾の問題もあります。経済発展はすごいけれども、政治的に見ると非常に困難な問題がたくさんある。それから、民族主義とか、お互いに排斥をしあうような動きも見られるし。尖閣問題をめぐる、中国での反日デモとかですね、反日運動のすさまじいのがありましたけど、ああいう問題が起こるわけですね。ですから、経済発展はいいけれども、同時にいろんな困難な問題もたくさんあるということ、そういう地域として認識されているかと思います。ただ、世界の、この地域を合わせますと大体30%〜40%ぐらいの経済力を持っているところでありまして、GDPにおいて世界第一位の国はアメリカですけども、第二位は中国、第三位は日本という、世界における第二位・第三位の経済大国があるわけですから、これは世界的に見ても、この地域がどうなるかということは非常に大きな問題をはらんでいて、この地域がおかしくなれば、世界的な変動をもたらすようなそういう地域だと思います。そういうことについては、これまでのさまざまな講師の方がおっしゃっていると思います。

ただ、21世紀に入ってから、この地域の問題として非常に注目されるのは文化交流の問題です。国際環境というのは、今は政治経済を中心として、あるいは環境問題も含めまして、この地域ではいろいろな問題があるけれども、文化についても非常に大きな現象が起こっていて。例えば、日本を取り巻く国際環境は変わりましたが、同時に国際文化環境はもっと変わって、20世紀ではほとんど見られなかったようないろんな現象があります。そういうことを今日はお話しして今後皆さんに考えていただきたいと思います。

今、東アジアと言いましたが、皆さんは東アジアと言ったらどんな地域を、あるいはどんな国を思い浮かべますか。東アジアというと、例えばアメリカの大学で東アジアの文化と言語という学科がありますけれども、そういうところで扱っているのは大体、日本と韓国と中国、この三国ですね。それで、タイとかフィリピンとかシンガポールなんかの東南アジア諸国は、東南アジア研究、あるいは東南アジア地域と言われていますが。現在、東アジアと一般的に、特に国際政治の面で言われている地域は日中韓の三国と、＋東南アジアASEAN連合という、東南アジア諸国連合に加わる10カ国を指す場合がほとんどになりました。大体1980年代の後半に、マレーシアのマハティール首相がEAEC、東アジア経済協議体ということを言い出した。そのときの東アジアという概念が今言いましたように日中韓と、それから、東南アジア諸国連合に属する10カ国、この地域です。そのあと、21世紀になってから東アジア共同体議論ができたときにも、それが踏襲されています。また、最近の東アジアサミットも基本的には日中韓＋ASEAN10カ国です。そういうわけでこの地域、私がここで東アジアという場合には、日中韓＋ASEAN10の地域を指すというふうに頭に入れていただきたいと思います。それから、もちろん東アジアの先には南アジアがあって、南アジアはSAARCという南アジア5カ国連合という国際連合があるのですね。これはインドとパキスタンとバングラデシュと、スリランカとネパールがありその先には、イスラム諸国連合というのがあります。これは中東とそれからトルコあたりが中心になって、そういう国際連合の組織が一応あるんですね。その向こうにはEUがある。

そういう意味では今言いましたように、国際連合組織ができてないのはこの東アジア。東南アジア諸国10カ国はASEANというのをつくっていますが、この日中韓の経済的に世界でもっとも影響力がある地域と、中国のような大国であるところは国際連合の動きはまったくありません。これは非常に世界的にも不安定な状態を生み出していると思います。なんとかこの、日中韓を中心とした東アジアにおいて、お互いに知り合って、理解し合いながら一つの地域的な安定、あるいは地域的な国際的なつながりっていうものをつくりだそうということは、いろんな人が言うのですけども。ただ、実際問題は、日本と韓国の間には竹島問題とかですね、あるいは歴史問題とか、中国との間には尖閣の問題と歴史問題と、そういうものが出てきて、なかなか、特に重要なこの日中韓の間で国際連合をつくろうというような動きがまったく見られないので、これは非常に残念なことであると同時に、今のグローバル化する世界に対して大きな暗い影を投げていると思います。そういう点で日本にとっても重要ですし、この地域をなんとかしなくちゃいけないというのをもっと考えるべきだと思います。そこで、政治経済は、経済というのは、中国の経済が陰ってくると日本にも世界にも影響を与えるとか、あるいは日本が一人勝ちして非常に経済的に調子が良かったときは日本バッシングが起こるとか。経済というのは片方が儲ければ、片方が損するわけで。そこで政治的な闘争にはならなくても大きな格差が生まれたり、国際的には大きな不満が損をしたほうには生ずるわけであります。それから、経済は常に変動しやすいので、決して安定的な要因とは考えられません。経済発展があること自体は重要ですけども。もっと安定したこの地域の関係は築けないものだろうかと、ずっと昔から思っておりました。

それで、この東アジア地域っていうものを考える場合に、一つ、21世紀になってから非常に顕著な現象として、文化の問題っていうのが改めて出てきました。この地域は今言いましたように、日中韓とＡＳＥＡＮ10カ国ですけども、この地域において、例えば20世紀において、例えば日本のテレビ、皆さんあまり今はもうテレビを見なくなったと思いますけど、日本のテレビは今の時間で、ＢＳとかチャンネルを回しますと、必ず韓国ドラマ、韓国のハングル語が聞こえてきます。それからまた別のチャンネルを回すと広東語とか中国語が聞こえてくる。それがテレビドラマで、いろんな形で時代劇もあれば現代の恋愛劇もあるわけですけど、そういうものが、聞いたところでは、日本のテレビを韓国ドラマとか中国ドラマとか、そういう東アジアの国のドラマが占めている割合が、週に８００時間ぐらいあるということです。ＢＳ８局と、あるいはもっと、10局ぐらいありますよ。それから、普通の地上波のテレビもあるわけですから、そのどこかで必ず韓国ドラマ、あるいは中国のドラマが見られる。中国ドラマは、中国大陸と、それから香港とか台湾を含めたところですが、そういうものが行われたり、映画が上映されたり、あるいはＫ－ＰＯＰみたいな音楽がやられたりですね、まあいろんなことで、今そういう東アジアの、特に中国語圏とかそれから韓国の文化が、日本に入ってきています。それは20世紀にはまったく考えられなかった。ともかくハングルという……、韓国語を勉強する人は別として、普通の日本の家庭の茶の間でテレビから韓国語が流れてくるっていうことは、ＮＨＫのハングル講座以外にはまったくなかったことで、それが21世紀になるともう当たり前になっているんですね。

これだけ見ても、文化のいわば交流ってものが非常に進んでいるということが分かります。韓国ドラマが日本で受け入れられたのはいろんな分析がありますけども、基本的には日本の視聴者が、それを好むことがあるわけで。

日本のドラマよりも安いとかいろいろと言うけれども、ただ、人が見なかったらやりませんからね。これは非常に、21世紀になってから際だった現象であります。それから、もちろんアジアからの、東南アジアも含めて日本への観光客も非常にたくさん来るようになりました。また、日本からも韓国や中国や、あるいは東南アジア諸国に出かける人も多いわけであります。中国に行けば、日本のアニメとか漫画とかをみんな読んでいるし。北京大学に行って、日本語がペラペラの学生たちに取り囲まれて、君たちどうして日本語やったの？　と言ったら、漫画読みたいからとかですね、これはもう世界的現象で、中国だけじゃなくて韓国も、あるいはアメリカでもヨーロッパでもそういうことが聞かれるわけです。

こんなことは20世紀にはほとんど考えられなかったわけですが、そういうことが現実に起こっております。２００７年だったか、会議が中国であって、そのときに行ったら、江蘇省の共産党の書記長という人が、トップですけれども。会議の終わったあと、その人は会議には出てなかったけれども、会いたいと言うので会いましたら、なんだろうと思ったらですね、実は、その人が、日本のアニメとか漫画にすごく興味があるんだけど、あれを中国で発展させていくためにはどうしたらいいかとそんな質問を受けたことがあります。それが２００７年の9月だったかな、その人は、そのあと11月からは北京に呼ばれて、今や中国のトップの一人になっていますよ。だからそういう中国の政治のトップの一人に、そういう日本のアニメ・漫画の愛好家もいるってこともどこかで覚えておいたほうがいいと思います。だから、尖閣問題が片方で中国は反日運動に非常に激しい面がありますけど、同時に、日本の現代文化については非常に関心があって、もう学生から政治家からですね、非常にみんな興味を持って、それを見たいとか知りたいとかですね、あるいは村上春樹の小説が中国で大ベストセラーになっていますけどそういうのを読んで、やっぱり日本に興味を持ってる人はたくさんいるんですね。そういうことも、やはり政治的な報道で常に隠されてしまいますけど、実は起こっているということも皆さん頭に入れていただきたいと思います。

ただ、この地域の文化と言うと、実は、文化の多様性と書きましたが、これは世界でもまれに見るようないろんな文化が見られるところであります。中国の文化、あるいは中国の古代文明に発する文明とか文化っていうものも、もちろんシルクロードを通ったり、それから、南の方から来たり、あるいは北の方から来たりっていう、いろんな文化が集積されて、現在の中国文化っていうものができているわけでありますが、同時にそれは朝鮮半島を渡って日本にもいっぱい来ているわけですね。だからこの地域の文化は、大体その中国文明の4000年とか3000年とか言いますけど、その長い期間にわたって、世界のさまざまな文化が入ってきて、例えばマルコ・ポーロの持ってきた文化もありますし、そういうものがこう中国の中で養成されて、大きな中国語圏の文化、文明っていうものをつくり出したわけですが、日本ももちろんその影響を昔から受けてきているわけですね。また東南アジア諸国を見ると、これは海の関係においても、例えば中東からの影響をすごく受けている。それから、近代における植民地主義によって欧米の文化も、フィリピンはアメリカの植民地だったですけれど、ほかはイギリスやオランダやフランスの植民地になりまして、その文化も受けているし。それからもともとの中国やインドの文化も入っています。

というわけでいろんな系統の文化が現在でも見られて、皆さんもご存じのようにこの地域は世界でもっとも多いイスラム教徒が住んでいる地域です。インドネシア、マレーシア、インドネシアは世界で一番大きいイスラム国ですけど、中東よりも。中東地域っていうとすぐイスラムと皆さん思うかもしれないけど、実は中国の新疆ウイグル自治区とか含めますと、最大のイスラム教徒の人たちがこの東アジアに住んでいるわけですね。イスラム圏として、あるいはイスラム国家として認知されているのはブルネイとかインドネシア、それからマレーシアですけれども。同時に、タイにもミャンマーにも、いろんなところに住んでいるし、中国には1億人以上のイスラム系の人がおります。と同時にフィリピンに見られるように、近代の、スペインとかオランダなんかの影響でキリスト教徒もたくさんいるし、もちろん仏教徒はたくさんいます。それから、道教とか儒教の、中国人の宗教を信じている人もたくさんいるわけでありまして。そう見ると、世界の五大宗教は全部ここで根付いていて、しかも確信的な信者が存在するわけです。韓国を見ても、韓国は仏教中心ですけど、同時にキリスト教徒も30％以上いて、非常に強いキリスト教徒が韓国にはいますね。中国にももちろん、共産主義の中で弾圧とかいろんな抑圧がされてきましたけどもキリスト教徒はたくさんいます。香港や台湾にもたくさんいます。そういうわけで、宗教的にも世界のいろんな宗教が入ってきて、五大宗教が全部入ってきて、ヒンドゥー教はインド系の人がいっぱいいますから、これは東南アジアでも大きな一つの宗教グループになっています。と同時に、日本の神道のようないわばその国固有の、あるいは地域固有のいろんな宗教があって信仰があって。そういうものが重層的に絡まり合っているのがこの地域です。世界でこんなに、いろんな宗教が入り組んでいるところもほかに見られません。

また、言語と言えば、もう世界で一番多様な言語が見られます。インドネシアだけでも、まあインドネシア語っていうのは合成語ですから、例えば、ジャカルタに行けばジャカルタの言葉、もともとジャワ語があって、普通のインドネシア語では、例えば一般的な話はできても、なんか調査とかしようと思うとジャワ語ができないとできない。バリ島に行けばバリ語があったり、いろんな言葉があります。そういう、まだ少数民族がたくさんいますから、大体2000とか3000とかいう言語があります。タイでもたくさんある。それからミャンマーとかです。いろんなところにいろんな言語があって、普通その国の国語として知られている言語以外に、たくさんの言語があって、それが非常に複雑な様相を呈しています。それで、民族も言語の数に応じるぐらい多様な民族が存在する。この地域はなんと言っても、文化の多様性っていうものが世界でもっとも顕著に見られるところであって、しかも面白いことはイスラム教徒もキリスト教徒もあるいは仏教徒も、あるいはヒンドゥー教徒も一緒にいます。小競り合いみたいなものがあるのですけど、いわば中東やそのほかで起こっている、ロシアとかそういうところで起こっているような大闘争っていうか、国家を二分するような宗教戦争がこの地域では起こっていません。まあ中国の新疆ウイグル自治区は政治的な理由もあって若干問題ありますけど、あまりインドネシアでもマレーシアでも、あるいはタイとかそういうところでも、問題はもちろんありますけれども、大きな抗争に発展するようなことはないのです。

それからまた、東南アジア、東アジア独特の文化的な風土といいますか、一種の寛容の精神っていうものが見られることも事実であります。ですから、この三番目に書きましたように、この地域では文化の多様性があると同時に、東南アジアに行くと大体、中国かインドかっていう二つの現象があるのですが、それは東南アジア地域に中国のいろんな文明が入ってきた、それからまたインドからもいろんな文明が入ってきた、インドの文化的な波、それから、中国の波っていうものが影響を与えて、それとその地域ごとのいろんな文化、風俗・習慣が一緒になって現在の生活を送っています。それから、近代においては西洋の文化が植民地主義と同時に入ってきました、こういういろんな文化が、古今東西の文化が交錯したり出会ったり、それから、お互いに混合したりという地域がこの東アジアなんですね。それをまあよく考えていただきたいと思います。

ですから、文化を研究すると非常に面白くて、いろんな文化が入ってきて、お互いに交じり合いながら、また現在の文化を創っているわけで。その変化のいろんな面を見ると、いろんな研究ができると、皆さんにまあやってほしいなと思います。現在では日本のいろんな文化も、インドネシアでＡＫＢの歌までが、グループまでができているようなそういう状況もあるわけですね。だからどこへ行ってもいろんなものが見られて、しかも面白い。

僕は１９６５年に初めてタイに行ったんですけど。その頃にタイとフィリピンに行きましたら、タイのバンコクのチュラロンコン大学とか、フィリピンのマニラのフィリピン大学とかに行って、大体同世代の人たちと会って話す共通項がほとんどなかった。大体東京で知っている映画とかね、歌とか、あるいはいろんな学生同士が知っているようなことですね、例えば本でも何読んだ、マルクスを読んだとか、いろんなことが東京の学生の間で言われていたことを、チュラロンコン大学に行って話すと、ほとんど共通の話題ができない。ですから、バンコクの大学生たちが知っていることと、東京の大学生が知っていることの共通項は非常に薄かった、フィリピンに行ってもそうだった。もちろん専門の数学だとか経済だとか、あるいは社会学とか、そういうのはある程度は共通ですが、一般的な意味での教養というか趣味というか、そういう面ではもう全然共通項がなかったのですが、大体１９９０年れども、同時に日立の国際部っていうのが、ヤングリーダーズ・イニシアチブという、いわば東南アジア５カ国、今では7カ国で日本の大学の学生を東南アジアのどこかに集めて、例えばシンガポールならシンガポールのホテルに集めて、そこでいろんな教養をしたり、ディスカッションをしたりという1週間のプログラムをつくり始めて、僕はその始まったときから選考も含めてかかわってきたんですね。今ちょうど10回か11回ぐらいになったんですけども。驚いたのはやっぱり、そこで日本の学生4人かな、東南アジア各国の学生4人ぐらいが、一緒に1週間大きな一流ホテルにいて、いろんなディスカッションをしたりしていますと、非常にもうみんなあっという間に仲良くなって、しかも共通の話題がいっぱいあるんですね。ですから、そういう人たちが日本へ帰ってきて、日本の学生はすぐシンガポールとかマレーシアの学生とEメールで連絡取って、またどっかで会ったり、そういうことが非常に急速に起こっているので、もうまったく時代は変わってしまったなと思います。この地域は、皆さんも行かれていろんな大学行ったり、あるいはどこか訪れると、一見外見は違うところもあるかもしれませんけども、実は非常に今、共通の知識とか、共通の地盤が出てきて、それで話が進みます。すぐに仲良くなったりします。ですから、潜在的に今のいろんな国際的に難しいことがあっても、日本の皆様と、東アジアのまた学生諸君、あるいは一般の人たちも含めて、いわば相互理解の機運っていうのが非常に高まっているわけですね。だから政治経済ではいろんな難しいことがあっても実は、文化交流とか、学生交流とか、学術的な交流という面では急速に、20世紀にはまったく見られてなかったような現象が進んでいるということをここで改めて指摘したいと思います。

しかし東アジア文化圏というのはどういうことかと言いますと、これまで歴史的に東アジア文化圏というのは、儒教、中国に発する儒教文化圏、あるいは漢字文化圏というのが一般的です。ですから、日本も儒教文化圏に入っています、もちろん漢字文化圏に入っていますが、国の古代文明に発するさまざまな文化的な要素がこういう周辺諸国に広まって、それが定着して、一つの文化圏をつくっていると。日本も江戸時代までは外交的な文書も、それから外国の言語というのは中国語だったわけです。近代になってからは違いますけども。そういう時代がずっと続いたこともあって、特に日本と朝鮮半島の人間と、それから中国を中心として、ほかにベトナム。あるいはもちろん香港、台湾はもちろん中国文化圏ですけども、そういうところでは共通の文化圏っていうのは漢字と儒教によって行われてきたというのが一般的な認識です。これは今でもそういうことをまだ主張する方が多いのですが。現実問題として、同じ漢字であっても、儒教って皆さんもう今はなんかイメージがわかないかもしれません。日本にも儒教は非常に大きな影響を与えたのですが。もちろん論語の孔子の教えとか、まあ人間の生き方とかそういう点では教えましたけども、儒教としては祖先崇拝なんかも儒教から入っているのかもしれませんけども、現在残っているものはまほとんどないでしょう。漢字は我々は使っているわけですが、実際は漢字とひらがなカタカナ、あるいはローマ字まで使って日本語っていうのは今日組み立てられているわけで、漢字文化圏には属するけども、中国大陸の漢字文化とは違うもの、発音も違うし意味も違う。それから、韓国はハングルになってしまったので、これはもう漢字は北の方も南の方も全然使いませんね今では。もちろん漢字を知っている人はいっぱいいますけど。それから、ベトナムはご承知のようにローマ・アルファベットを国字としては使っていますから、これも漢字はほとんど使いません。ただ、ベトナムに行きますと、ベトナムの政治家とか会うと、その政治家の方の紹介に、この方は非常に漢詩を書く人で、いろんな漢詩を発表されて、それを漢字で書としてお書きになったものを提示したり、やっぱりこの中国文化の影響の中で漢字文化は大きいと言えます。儒教というより漢詩を書くとかいうのは、日本も戦前まではありました。ベトナムではまだ強い。

ただ実際問題にはベトナム語はもうABCでやって、東南アジア諸国行きますと、タイはもちろん仏教国だし、インドの影響があって、中国の影響ももちろんありますけども、ヒンドゥー教の影響とかそっちも強く見られますから、もう儒教文化圏あるいは漢字文化圏には入らない。タイ文字はまったく漢字とは違いますし、カンボジアも違う。それから、東南アジア諸国で皆さんに、例えば、マレーシアとかインドネシアとかではローマ・アルファベットですね、ローマ字を国字として使っているわけで。もともとはアラビア文字に起源するのを使っていたけれども、今では漢字でもなくローマ字を使って表現をしています。フィリピンもそうですね、それから、インドネシア、マレーシアはローマ字圏です。それから、固有の文字があるのはミャンマーとかタイとかカンボジアとかです。そう見てみると、意外と文字から見ると、文化圏もだいぶ違って見えてきて、やっぱりローマ字を国字として使っているというのは非常に珍しいと言えば珍しい。しかし、それで表現しやすいということだと思いますね。

中国でも漢字が非常にめんどうというか習得も大変だから、なんとかローマ字で表現できないかということを毛沢東にロシア大使が言ったら、いや、中国は４０００年の文字の歴史があるので、そんなもの放棄するバカはいないぞと言われて、漢字を使ってきたというんですが。日本も、明治時代には、日本語を使っていると近代化に遅れるからフランス語にしてしまえというそういう議論もあった、まじめに。戦後も、志賀直哉という有名な、皆さんも知っている日本の小説家はそういうことをエッセイで書いています。50年代に、日本語よりもフランス語、日本人はフランス語を使って表現すべきだというふうなことを言っている人もいるわけです。今では英語が非常に重要だから、日本語よりも英語を優先させるという、そういうことを言う人もいるし、そういう傾向もあるし。大学も授業をしだいに、日本語だけではなく、英語の授業を増やさなくてはいけないし、大学によってはもう英語でやっている学部もあるわけです、日本の中にですね。秋田の国際教養大学なんていうのは全部英語でやっておりまして、一度キャンパスに入ったら英語以外使うことはできないと脅かされたことありますけど、まだ行ったことはないんですけどね、前の学長と仲が良かったものですから、そんなことを言われましたけれど。そういう傾向も出てきたわけで、たしかに国際語としての英語は重要だと思いますけれども、同時に日本語の表現っていうのもあるわけで、我々はそう簡単にはいかないと思います。

ただ、東南アジアを見ているといろんな言語が、先ほど言いましたように、まったくいろんな言語があるけれども、その言語を貫いて、いわば共通項もたくさんあるということです。それから、インドネシアがオランダの植民地になっていました、それから、マレーシアとかビルマはイギリスの植民地です。カンボジアとベトナムとラオスはフランスの植民地、というわけで、それぞれの植民地の言語というものもずっと影響を与えて。ベトナムに行くとフランス語話す人がいっぱいいますよね。最近は英語にだいぶ変わってきていますけども、そういうような事情もあって、それぞれの文化がいろんな文化があるけれども、共通項もたくさんあるということであります。もちろん日本に入ってくると日本のほうが、言語的にもいろんな面で閉鎖的だと言われてしまうのは、そういう共通項が日本に入ってくるとどっかで消えてしまう。これはいいことか悪いことかとは別に、現実にそういうことがあるということです。東アジア文化圏は今ではもう、だからかつてのような儒教文化圏とか漢字文化圏っていうのはもう今ほとんど現実には存在しない、影響はありますけど存在しない。中国そのものが簡体字といって、我々が読めないような漢字の簡略字体を使っておりますので、日本語のように漢字をきちんと書くところは、むしろ台湾とか香港とかそういうところになってしまって、なかなか中国に行くと簡体字に慣れなくて、どうやって読んでいいのかよく分からないことがあります。文字がたくさん出て、皆さんも知っていると思いますけど、そういうことになっていますから。それから、文化大革命っていうのが70年代までありましたけども、そのときには、中国の文化、伝統を否定をすることで、孔子とか論語とかそういうものも否定されたし、もちろん儒教とか道教とかそういうものも否定されました。中国そのものが、そういう中国文明のいわば文化的伝統を徹底的に否定した時代がある。ですから、そのあとの共産主義体制の中ではやはり宗教とかそういうものに対しては、ちゃんと認めないというのは今でも続いています。そういう点で文化に対してもいろんな規制が今でも働いていて、中国文化は中国大文明と言って、東アジア文化圏と言うんだけれど、ご本尊の中国において文化が、東アジア文化圏の根幹をなすような文化っていうものを否定するような動きが長く続いたのですから、これもまた弱くなった原因だと思います。

そこでどういうことかと言うと、ここに「混成文化」とありましたけれども、東アジアは東南アジアも含めて、どこへ行ってもこの「混成文化」、つまりいろんな文化が交じり合って、現在の文化っていうものをつくり出しているということであります。中国大陸そのものが、いろんなふうに異文化の影響を受けて現在の文化をつくり出してきて。日本を見ても、もともと神道に代表されるような歴史的な文化、地域的な文化というものがちゃんとあるわけです。もちろん中国大陸からの儒教とか漢字とかそういう影響をもろに受けて、そういう文化もいろんな面で入ってきた。例えば、京都のような都市設計も中国から来ているし、仏教も鑑真和尚のように中国からもたらされた。それから、いろんな中国的な風習、あるいは中国的な習慣というのが日本に根付いたことも事実であります。同時に、仏教はもちろん中国あるいは朝鮮大陸（朝鮮半島）を経て日本に入ってきたけれども、同時にそれはインドからきたものであって、インドとのつながりもたくさんある。インドの宗教、ヒンドゥー教の影響も非常に日本にはたくさん見られるわけで、いろんなところにヒンドゥー教の神様があるけど、そういう話をしだすと長くなるので今日はそういう指摘だけにしておきます。

日本の場合は、もともと土着の、いろんな国の土地に根ざした、神道的な、あるいは稲作文化に基づく文化がある。それに対して大陸からいろんなアジアの文化が入ってきて、近代になるとヨーロッパとかアメリカの文化が入って、日本が一番アジアの中ではもっとも広く西洋文明、あるいはアメリカの文化を受け入れた国です。ですから、少なくとも大きな意味で、三つの系統の文化があり、日本土着のその、日本固有の神道的な文化、それから、儒教や道教や仏教に代表されるような、あるいは漢字に代表されるようなアジア大陸の大きな文明が入ってきた。それと近代になって西洋文明っていうのが入ってきて、あるいは特にアメリカの文化も入ってきて、その大きな意味での三つの文化が混ざり合って現在の日本文化っていうのを形成しているわけです。ですから、どの要素をとっても、現在の日本文化っていうのは成立しない。例えばこういう、我々が着ているような服装も、これは近代になってからヨーロッパから入ってきたものですね、あるいはアメリカ的なものの影響も受けているわけですが。今や日本人は、また和服に戻れと言っても無理なもので。みんな洋服を着て生活をせざるをえない。ですから、こういうもの一つを考えても、こういう西洋的な要素っていうものを取り除いたら、日本の文化、あるいは日本の生活は崩壊してしまうわけですね。

ただ、日本の場合非常に面白いのが、一見西洋的な文化と、いわばアジアの文化、あるいは日本の文化は非常に違うわけですけども、これも何か矛盾対立することはほとんどなくて、自然に取り入れてしまって、それで日本の中でそれが混ざり合って、それで一つ、現在の日本の文化というのをつくり出している。それを「混成文化」と僕は本の中でも呼んできました。これは1955年に、先年亡くなった加藤周一さんっていう有名な評論家が、第二次世界大戦後ですね、いち早くヨーロッパに留学されて、イギリスとかフランスの文化を見て、これはギリシャ、ローマ以来の伝統を受け継ぐ非常に純粋的な文化が今でもある。それに対して日本に帰ってくると、今言ったようにいろんな西洋的なものも、アジア的なものもあれば、あるいは日本固有のものもある。これは、特に近代の工業的な文化というのは西洋から入ってきたものが多いわけですけども、そういうものがあるからこれは雑種であると、ヨーロッパ文化は純粋な文化であって、純粋な文化的系統をそれを発展させたものであると。それに対して日本は、いろんな系統の違った文化を取り入れて現在の文化というのをつくり出した、雑種であるということで、雑種文化論ということを論文をお書きになって、これもかなり評判になりました。私は、雑種と言えば世界どこへ行ってもそういうものがあるので、私はむしろ、老子の言葉で「混成」という言葉を使って、いろんな違った系統のものを一つにまとめて矛盾なく一つものを新しいものをつくり出す。これが「混成」だと、世界の始まりのことを老子が言って、「混成」っていう言葉を使っていますが、これがやはり日本には当てはまると思うんですね。日本の場合は西洋的なものもアメリカ的なものも、あるいはアジア大陸から来た仏教とかそういうものも、漢字も、それなりに抵抗なく取り入れて、それから、日本の神道といったものもまだちゃんと残っているし、そうした違った系統の文化を取り入れて自分たちの文化にしてしまい、あまり矛盾を感じなくて、お互いに文化が対立することはなくて、日本では一つの現代文化っていうのを、日本文化をつくり出した。例えば、東京で見たら、いろんな神社があるし、同時にお寺もいっぱいあるわけです。お寺は仏教で、神社は神道ですから、信仰としてはまったく違うものです、まったく違う宗教ですね。それが、いわば矛盾なく、神道の神社も仏教の寺院も、いわば全国どこへ行っても同居しているというか、同じところにあって、それを人々がべつに違うものとして意識して対立させるわけでもない、宗教対立が起こるわけでもない。まあ歴史的には若干そういうことありましたけど、基本的には一緒になってきた。ですから神仏融合とかね、共存とか、日本の宗教の特徴をよく言われますけど。それにもちろん、青山学院の建学の精神であるキリスト教も入ってきているし、もちろんイスラム教徒もいれば、いろんな人がいます。特に土着の宗教で、日本固有の宗教である神道と、外来的に入った世界的な大宗教である仏教とが矛盾なく、日常生活の中では一緒になっている。神道は生命の信仰であって、これは七五三とかですね、あるいは結婚式とか、そういうのは神道で行う。仏教はどちらかと言えば死の宗教であって、葬式とかそういうものをみとるというような、ある種の役割分担みたいなのがありますが、これはまったく異質の宗教が一緒になっているわけです、一緒というか、家の中には位牌もあれば、同時に仏壇もあれば、神棚もあると、今の家庭は伝統的にはずっとそういう生活やってきたんです。

でも日本を一歩出ますと、こういう現象はもうどこにも見られません。例えばタイに行って、タイにはピーという精霊信仰、これは基本的には自然崇拝で、日本神道と似た信仰ですけども、こういうものが非常に根強く人々の間に信仰としてあります。ですけれども、例えば、世界的な宗教である仏教が入ってきますと、このピー信仰っていうのは民間信仰の一員になってしまって、あくまでもタイ社会、あるいはタイ国家の中心の宗教は仏教であると。人々が心の中で信じていることはべつにいいけれども、表面にはなかなかその、日本の神道的な信仰みたいな、ピー信仰っていうのは出てこない。みんな世界中、ヨーロッパでもそうですけどそういうふうになってしまうのですが、日本の場合は珍しく仏教も神道も両立して、ずっと歴史をとおして存在していたっていうのは珍しい現象ですね。これは混成文化というものの一種の理想形態、あるいは極地だというふうに私は思います。ですから、今、グローバル化の中でも、世界中の文化がいろんな形で交わってくような時代、それでまあ文化の対立とか、文化摩擦とかそういう問題も指摘されているわけですけども、そういう時代で、世界のどの国においても、どの地域においても、外来の文化というものが入ってこない地域ってありません。もう純粋に土地だけの文化だけで生きているところっていうのはどこにもありません。ブータン行ってもそんなことまったくないですね、あれは仏教国だし、もちろん土地の精霊みたいな信仰もありますけど、同時に近代的な制度も取り入れてやっているわけであります。

ただ、アジアの諸国を見ていると、なかなか、土地の文化と、タイとかミャンマーとかそういうところにある文化と、それから、外来の、例えばヨーロッパから来た文化というものが矛盾なく交わるかというと必ずしもそうはいかない、中国においてもそうなんですね。ですから、どこかできしみ合って、まだまだなかなか、混成文化と呼べないような状態はあるのに、混成化は進んでいくのが現代でありまして。ですから、私が思うには日本というものは、そういう点では一つの大きなモデルになる。日本は、いろんな違ったものを異種混合せて、それを調和をもって一つの形に築き上げて。しかも文化的な発信、創造もたくさんやっているわけです。こういうところで、アジアにおいても特に日本のこういう文化の在り方は注目されると。それから、世界においても、アメリカであろうが、もちろんヨーロッパであろうが純粋文化ではやっていけないわけで、そんなことはもうありえませんけれども、そうするといろんな違った文化を、いわば自分たちの生活の中に取り入れてやっていかなくてはいけない。そういうときに日本の有り様は一つの大きなモデルになるだろうと私は思っている。ですから日本人ほど、朝は起きてコーヒーとクロワッサンという人もいれば、みそ汁になんとかかっていう人も、お昼は中華だけど夕方はフランス料理食べてとか、また夜食はラーメンとかおむすびとか、こんな食生活を送っている国の人というのはどこにも世界にはいません。アメリカに行っても、それぞれの違った民族がいるので、あるいはそれぞれの違った民族の風習がありますけども、一人のアメリカ人がこんなにいろんな多様な食事を一日で、違った文化を取り入れて、平気で食べている、生活しているところは全世界どこにもない。だから日本は、そういう点では非常に、グローバル化の一つのお手本でもあるし、要は文化のいわば、異文化建立の、あるいは異文化と自文化が混成してくような21世紀型の国のモデルでもあると思います。

特に東アジアにおいては、今後東アジアというのは、いろんな文化の違いとていうものが見られるわけで、それをいかに、一つの統合的なガバナンスをやっていくかというのは大きな課題、国家的な課題であり社会的な課題であり、個人の課題でもあるわけです。そういうときに日本の姿は一つの大きなモデルになるだろうと私は思っております。それで、日本の混成文化の在り方っていうものをいろいろと考えてみると、例えば皆さんも日常生活観察しながら見て、ソウルに行ってまた観察してみて、バンコク行ってみて、北京に行ってみると非常に面白いことがわかります。日常生活でどんな生活を送っているかということを、学生諸君の同じ世代で比べても面白いと思います。確かに生活のいろんな面で、似てきていることは事実ですが、やっぱり全然違うこともいっぱいありましてね。そういうのを論文に書いていただきたいと思います。

で、そこで東アジア現代文化と言いましたが、これは、あくまでも最初に申し上げたように、21世紀になってから顕著になってきた一つの大きな特徴で、東アジアの文化圏と言って、儒教とか漢字とか言っていた時代とはまったく違った様相を呈しているものであります。今や東アジアの国々においては、文化に対する注目が非常に強くなってきて、現代文化を創造したり、つくり上げよう形成しようという動きが非常に急になっております。例えば韓国も、20世紀には考えられなかったように、世界的に映画を制作したり。日本でも今、東京都も韓国映画を何本かやっていますし。もちろんテレビドラマそのほかは先ほど言ったようですけども。文化に対する投資といいますか、文化を育てることが、一つのその国のいわば産業や社会を活性化させ、国際社会において非常に大きな影響を与える存在になるということに東アジアの国々がようやく気がついてきた。文化の重要性にようやく気がついてきたのが21世紀になってからなんです。

韓国政府は、大々的にいろんな文化の分野に対して援助とか支援を行って、それを輸出して、日本に輸出したり、あるいは欧米に輸出したり、東南アジアに輸出したりしているわけです。それが大きな外貨も稼ぐことになっています。ちなみにアメリカという国は非常に大国ですけども、アメリカの産業で今、例えば日本で見て、アメリカ車に乗っている人ってほとんどいないのではないですかね。フォードと言っても、アメリカは大規模な自動車産業が始まった国ですけれども、今やアジアのどこに行ってもアメリカ車はほとんど見ないでしょう。見るのは、一頃は全部トヨタ、ホンダとかだったけど、今やヒュンダイとかそういうふうになってしまった。だから、アメリカを考えると、アメリカは超大国で経済大国でありますけど、同時に、アメリカの産業で国際的に影響を与えているものといったら、何かといったら軍事産業とか航空機の産業ですね、あるいは農業ですね、農業はもう世界的なシェアをもって、日本もアメリカの農業なしには生きていけないわけです。他に何があるかというと、皆さんアメリカ製のものを尊重して着るっていうようなことはないわけですよね。実際、表参道のブティックを見てもアメリカの物というのは何もありません。みんなヨーロッパのグッチやらフェンディやら、そういうのばかりでしょう、ルイヴィトンとかね。アメリカの物って何があるかって、ほとんど我々の日常生活の中に見られない。ただ、唯一大きな存在は、ハリウッドに代表される文化産業ですね、これはＩＴ産業も含めて、ＩＴ的な情報産業、それから、文化産業はやっぱり世界の中心になっていますから、これはアメリカ映画を今でも、スターウォーズとか今度新しいなんとかが来るとみんな見に行きます。世界中の人がみんな見るわけですね。それから、もう一つアメリカで際立った特徴っていうのはアメリカの大学です。ロンドンタイムズの世界の大学１００が毎年発表されます、ほとんど70％以上がアメリカの大学ですけど、世界のトップ大学も含めて、アメリカの大学産業、産業というと怒られるけど、大学は、やっぱり世界の人々がみんな行きたがるんです。アメリカと戦争しているようなイラクとかイランとか、そういうところの人たちも若い人たちは、できたらコロンビア行きたい、イェール行きたいとか、スタンフォード行きたいとか、ハーバード行きたいとか言っています。アメリカはむしろ文化と学術の面で世界をリードしていて、我々が通常使っているような車とか、日常生活の家電製品もそれもアメリカは何もない。ですけど、アメリカが超大国でいるのは、軍事力をバックにした政治力もありますけど、同時に文化の違いが非常に強いから、非常に文化がまた外貨も稼ぐし、同時に世界に影響を与える。アメリカで教育を受けると、やっぱりアメリカ的な教育のシステムの中で、知性が涵養《かんよう》されますから、やはりどうしてもアメリカ的な思考になる。それから、もちろん英語が武器になる。

そういうわけで、そういう人が世界中に今、中国でもどこでも出てきましたので、アメリカの影響はむしろ文化とか学術の面で非常に大きい。そういうことにようやく21世紀になってから中国も韓国も、あるいはシンガポールそのほかも気がつき始めた。中国は、これまでは大学っていうものは反政府の拠点みたいなところもあったもんですから、大学にはあんまりお金を回さなかった。北京大学とか清華大学とか立派な大学がありますけど、そういうところに10年ぐらい前行きますと、大学の先生方と話していると、いかに研究資金がないか、あるいは給料が低いかという話ばかり1時間も2時間も聞かされて頭がおかしくなったことがあります。日本でも必ずしもいいとは思わないけど。それぐらいだったのが、最近はそんなことまったく言わないですね、研究資金も豊富になってきまして、待遇も改善されてきて。それから、学生も非常にいわば国際的になってきて、留学生も多いし、先生方はみんなアメリカのPh．D．です。もう40代ぐらいから下はもうほとんどアメリカの大学のPh．D．ですね。イェール、コロンビアとか、あるいはイギリスの大学。そういう人たちが増えてきた。韓国に行ってもそうだし。来週講義に来られるパクさんも、ソウル大学の教授ですけど、コロンビアPh．D．ですよね。そういう人が東アジアの国々にも増えてきたし、シンガポールなんか行くともう顕著にみんなそうですね。そういう時代になってきました。

そういう時代になったときに初めてこの東アジアの現代文化圏が今出てきて、これは現代の文化圏ですから中国から文化が発生して出てくるというそういうものではない。みんな同時に現代の文化をいろんな形で創っている。各国それぞれ土着の文化と、あるいはヨーロッパ、アメリカ、あるいはアジア大陸の文化の影響のもとに、自分たちの現代文化を創り上げて、しかも文化を創造する手段が非常に共通になっています。映画を制作したり、テレビドラマをつくったり、あるいはAKBみたいな音楽を、J―POPやK―POPをつくるのもまったく同じ技術を持っているわけですけれども、そういう技術は共有しながら、それぞれやっぱり韓国のつくったものと日本のつくったものとは、それぞれの文化が反映して違う。そこがまた面白いわけで、そういう時代になってきました。それから、付け加えて言えば、これまで例えば、外タレとかなんとか言うけど、日本のまあビートルズも含め、あるいはベルリン・フィルハーモニックのようなヨーロッパの代表的なオーケストラとか、アメリカのオーケストラとかオペラとか、そういうものは基本的にはアジア公演っていうと日本だった。日本の特に東京を中心に。ですけど、今や北京公演もあればソウル公演もあれば、シンガポール公演もある。これまで20世紀は、そういうヨーロッパのオーケストラが演奏したくても実は演奏する場所がなかった。僕は1970年ぐらいにドイツのドレスデン・フィルハーモニック、シュターツカペレかな、が日本で公演されて、それを聞き損じて、そのあとすぐ北京に行ったら北京公演をやっていて、北京では日本の半分ぐらいの入場料で入れましたから、行ったんですよ。超満員だったけど、もうなんか全然コンサートホールではない、コンサートホールがまだなかった、いわゆるこういう講演するような場所でやっていました。ですけど、今は、2007年には北京の中心部の国家博物館の前、天安門広場の隣に、巨大な国家大劇院ができて。それはちょうど皆さん行くと、大きな巨大な池があって、その池の中に、ルーブルのピラミッドみたいな、ガラスの三角形の屋根が出ていますが、全部その下に、その地下に劇場が四つもあります。その劇場が、おそらくアジア最大の規模のオペラハウスと、コンサールホールとドラマシアターといったものが全部地下に埋まっているわけです。その最新の設備を持っていますから、今やアメリカのオーケストラでも、あるいはイギリスのオーケストラでも北京公演って打つようになりました。むしろ今後日本の如何においては日本公演をすっぽかして向こうだけでやっちゃう場合もある。ソウルにもそういうコンサートホールはあるし、シンガポールは2000年に、エスプラネードという巨大な文化施設を作りまして、そこにも東京の、新宿の初台にある新国立劇場、日本のオペラハウスですけども、これよりも規模の大きいオペラハウスをつくりました、コンサートホールもつくりました。そういうわけで、これまで東南アジアといえばシンガポール、なかなかそういうオーケストラが演奏する場所がなかったのが、今や最新設備を持った巨大な、アメリカやヨーロッパ以上のむしろ設備を持ったものができて。そういうところで、日本のもちろん、私は去年9月には、国家大劇院のコンサートホールで、日本の

NHK交響楽団の演奏会を聴きました。中国人の観客ばかりで、終わったら大拍手、スタンディングオベーションだった。ちょうど尖閣問題がかなり言われていたときですけども、そういう日本から行ったオーケストラに対しては、まったくその拍手をもって、しかもファンが多いです、日本のオーケストラに対してね。そういうことが起こってきているので、単に映画とかテレビドラマではなくて、オペラとかあるいはコンサートとか、そういうものも含めて、もちろんポピュラー・ミュージックもロックも含めて、そういうやりとりが、文化交流の場が各地に出てきました。

そこでできてきたのが、いわば現代文化圏であって、東南アジア諸国、あるいは東アジア諸国で、同じように、ツールというか技術は、映画制作の技術も、中国人も日本人も同じ技術を使うわけですが、できたものは中国映画、日本の映画、あるいは韓国映画、それぞれちょっとずつ違う、そういう新しい現代文化っていうものを競争するような形の文化圏が、21世紀なんかはできてきました。私はこれを東アジア現代文化圏の形成と呼んで、こういう話をいろいろほかでもやってきました。それから、大学間のある種の連携というのも進んできておりますが、そういう時代になってきたので、これはまったく、やっぱり政治の困難もあれば、やはり経済的な問題もあるけれども、同時に文化を見た場合に、もう非常に共通項と、それから、各国が文化を盛んに奨励して振興しているっていう情況です。しかも魅力的な映画とか、魅力的な音楽とか、魅力的なテレビドラマとか、あるいは魅力的な美術とかそういうものがいっぱいできて、私が今いる国立新美術館では、アジア美術奨励という、私のようなアジアの専門家が言い出してですね、2年後に現代韓国美術展っていう大規模なものをやりますが、そういうことが韓国ソウルの国立現代美術館と共同でやることになって、そういうことができるようになってきました。ですから、美術の面でも今やアジアは一種の、現代文化圏ができて、みんなこれは現代美術ですね、伝統的なものはそれぞれあるわけですけども、現代美術、あるいは現代文化っていうものを共同してつくっていく、それを競いながらつくっていくような時代がやってきたということを頭に入れていきたいと思います。ですから、まあこの文化を介した交流というのは非常に重要で、これを介して初めていわばアジアの人たちが、20世紀には達成できなかったような相互理解の道っていうのが開ける。今、日本の人が、韓国の俳優が好きだとかファンだとかいっぱいいる。逆に韓国で、キムタクとか、あるいはAKBだとか言う人がいっぱいいますし、中国行ってもそうだし、まあそういうようなことは20世紀まったく考えられなかったことが起こってきてるわけですね。しかも文化のマーケットとして、美術なんかも含めて非常に大きなものが今できてきて、むしろアジアであたる映画、アジアであたるテレビ、あるいはアジアで人気を呼ぶような文化的な商品とかそういうものが注目されるようになってきた時代です。そういうときに我々は、東アジア現代文化圏が、今は形成されつつあるという意識をもってあたっていただき、その中で日本もいろんなふうに参加していくべきだと思うんです。が、日本がどうも、こういう国際化については、なかなかまだ乗り遅れている、一番日本がいろんなノウハウやいろいろなものを持っているのに、一番、発信力が弱い。それで僕は、例えば日本のメディアアートという、アニメ・漫画とかゲームとか、そういうものの分野は日本が一番世界で進んでいるから、これをやるような、一度に見せるようなメディアアートの芸術館といったものはまだないですね。例えば、皆さんもフランス行けばルーブルとか行くのは、そこに行けばヨーロッパの美術は全部見れる、大体分かるというのがあるんですけど。現代社会で一番関心を呼んでいる日本の現代文化、特にメディアアートに対して、外国人が来たときに、その美術館に行けば分かるというような場所がない。これはまったく大きな欠落だと思っております。

ここに言いましたように、２００７年以来、日中韓の文化大臣フォーラムが初めてできて、共同宣言とかやっていまして。今や、今年からかな、日中韓で「文化芸術創造都市」を指定して、イベントをやろうということも具体的になってきております。ですから、最終的に申し上げたいことは、学術、大学の研究とか協力とかいうことも含めて、今、東アジア文化圏が、学術文化圏ができ始めているので、それを我々も積極的に推し進めて、それを推し進めることによって、東アジアのこれまで閉ざされていた人々の間の相互理解っていうのが進んでいく。それが、いわば政治とかいろんな問題が、困難な問題があってもそれを乗り越えられるような一つの相互理解による土台ができて、基盤ができて初めて、この地域に平和っていうものが、あるいは安定というものが、もたらされるだろうという強い期待をもっております。皆さんもそういう文化の面で東アジア地域に着目していただきたいと思います。

どうも今日は長い間ありがとうございました。

「アジアの地域統合を考える」講義Ⅱ

第12講 アジアにおけるアメリカのパワーの未来

ジョセフ・ナイ

ファー教授、ありがとうございます。そして、この会議の企画において非常にご尽力された羽場教授にも感謝の言葉を申し上げます

私の役割は、アジアにおけるアメリカのパワーの未来についてお話しすることです。

昨年の11月にオバマ大統領が口にしてから聞くようになった、いわゆるピボット・アジア（アジア回帰）に関しての議題提示から始めましょう。オバマ政権内の多くの人がこれは嘆かわしい言葉だと感じていると思いますし、私も個人的にそう思います。この言葉は、アメリカが一度アジアから離れたのだということをほのめかしているからです。しかし、もちろんアジアを離れたりしてはいません。これを、アジアへのリフォーカス（再び焦点をあてる）またはリバランス（再びバランスを取る）として考えるのが適切だと私は考えています。リフォーカスという言葉には、アメリカが21世紀最初の10年間、イラクやアフガニスタンに非常に重きを置き、注目していたという事実が込められています。そのため、世界でも恵まれないこの二つの地域がこの時期、アメリカの指導者たちの高い関心を大部分で集めるとともに、防衛予算の多くが費やされていたのです。またそれと同時に、世界経済の中心となりつつあったアジアの方向へと世界は動いておりました。そのためこの表現には戦略として欠陥があり、この言葉を言い換えてアジアへのピボット（回帰）ではなくアジアへのリフォーカスと呼んでいれば、この戦略を説明する

のに非常に賢明だったろうと考えています。しかしここで基本的な考え方として私が指摘しておきたいのは、長期的視点で考えた場合に鍵となるのがアジアの成長であるという点です。アメリカは太平洋における大国であり、州の一つは太平洋の真ん中にありますし、アメリカよりもアジア本土に近いグアムのような領土もあります。アメリカはまた、国民のルーツによって常に大きな影響を受けている国であり、アジア系アメリカ人は国内で重要な役割を果たす存在として見られるようになってきています。そういった意味では、アメリカは今もこれからもアジアにおける大国であり続けると思っています。

しかしここでオバマ政権の声明における言葉の遣い方から離れて、私がThe Future of Power（『スマート・パワー——21世紀を支配する新しい力』）という最近の著作で採用した長期的視点で見てみましょう。この本で私は、二つの大きなパワー・シフトが21世紀に起きていると主張しました。一つは私がパワー・トランジション（パワーの移行）と呼ぶもので、西洋から東洋へのパワー・シフトが見られます。もう一つは、政府から非政府アクターへのパワー・ディフュージョン（パワーの分散）です。今回はこのことについては議論しません。しかし西洋から東洋へのパワー・シフトに関して、１８００年あたりの世界の状況を見てみますと、アジアは人口において世界の半分より少し多く、そして生産高においても世界の半分より少し多い値を占めていました。１９００年になると、アジアはまだ人口において世界の半分以上を誇っている一方で、生産高に関しては世界の20％しかありません。「アジアに何が起きたのだ」と言うかもしれません。ここでの正解は、アジアに何が起きたのかではなく、アジアに何が起きなかったかなのです。ヨーロッパと北アメリカで起きていたのは産業革命でした。そして「正常な比率の回復」とでも言いましょうか、そのような動きが前世紀に生じ、今世紀になって勢いを増しています。つまり今世紀の半ばまでには、アジアが世界における人口と生産高の半分を再び構成するようになると私は見ています。そしてこれは、外交政策の策定における一側面としてアメリカが考慮すべきものだと思います。現在、このピボット政策はアメリカの衰えに対処するための手段だと言う人もいます。このアジアの復活は、日本を思い出すところから始まり、それから朝鮮、東南アジア諸国と歩みを進めて、現在は中国に大きな関心を寄せながらもインドにますます注目するようになっているというものですが、アメリカがこれを恐れ、対抗する動きを見せていると言われています。しかし、これは少しおかしいと思います。実際にここで見受けられるのは、アジアが世界経済においてさらに大きな役割を果たすようになり、アメリカの政策においてより中心的位置を占めるようになると認識しているアメリカの姿だと私は考えます。また、これが時にアメリカ合衆国の衰退の問題として表現されると、種々の理由により非常に誤解を招きやすいと思います。一つには、衰退という概念が誤解を呼ぶ表現だからです。この概念は、絶対的な衰退と相対的な衰退という二つの全く異なった現象を混同してしまいます。絶対的な衰退は、生産性のない社会だった古代ローマで起きたもので、国つまり帝国はその中で崩壊してしまいました。

これはアメリカの場合とは明らかに違います。アメリカは様々な問題に直面しており、その中には深刻なものもあるにも関わらず、それらは絶対的な衰退を示すものではありません。世界経済フォーラムによる、世界経済の競争力に関する順位付けを見てみると、アメリカは第5位に位置しています。中国は27位くらいだと思うのですが、アメリカより上位に入ってきたのはスイスやスウェーデン、シンガポールなど一様に小さい国々です。ナノテクノロジーやバイオテクノロジーなど21世紀における主要な技術を見てみると、ほとんどの専門家は概して、アメリカがこの分野において主導していると認識しています。そして起業家活動に関する調査に目を向けると、このような調査においてもアメリカは大概1位を占めていることがわかります。そのためアメリカがどのような課題を抱えているにせよ、絶対的な衰退というのはあまり適切な表現ではありません。

それよりも興味深いのは、相対的な衰退という、もう一つの概念です。アメリカは絶対的な衰退の中にある訳ではないかもしれないが、相対的な衰退を経験していると言う人もいます。その答えは、どのようにこの言葉を使用しているかによって変わります。例えばアメリカがこのくらいの上の高さの位置で、中国とインドが下方辺りから始めるとして、中国とインドがより急速に成長を遂げると、この間の差が縮まります。これをアメリカの相対的な衰退と呼ぶこともできますし、他の国の台頭と呼ぶこともできます。そしてここで興味深いのは、他の国が台頭したからといって、必ずしもアメリカ合衆国を超えることにはならないということです。他の国は、アメリカとの差を縮めているのです。相対的な衰退はありますが、必ずしもこのような国がアメリカを超えようとしている訳ではありません。それではなぜこれが興味深いのでしょうか。それは、中国がいずれアメリカを凌ぐようになって、大きな対立が生じると言う人が多くいるからです。次のようなことを言う人もいます。古代ギリシャの都市国家体制を崩壊に至らしめたペロポネソス戦争の実例において、トゥキュディデスの有名な説によると、この戦争はアテネの力とその台頭、そしてそれによりスパルタ内で恐怖心が生まれたことが引き金となって勃発したということです。あるいは、20世紀にヨーロッパの国家体制を崩壊させた第一次世界大戦の原因は、ドイツの力とその台頭、そしてそれによりイギリスにおいて恐怖心が生じたことであるという人もいます。私の友人であるシカゴ大学のジョン・ミアシャイマーのように、中国が平和的に発展することは不可能であり、21世紀には米中の間で大きな衝突が生じることになるという人もいます。そしてその衝突は、中国の力とその勃興、そしてそれがアメリカ内で巻き起こす恐怖心によるものだと言います。これは未来のアジアだけではなく、世界においても非常に憂鬱な予測です。

幸いなことに、私はいくつかの理由からこれが間違っていると考えています。一つに、ドイツは１９００年までには既にイギリスを超えてしまっていたので、この例示は歴史的観点から見て誤っています。中国が今まさにアメリカを上回ろうとしているという訳ではありません。ここで、エコノミスト誌では中国が２０１０年代の終盤には世界最大の経済になると予測されているから読むべきだとおっしゃるかもしれません。しかし、それはアメリカを抜くことと同じではありません。世界最大の経済を有することは経済大国の一つの指標です。これは購買力平価で測定され、為替レートは関係しません。為替レートを指標にすると、中国が世界最大の経済になることはありません。しかし、購買力平価を使用して中国が世界最大の経済になったとしても、そこには人口の規模が反映されていきます。経済力の比較基準の一つであり、高度な経済の指標でもある一人当たりの収入について、ここでは触れられていません。そして、一人当たりの収入で経済力を評価すると中国はアメリカを超えることはなく、もしそうなるとしても今世紀の後半に至るまでには起こりません。そのため、経済力というパワーの一つの尺度において、中国がアメリカを超えるという報道が多くなされていますが、さらに注意深く見てみるとこれは決定的要素ではありません。パワーのその他の側面も考慮しなければならないのです。二つ目の尺度である軍事力に関して、中国は初の空母を建造中であり、今年はGDP（国内総生産）の13％を軍事力に費やしています。しかし、訓練中の空母を1隻所有していることと、空母任務部隊を11部隊所有していることの間には大きな差があります。そして、中国がアメリカを軍事力において超えることがあるとしても、それには20年あるいは30年かかるとほとんどの軍事専門家が推定していると思います。

また、パワーの三つ目の尺度であるソフト・パワーは、自国の信条や魅力を通して求める結果を得る力のことですが、このソフト・パワーについて考えてみると、２００７年の中国共産党第17回全国代表大会における演説で胡錦濤がソフト・パワーへの支出を増やすように要請してからというもの、中国は膨大な額を費やしソフト・パワーの向上を図っています。中国の課題として、ソフト・パワーは政府が生み出すものだと考えがちな点がありますが、ソフト・パワーの多くは市民社会によって生み出されています。例えば、アメリカのソフト・パワーの多くは政府に関係なく、ハリウッドからハーバードまで、あらゆるものから生み出されます。中国は基本的に映画業界を規制し、テレビのニュースを検閲し、インターネットの使用を制限します。上海万博のような素晴らしいものもある一方で、劉暁波を監禁し、オスロで開催されたノーベル賞授賞式は欠席して、自らのメッセージを踏みにじります。その最終結果はと見てみますと、ＢＢＣのソフト・パワーに関する世論調査では、アメリカが金融体制を滅茶苦茶にした後に行われたにも関わらず、ソフト・パワーにおいてアメリカが中国を遥かに上回っているのがわかります。

中国では、政治支配によって市民社会が現在必然的に阻害されてしまっているため、それを緩和しない限り、ソフト・パワーにおいてアメリカと並ぶことはできないでしょう。そのため経済力、軍事力、そしてソフト・パワーにおいて、今後10年20年の間で中国がアメリカと肩を並べる、あるいは追い抜くことは難しいのです。それだけではありません。中国が現在有する新たなパワー、つまり非常に目覚ましく急激な経済成長から得ているパワーを行使しようとすると、ある影響が生じます。隣国にとって脅威となってしまうのです。考えてみて下さい。中国のように急激にハード・パワーが向上する一方でソフト・パワーにおいて向上が見られないと、そこで不安が生じ、そのパワーと釣り合いを取るために隣国が連携へと駆り立てられます。このようなことが中国で起きたのです。２０08年の金融危機後、アメリカが衰退の道をたどり中国がアメリカに追いつこうとしているという考えを持った人が中国には多くいたので、中国はより強気の外交政策をとっていました。その最終的な結果として２０１１年までには、韓国、日本、ベトナム、インド、そして言うまでもないですが他にも数カ国との関係が損なわれていました。強気な外交政策の結果はあまり成功だといえません。この影響は結局のところ、中国が一つの教訓を得たことであると私は考えています。２０１０年末には戴秉国によってステートメントが出され、２０１１年初めには胡錦濤国家主席がアメリカを訪問しました。その後、今年になって国家副主席の習近平が公式訪問した際には、中国がいくらか控えめになり、強気の方針も完全にではありませんが抑えられました。ハード・パワーがソフト・パワーを伴わずに増大すると、非生産的になりうると私がいうのはこういうことなのです。

アジアの発展について議論する際には、アジアは一つではないということを覚えておかなければなりません。アジアは多くの国から成り、中国に支配されることも、アメリカに支配されることも望みません。基本的には、できる限りの行動の自由を自分たちで持つことを望んでいるのです。それはつまり、中国がソフト・パワーを強化しない限り、全体的なパワーはうまく向上しないということです。カナダとメキシコが、アメリカに対抗する同盟を結ぼうと中国から求められたと考えてみて下さい。カナダとメキシコにおいてアメリカのソフト・パワーは大きいため、そのようなことは起こりません。ただし、南シナ海、尖閣諸島、あるいはインドとの国境における中国の行動が最終的にどのような結果を招いたかと考えると、それは全く逆のものでした。ソフト・パワーのない中国は、自らに対抗する同盟を作り出してしまったのです。そのため、アジアにおけるパワーの未来を理解するにあたっては、どれほど急激に中国のパワーが拡大するかだけではなく、中国がどれほどうまくソフト・パワーを向上させるか、そして自分たちのハード・パワーをどれほど強硬に振りかざすかといったことが影響します。

答えはまだ完全にはわかっていませんが、このことは非常に重要です。中国のパワーが高揚し、それによってアメリカで恐怖心が高まることは、アメリカにとっても中国にとっても、他のアジアの国々にとっても良いことではないため、このような状況に陥らないようにしたいからです。連邦議会で証言してから長きにわたって言い続けてきたことですが、アジアにおける三角形が日米中の間で成立することを考えると、私たちが本当に望んでいるのは三角形の三つの頂点全てが良い関係にあることです。中国に対抗する同盟は望んでおらず、アメリカを除外しようとする同盟も望みません。この点に関して、藤崎大使がつい先ほどおっしゃったことは全くもって正しいと私は思います。１９９５年に行った東アジアにおける政策見直しにおいてアメリカは、日本や他の国々との緊密な関係を再確認していく一方で、中国に対してＷＴＯ（世界貿易機関）に加盟し、ロバート・ゼーリックが後に「国際体制における責任あるステークホルダー（利害関係者）」と表した存在になるためのチャンスを与えると述べました。以上の観点からアジアにおけるパワーの未来を考えると、アメリカはこの政策見直し以来持ち続けてきた方針を継続するべきです。

中国を封じ込めたり封じ込めようとしたりすることは不可能なので、アメリカはそのようなことはしないと１９９０年代に自分で発言したのを覚えています。中国を封じ込めることができる唯一の国は中国なのです。もし中国が我が物顔で振る舞えば、それに対する同盟ができます。しかし私たちが中国に対し、国際体制の一翼を担う機会と可能性を提供すれば、最終的にはポジティブ・サム・ゲームが期待できる状況が生まれます。このことは重要です。21世紀のパワーを考えたとき、他国に対して行使するパワーだけでなく、他国と共に築くパワーがあることに気づく必要があるからです。そして、私たちは金融の安定や気候変動、パンデミック、テロリズムなど多くの新たな課題に取り組んでおり、他国に対してのパワーだけでなく、他国と共に築くパワーが間違いなく必要になります。つまり、アメリカと中国の関係がうまくいかなければ、前世紀に混乱を巻き起こした戦争と同様の衝突が起きるとミアシャイマーなどは提唱しますが、それだけではなく、今世紀の新たな課題、つまりパワーの分散によって浮かび上がったトランスナショナルな関係にまつわる課題に対しても悪影響が及びます。そのため、アジアにおけるアメリカのパワーの未来に関して私の考えでは、アメリカが存在感を保つことは非常に重要ですが、リラックスして自信を持ち続けること、他の国と緊密な関係を持ちつつも中国を封じ込めようとせず、中国に対して必要以上の恐怖を抱かないこと、そして中国や、この地域の他の国々と協働することによってポジティブ・サム・ゲームが成立する可能性があると気づくことが大切です。そしてそれにはもちろん、正式な同盟を結んでいる国だけでなく、ASEAN諸国のようにアメリカと良い関係を築いている国々も含まれます。これはスリン・ピッツワンASEAN事務総長にバトンを渡すのにぴったりな締めのコメントですね。

第13講 アジア地域主義におけるＡＳＥＡＮの役割

スリン・ピッツワン

スーザン・ファー教授、ジョセフ・ナイ教授、ありがとうございます。ハーバードに戻ってきて、左に傾いた部屋を見ることができ、非常にうれしく感じています。数週間前に、同窓生、経営学修士、行政学修士、博士号の方々と夕食を共にしたのですが、そこで「私が博士号を取得したのは１９８２年だった」と言いました。すると若くてきれいなお嬢さんが、「それは私が生まれた年です」とおっしゃったので、私は「ありがとうございます」と言いました。それにしても、私がハーバード大学に在籍していたのは昔々の話のようです。そして政治の世界に入ってから長いこと経ち、私が身につけた、あるいは癖になってしまったことなのですが、もはや座ったまま皆さんにお話しすることができなくなってしまいました。そのため壇上に立ち皆さんの顔を見ながら、東南アジアの小さな国の集まりであるＡＳＥＡＮに関しての経験を皆さんと共有することになります。この10カ国からなるＡＳＥＡＮの人口は6億人、ＧＤＰ（国内総生産）を合わせると2兆米ドルに上り、一つの国として考えると、２０１２念で世界第5位となります。ＥＵが第1位で16兆ドル、アメリカは14兆７０００億、中国が5兆９０００億、日本が5兆５０００億、そしてＡＳＥＡＮが2兆米ドルです。さて、ＡＳＥＡＮは中小規模の国の集合体であり、小さいものはブルネイ（人口は20万人強）から大きいものはインドネシア（2億４０００万人）まであります。これらの国々が連合となったのは１９６７年のことで、他ならぬ自分たちのアイデンティティを自らの環境で確実に保持できるようにすることをまさに目的としていました。そしてナイ教授や藤崎大使が先ほど説明された状況の中で、ＡＳＥＡＮはなんとかして生き残りの道を探さねばならないでしょう。

過去45年間団結してきたこの組織ですが、二つ目の目的は基本的に経済発展です。ＡＳＥＡＮの国々は総じて農業社会から始まり、いくぶん権威主義的でしたが、経済が発展すると自由なメディアや学問、市民社会や中産階級にスペースが開かれ、そこから中産階級拡大のためにさらにスペースが広げられてきました。そのため当初から複数の中央集権国家がゆっくりと門戸を開き、共に歩む未来と成長、そして民主化に向けての旅を始めたのです。最後はもちろん、ミャンマーです。技術、経済成長、革新、創造性に関して、東アジアは20世紀のヨーロッパであると前世紀末に発言したのは、ヘンリー・キッシンジャーでした。しかしナイ教授が先ほど議論されたように、東アジア諸国の間では差異が生じる可能性があり、それに対処し管理するための制度とプロセスに関しては、東アジアは19世紀のヨーロッパだともキッシンジャーは言いました。東アジア地域では、従来からの歴史的な対立関係がくすぶっており、それに対処できるような公式機関がＡＳＥＡＮ以外に存在しません。ＡＳＥＡＮは今までその役割を果たし、その空白を埋めようとしてきました。

そのような理由で、私たちはＡＳＥＡＮ地域フォーラムと呼ばれるものを考えたのです。六カ国協議に属する六カ国全てがこのＡＳＥＡＮ地域フォーラムの加盟国で、それに北朝鮮を引き入れることができましたし、これからも北朝鮮が留まるように努めます。そして、どうにかしてこの地域でのバランスを保てるようにしていきます。クリントン国務長官はＡＳＥＡＮを、「東アジアにて成長し、勃興する地域構造の支え」と表現しました。藤崎大使がおっしゃったことですが、東アジア共同体がアメリカを除外することはないと日本の首相がオバマ大統領に告げた状況について、私たちは分析しました。昨年11月の東アジア首脳会議はＡＳＥＡＮ加盟国のインドネシアで開催され、インドネシア共和国大統領が主催し、指揮を執りました。東アジア首脳会議は、ＡＳＥＡＮの10カ国に主要な貿易相手国である日本、韓国、中国、オーストラリア、ニュージーランド、そしてインドを加えたＡＳＥＡＮ＋

6という、まさに最上層部のサミットです。その東アジアにおける最もハイレベルな公式機関の場にロシアの大統領とオバマ大統領を招待することが決定されていました。

ASEANは東洋におけるパワー・プレイの支えであり続けるとともに、あらゆる人を歓迎し、全てを受け入れ、何も脅かすことはありません。私たちには誰かに影響を及ぼしたり、誰かを脅かしたりするパワーもありませんしそういった願望もなく、全ての人がASEANのもとでは心地よく感じるからです。そして現在では、ASEANは対話と貿易のパートナーである6カ国、つまり中国、日本、韓国、インド、オーストラリア、ニュージーランドと協働し、6カ国全ての国と自由貿易協定を結んでいます。そしてこれらの六つの自由貿易協定、オーストラリアとニュージーランドは共同で結んでいるので五つと数えられるかもしれませんが、これらの協定を統合し、ASEAN地域経済連携と呼ばれる東アジア地域全域に及ぶものにしたいと考えています。問題として挙がっているのは、何がこれに影響を与えるのかということです。

TPP（環太平洋戦略的経済連携協定）は現在まさに揺籃期にあります。現時点ではアメリカによって進められており、オバマ大統領はカンヌで開催されたG20の会合において、「21世紀にふさわしい貿易協定になるだろう」と発言されています。しかし、現在はまだ、まさに初期段階にあるのです。日本の大使がつい先ほど「TPPは日本にとって大きな問題なので、まだ決断していない」とおっしゃいました。ASEANからは4カ国が参加していますが、シンガポール、ブルネイ、ベトナム、マレーシアといった非常に小さい国々です。ASEAN最大の経済国であるインドネシアやタイ、フィリピンのような大きな国は、TPPをあまり快く思ってはいません。

私たちの考えでは、ASEAN地域全域と東アジアの経済共同体であるRCEP（東アジア地域包括的経済連携）とTPPは相互排他的なものではなく、平行線をたどると考えています。しかし、ASEAN＋6のGDPは、TPP交渉参加国のGDPを合わせたものよりもはるかに多いのです。RCEPのGDPは合計17兆2000億米ドルで、世界との貿易額は3兆6900億ドルに達します。TPPはというと、GDPが16兆8000億ドルで、参加国の間での貿易額はわずか６１００億ドルにしかなりません。そのため、ＡＳＥＡＮが主導している東アジアにおいての連携構想は、斬新的でゆっくりとしたペースではありますが安定したものです。ＴＰＰを巡って、日本では不安の声が多く巻き起こっていますし、他の参加国からも反対の声が上がるでしょう。ＡＳＥＡＮは、ＡＳＥＡＮの中心性と呼ばれる位置を占めております。ＡＳＥＡＮに脅かされることがないため、ＡＳＥＡＮが主導することを皆心地よく感じています。しかし、その他のイニシアティブは非常に大きな不安と反対の声をもたらすことになります。今年の末までにＴＰＰが開始されるかどうかは定かではありませんが、未だ参加国の思惑を図っている段階です。ＴＰＰの加盟交渉国は９カ国で、ペルーやチリも含まれています。しかしＡＳＥＡＮ経済連携に関しては、野田首相からほんの二週間前にＡＳＥＡＮの経済大臣らにお話があり、「今年の末には開始されることを望んでいます」とのことでした。そして二つの概念、二つの経済協力の構造はおそらく平行線上を進むでしょうが、ＡＳＥＡＮの中心性によって、よりゆっくりとした足取りになるでしょう。東アジアが少し安定度を増し、この東アジア経済共同体が未来に向けて速度を増して進展していくのを、私たちはこれから目にすることになります。これがＴＰＰにもあてはまるかどうかについては、私は確信を持てません。今年の末に行われるアメリカ総選挙はどうなるのでしょう。議会を掌握するのは誰なのでしょうか。誰がホワイトハウスを統制することになるのでしょう。政権に変化が起きるとこのような構想も変化し、中止されてしまうのでしょうか。

しかしＡＳＥＡＮ東アジア地域包括的経済連携に関しては、規模も小さく脅威も与えず、非常にゆっくりとした速度で進展し誰も脅かすことはありませんが、多くの希望を与えるとともに、この提携に関係した全ての国に既に多くの恩恵をもたらしています。これら全ての対話国との間の貿易は増加し、投資も増え、東アジアは成長していきます。ＡＳＥＡＮはそのまさに中心にあり、東アジアの力強い成長の中でそのような立場をうまく活用しています。ＡＳＥＡＮはまた、経済成長だけでは十分でないことをしっかりと意識しています。それを支えるためには安全保障が必要であって、安全保障協力が必要です。この地域で戦火を交えることが絶対にないようにするためには私たちには安全保障の取り決めが必要なのです。そのため、ADMM（ASEAN国防相会議）では門戸を開き、主要国の防衛担当大臣を招き、会議に出席して共に議論し問題に取り組んでもらうよう決定しました。これはADMM＋（拡大ASEAN国防相会議）と呼ばれています。ロシアの国防大臣もいましたし、中国の国防部部長も出席していました。他にもアメリカ、韓国、日本、そしてオーストラリアの防衛担当大臣が出席していました。

このADMM＋の初めての会合が2010年10月にハノイで行われたのですが、そこで当時アメリカ国防長官であったロバート・ゲーツ氏が「我々は太平洋の国である」といった後にドラマチックに沈黙し、それから「我々はこの地域に属する国である」と述べたのを覚えています。ナイ教授が「アメリカがこの地域を去ったことは一度もない」とつい先ほどおっしゃられたのはこういう訳だったのです。この地域に属する国なのです。そのためナイ教授、これがアジアへのリフォーカスであれ、回帰であれ、私たちはアメリカのプレゼンスを歓迎します。そしてアメリカのプレゼンスによって、この地域のパワー・プレイのバランスを保つことができるという確信と安心がもたらされます。アメリカはとても長い間、中東に非常に強く注力していました。東アジアは短期間に非常に速いスピードで成長し、オバマ大統領は次のように述べました。「アメリカが危機を脱したいと思うのであれば、もっと売ってもっと輸出しなければならない。そこで私は周りを見回してみました。どこに消費者がいて、どこに市場があるのでしょう。それは東アジアの皆さんです」と、このように述べたのが2010年の終わりのことで、2011年になると東アジアへの、そしてアジアへの回帰という文言を聞きました。先ほど申しましたように、私たちはリフォーカスを、そして回帰を歓迎します。この地域で私たちが望むものは、動揺を引き起こしかねないようなパワーの不均衡ではなく、パワーの釣り合いであると信じているからです。そしてASEANはそのちょうど中心に位置し、全ての人が快適であるようにすることだけに努めています。大きな国家から始まり、それから小さな国を引き込んでいったヨーロッパとは違い、ASEANの場合は中小規模の国が中国、日本、韓国、オーストラリア、アメリカ、ロシア、EU（ヨーロッパ連合）を対話パートナーの中に引き入れていき、この地域におけるパワー・

プレイの支えとなってこの構造を織りなしています。しかし、パワーの均衡を保つためには、このような国全ての参加が必要です。現時点ではＡＳＥＡＮは成功を収めており、これからも東アジアにおいて繁栄と安定、安全保障を継続的にもたらすことができるよう望んでいます。そしてそれは東アジアや東南アジアの私たちだけでなく、グローバル社会にも資することになるでしょう。ご清聴ありがとうございました。

第14講 アジア太平洋地域において新たに出現する二重リーダーシップ構造

趙 全勝

皆様、こんにちは。本日はこのような学術的な場に出席できることを非常にうれしく思っております。私は、1993〜94年までを、ここハーバード大学ケネディ行政大学院で過ごしましたが、本当にすばらしい時間でした。また本日、私の同僚がこの場に出席していることをとてもうれしく思っています。スライドは急いで終わらせてしまって、それから結論に移れるようにします。

トピックは、私が「アジア太平洋において新たに出現する二重リーダーシップ構造」と呼ぶもので、二つ鍵となる言葉があります。一つ目は「新たに出現する」という言葉です。これは未だ展開中であり、必ずしも既に形が定まっている訳ではないということを意味しています。二つ目は「アジア太平洋」という言葉です。この点では、G2の概念とは異なっており、限定的です。

ここで基本となる主張は、アジア太平洋が二つの側面に分断されているということです。アメリカ合衆国は未だに覇権国として存在し、また軍事・安全保障の分野では世界の軍事支出の40％を超える割合を占め、依然として指導的な国であります。また、中国が影響力のある経済大国として浮上してきています。それでは、多くはナイ教授が既にお話しされたことですが、これから数枚のスライドの中で議論をいくつか提示したいと思います。

どの国が最大の経済国かということについてのアメリカの世論に目を向けると、中国がほぼ半分、アメリカがたった31％、日本が９％、ＥＵが６％です。それからどの国が最大の軍事国かという点に関するアメリカ国民の認識を見てみると、こちらではアメリカが３分の２、中国が16％、ロシアが５％、ＥＵが３％です。そのため私の考えでは、世間の認識は現実と合致しています。

もう既にパワーの移行についてはお話がありましたので、こちらについてあまり詳細な話はいたしません。過去二、三世紀における日本、ドイツ、ロシア、そしてアメリカの歴史は、平和的に、あるいは対立をもって既存の大国に挑戦する実例でした。特に日本については、明治時代から近年の経済不況までを見てみますと、東アジアの中で一番の大国として成功を収め、一方で中国は敗北を喫していました。しかし、中国が世界第二位の経済大国として日本を凌ぐようになり、今では順位が以前と異なっているのが見受けられます。パワーの移行です。

それでは、私の言うリーダーシップとは何なのでしょうか。ここでは少なくとも五つの条件があります。ナイ教授の初期の著作に Bound to Lead（『不滅の大国アメリカ』）というものがありますが、この五つの条件を見てみますと、一つ目が例えば経済面や軍事面において最も強力であること、二つ目が法制定と政策設定、三つ目が国際機関において指導的な立場であること、四つ目が公共の利益を提供していること、そして最後五つ目が高い倫理的地位を占めていることです。このような五つの特徴を通して、様々な分野におけるアメリカ、中国そしてＡＳＥＡＮ（東南アジア諸国連合）を比較し、考察することができます。

二重のリーダーシップに関しては協力が非常に重要であり、欠かせません。なぜ私が「新たに出現する」という言葉を使用したかというと、中国が経済面においてより影響力のある役割を果たすようになっているからです。これにより、比較・相対的な観点からいくつかの数値を見ていきますが、これは中国とアメリカの間の差が今や縮まっていることを示すものです。経済においては、毎年中国が一歩ずつ近づいてきています。また、中国が必ずしも安い労働力だけではなく、国内外商品のための市場の提供を開始するかもしれないということも重要です。

アジア太平洋地域内において韓国、日本、中華圏、ＡＳＥＡＮ、インド、オーストラリアの最大貿易相手国を見てみますと、中国が今や最大の貿易相手国であり、日本は現在第二位です。アメリカはＮＡＦＴＡ（北米自由貿易協定）、その中でも特にメキシコにとって現在も最大の貿易相手国であります。地域経済における影響には、外国直接投資（ＦＤＩ）の問題も関係しています。また自由貿易協定も様々な国の間で結ばれ増加しており、例えば中国はごく最近韓国との交渉を始めました。中国における外国直接投資の流出入はアジア太平洋地域をも越え、アフリカやラテンアメリカに向けても既に増加しています。

そのため、五つの分野全てにおいて比較すると、中国はアメリカに近づいてきているのです。それと同時に、アメリカは世界で最大の軍事力を保持しています。特に軍事支出額で見てみると、アメリカ合衆国の軍隊はその後に続く軍事大国をすべて合わせたよりも規模が大きいのです。アメリカは、日本、韓国、フィリピン、オーストラリアなどといった軍事パートナーよりもはるかに強力です。アメリカと韓国は定期的に合同軍事演習を行っており、アメリカと日本の軍事演習は平均で年１００回以上に上ります。中国の軍事パートナーは非常に限られており、同盟国としては北朝鮮しか見られません。しかし、六カ国協議において中国はアメリカと並び主導的な役割を実際に果たしています。

その他の差としては、ナイ教授が先ほどおっしゃったことと似ているのですが、ソフトパワーがあります。ソフトパワーにおいて米中間の差はさらに開いているのです。ここに挙げられたアメリカの強みを見てみますと、報道機関のみならず、同盟国や高い倫理的姿勢といったその他の点においてもアメリカは優位に立っています。アメリカはまた、アジアにおいても世界的にも、中国よりもはるかに高い世論の評価を得ています。

ここで米中に対して韓国がどのような認識を持っているかご紹介したいと思います。見ていただけるとわかりますが、非常に興味深い例です。経済問題について議論する際、中国が台頭し、優位に立とうとしていると言う人がほとんどでしょう。しかしここで別の疑問が浮かびます。もし米中の間に軍事対立が生じれば、どちらを支持するべきなのでしょうか。この調査は若い中国人の社会科学研究者３名が行いました。この結果を見てみますと、約３

分の2の韓国人が「中立的な立場を取る」と答え、31％は「アメリカを支持する」と答えました。そして「中国を支持する」と答えた人はわずか2％でした。これはとても興味深い数字です。

韓国での調査には、政治的な信用性も一項目として含まれています。この調査は、「日本を50点とするならばアメリカと中国はどう評価しますか」というものでした。アメリカは62点、中国は42点です。中国がアメリカよりも低いというのは意外ではありませんが、中国が日本よりもさらに低いというのは驚きに値します。これは、政治の影響力を示す非常に興味深い例です。

地域機関については概略だけ示すことにします。もちろんＡＳＥＡＮやその他の機関は非常に重要ですが、同盟は他にもあり、中国は追い上げを図っています。先ほど軍事予算の増加と、平和的発展のイメージ強化の話がありました。しかし、ソフトパワーが弱いことで中国の副次的な影響力は大いに損なわれました。その意味では、中国のソフトパワーが弱いために、隣国が中国の影響力とバランスを取ろうと、ある種の連立の方向へと動いているとおっしゃったナイ教授の先ほどの主張に私は賛成です。

既に言いましたが、強みと弱みについて考えてみると、少なくとも現時点で中国は経済的により強い立場にあります。もちろん、中国の経済はバブル経済化するか崩壊すると主張する人もいますが、そうならない限り中国は政治的・軍事的に弱く、アメリカはその逆、経済に弱い、と言えるでしょう。

それでは、将来の方向性という観点からどのようにしてこの二重リーダーシップを考えるべきなのでしょうか。私は米中関係の可能性を説明する際、建設的な三つのＣと非建設的な三つのＣを使います。建設的な側面は、調整（coordination）協力（cooperation）妥協（compromise）で、非建設的な側面は競争（competition）衝突（conflict）対立（confrontation）です。朝鮮半島と台湾海峡は昔から争いが起こってきた地域ですが、現在は米中の間で、私が共同管理と呼ぶ可能性が開かれています。そのため、先ほどお話があったミアシャイマーの主張のように中国とアメリカはゼロ・サム・ゲームであると見るか、あるいは相互依存とグローバル化が伴うウィン・ウィンの状況であると見るかのどちらかです。

現在では、共同管理となりうる課題や分野として、特に南シナ海や経済摩擦に対する取り組みが既に行われており、現在の課題に対処するための協力関係や戦略的交渉が既に存在します。アメリカのピボット・アジア（アジア回帰）を受けて、アジア太平洋地域が今や米中間の議題となっていることは興味深い変化です。将来の方向性に関して一つ問題なのは、ここでの二重リーダーシップ構造は未だ新たに出現過程のものだということです。短期間で消滅してしまうことはないため、ソ連が崩壊したときに起きたような何か劇的なことがない限り、競争に対して協力で釣り合いを取るといったこの種の現象はこれから先数十年続くかもしれません。

ソ連崩壊のような動乱を巻きおこす出来事がなければ、中国はこれまで通り建設的な方向へと歩みを進めて行くでしょう。また、協力関係には日本、ロシア、朝鮮半島の両国家、ＡＳＥＡＮ諸国も含まれるべきです。六カ国協議が進展を続ける可能性もありますが、定かではありません。前進したこととして、ごく最近野田首相とオバマ大統領から、真の太平洋トライアングルを実現するために日米中参加のもとサミットを開催するという提案がありました。

ご清聴ありがとうございました。

第15講　パネル・ディスカッション――アジア統合の未来

司会：青木保／北岡伸一、パク・チョルヒ、天児慧、羽場久美子

羽場：アメリカ、欧州との比較ということで、いよいよ最終回を迎えます。600人近い学生さんたちが、この14回、アジアの地域統合の問題について、政治や経済やエネルギー問題や文化などさまざまな視点から学んでいただきまして、本日は15回目、最終回として素晴らしい先生方をお迎えさせていただきました。前にも並んでおりますように、本日は、先週お話をいただきました、元文化庁長官、国立新美術館の館長でいらっしゃいます青木保先生に総合司会を務めていただきまして、この14回を振り返って、アジアをどう考えるか。そして、今アジアが大変な状況の中でどのように未来を見つめていくかということについてパネル・ディスカッションを組織していただきます。パネル・ディスカッションのメンバーの先生方として、これも素晴らしい先生方にお忙しい中いらしていただきました。お一人は、現在国際大学の学長でいらっしゃいます北岡伸一先生でございます。北岡伸一先生は東京大学を修了されまして、元国連の大使をお務めになられ、さまざまな場で世界的なご活躍をされてこられました。現在、政策大学大学院の教授、そして国際大学の学長を務めていらっしゃいます。次に、ソウル大学からパク・チョルヒ教授をお招きさせていただきました。パク先生は、ソウル大学、そして、韓国における日本研究の第一人者で、この間、日本に関する政治、東アジアにおける政治経済に対して多くのご研究をなされ、政策提言にもかかわられてこられました。中曽根康弘賞もお取りになり、日韓を結ぶ非常に重要な政治的な役割も果たしておられます。三人目は、皆様よくご存じの天児慧先生です。早稲田大学の教授で、7回目に、中国と東アジアの地域の問題について、非常に広い視点からご講義をいただきました。本日は特に中国の立場から最終的なご提

言をいただきたいと思います。そして、私も参加させていただきまして、この14回を振り返って、この講義を受講し皆さんがレポートで大きく成長してくださったことに心から感謝しながら、この14回を基礎にいかに皆さん方の東アジアに対する考えを深め発展させていただけるのか、そして本日どのような形でそれを集約しできるのかということについて、何らかの発言と問題提起ができればと思っております。それでは、先生方、よろしくお願いいたします。

青木：それでは始めさせていただきます。先ほど羽場先生からご紹介いただきましたように、今日はここにいらっしゃる3人のゲスト、私は司会役を務めさせていただきますけど、3人の錚々たるゲストと羽場先生とご一緒に、この「アジアの地域統合を考える」というテーマで、これまで14回おやりになった講演の総括的な意味でいろいろと議論をし、あるいはご意見を伺いたいと思います。それにしても、皆さんすごく幸福だと思いますよ。羽場先生のご指導の下に、第1回～第14回まで、錚々たるメンバーが来て、それで皆さんにいろんな講義をしたわけですから、こんな機会はほかの大学では経験することがまずできないと思います。大体がその、大使が3人、今日ここにいらっしゃる国連大使をお務めになった北岡先生も含めますと大使が4人出演してますからね。中国大使、韓国大使、日本の駐米大使、それに国連大使。珍しいと思います。そのほか天児先生、今日はパク先生もいらして、それぞれ東アジア、あるいはアジアに関する最高のメンバーが学者としても学問的な意味でもお集まりになったわけで、私もほんとにこのプログラムを見て、ああすごいなと思いました。元首相もいらっしゃいますしね。というわけで今日はまず最初に、一応これまで14回の講義があったわけですけど、それについて羽場先生のほうから簡単ないわば14回をとおしての問題点とか、あるいは羽場先生の見られる印象、そのほかについてご紹介いただきまして、パネラーの皆様からお話を伺いたいと思います。では羽場先生お願いします。

羽場：青木先生どうもありがとうございます。今、青木先生がご紹介いただきましたように、まさに政策決定をされている方々を含めて、非常に重要な方々がこの4月～7月にかけて、青山学院大学にいらしてくださいました。大きく分けると、政治・経済・文化・エネルギー、そして、アイデンティティや社会の問題について、それぞれのお立場からお話をいただきました。一方では、政策決定にたずさわっていらっしゃる方々と、他方で、大学という教育、学問の場におられる方々からのお話がありました。簡単に一言ずつですが振り返ってみたいと思います。

鳩山由紀夫元総理が、東アジア共同体というアジアにおける地域統合の動きについて、政治のレベルからお話をいただきました。特に鳩山さんからは、鳩山一郎とクーデンホーフ＝カレルギーを挙げられて、いかに紛争地域を和解と友愛の地域に変えていくか、そのために何をなすべきかという観点からお話があったかと思います。次に、藤崎一郎駐米大使は、特に日米関係の重要性を強調されました。現在の安定的な東アジアの状況がある背景には、日米関係、あるいは広くは東アジアとアメリカの関係が基礎にあって、それが戦後の安定と繁栄を築いてきた。大国との安定的な連携がアジアの繁栄の基礎にあるということをお話しいただけたと思います。寺島実郎、三井物産戦略研究所の会長からは、特にエネルギー問題について、２０１１年におこった震災、３・11以降の原子力の状況を含めて、いかに将来のエネルギーを考えていくのか、将来のアジアにおけるエネルギーの共存について、ＥＵＲＡＴＯＭならぬ、ＡＳＩＡＴＯＭというものをつくっていく必要があるのではないかという興味深い提言をいただきました。日本国際フォーラム、東アジア共同体評議会理事長の伊藤憲一先生からは、ＮＥＡＴというＡＳＥＡＮ＋３の共同を長年リードしてこられた立場から、官・政・学を合わせ、いかにアジアが知的に共同のネットワークをつくっていくかという重要性について語っていただきました。この問題提起は大きいと思います。

中国大使館の程大使、それから、韓国大使館の申大使からは、それぞれの立場から困難な中での日中韓の共同についての重要性を強調され、非常に温かい、尚且つ心にしみるお言葉をいただきました。またいずれも皆さんのように若いときに日本においでになり、そして、そうした若いときにアジアの人たちと交流する中で、自らが外交官となって各国に橋を架けていく、それこそが自分の使命なんだと、おっしゃっていただきました。天児先生からは、中国という大国が今どのような位置を世界に占めているかという、エマージング・パワーとしての中国の役割に触れていただくとともに、そうした政治・経済以上に、非伝統的な安全保障が極めて重要になるということをご指摘いただきました。李先生からは、特に北朝鮮の核問題や、韓国との対立関係の中で、朝鮮半島を安定の要にしていくべきという問題提起がありました。欧州のＯＳＣＥのように、「６者協議」を安全保障の対話の要にしていくということが語られました。明石元国連事務次長、国際文化会館館長からは、国連がアジアにおいて果たしてきた重要な役割として、東チモールやミャンマーの問題において平和構築と信頼醸成の重要性を指摘されました。明石さんも、紛争と対立の場になりがちなアジアを調整していくための mutual trust、相互信頼というものと、そこでの若者の役割の重要性を強調されています。猪口先生は、ご専門のアジアバロメーターというアジアでの世論調査を基礎に、アジアアイデンティティをサスティナブルに形成していくことの重要性を平和と安定を絡めて語られました。本学の元副学長である土山先生からは、アジアの安全保障がパワー・トランジション、パワーシフトの流れの中で、極めて緊張関係に陥っていることが語られながら、そうした中でいかにパワー・トランジションを超えた共同関係と安定が重要なのかということを話していただきました。

青木先生、元文化庁長官のお話は非常に皆さんに心に染みいるものであったと思います。政治経済がいまやアジア、特に東アジアでは非常に緊張関係を極めている中で、青木先生は共同と安定に向けて、特に文化の重要性を語っていただきました。尖閣問題で荒れている最中の中国北京で、デモや緊張が頂点に達する中でも、北京のコンサートホールではスタンディングオベーションを受けるほど、N響の音楽が中国の人たちの心に染み渡ったという例を出しながら、芸術・文化は国境を越えて伝わるということは皆さんの心にも重く響いたと思います。これらを踏まえて本日はまた新たに、最高のメンバーを迎えて、パネルを開かせていただきます。この半年の講義が皆さんの心を動かし、アジアの安定と繁栄のミッションのために、動いてくださることを希望します。多角的な立場からアジアの現在、そして、未来を考えていっていただきたいと思います。以上簡単ですがまとめさせていただきました。

青木：どうもありがとうございました。それでは、今日お招きしている先生方からお話を聞きたいと思います。最初に北岡先生、北岡先生は東大の法学部の教授をされていたんですが、東大では政治外交史、日本の外交史をご担当になって、それから、国連大使を務められて、で今、先ほどご紹介のような地位にいらっしゃいますが。外交問題、特に日本と韓国、あるいは日本と中国の教科書問題の、日本側の代表を務められたりして、さまざまな経験を積んでいらっしゃいます。そういう点で、今日は今、羽場先生からこれまでのあらすじをご説明いただきましたけども、それに続く形で北岡先生から、アジアの地域統合といったことについてのお考えをまずお聞かせいただきたいと思います。

北岡：私はアジアの地域統合ということを尋ねられる度に、その基礎的な出発条件に立ち返って振り返ることが多いのですが、今回もそういうところから始めてみたいと思います。地域統合は、もう80年代から議論されてるいるのですが、要するに、ヨーロッパで統合が起こっている——まあ今はちょっと難しい段階にありますけれども——が、アジアではどうだろうかということです。まず、ヨーロッパと何が違うかと言えば、ヨーロッパは基本的にキリスト教文化圏ですけども、アジアには仏教もあればイスラム教もあり、宗教的に多様です。それから政治制度が違います。日本のような立憲君主制から、共産党支配、それから、民主化しつつある国、それから、一種のスルタン制、いろいろあってですね、政治体制が違うわけです。ヨーロッパは基本的にデモクラシー、あるいは立憲君主制、基本的にデモクラシーなわけです。これも違います。第三に、ヨーロッパ諸国は基本的に経済水準が近かったんですね。もちろん多少差がありますが、それでも経済的に極端に離れてはいない。ところがアジアでは日本やシンガポールのような豊かな国と、インドシナの内部のラオス、カンボジア、ミャンマーといった国々は経済水準がすごく違う。国のサイズがまた違います。ヨーロッパにはもちろん小さい国はありますけれども、ベネルクスなんか最初から割合一緒に行動していたし、北欧の国もそうなんですよね。しかし、アジアにくるとですね、ブルネイ、何十万人という国から、13億の中国までいる。こういうところで統合なんかできるのかという懐疑的な声が多かったわけです。

しかし、その頃、例えば80年代の頃と比べて統合ははるかに進んでいると言っていいと思います。なぜ進んだのか、第一は経済発展であります。80年代の初めにベトナム戦争が終わった。やっぱり戦争は人と国を引き裂くんですね。戦争はカンボジアでは長く残ったわけなんですけど、戦争が終わるとみんな働いて、より金持ちになりたいんです。経済活動が進むと、やっぱり徐々に経済水準が上がってくる。そうすると中産階級が増えてくるんですね。すると中産階級は、ある程度豊かになるとより自由がほしいっていうので、いくつかの国で経済発展、中産階級の台頭、民主化ということが起こってきました。例えば、台湾、韓国というのは典型的な例ですね。さらにちょっと遅れましたけれども、東南アジアの国々でもそういうことが起こっているわけです。かつては、例えば１９５０年代、60年代あるいは70年代になっても、例えばインドネシアが民主化するということをあんまり本気で言った人はいなかったです。しかし今インドネシアは安定した政治・選挙で大統領を選出しているわけですね、これは大変な進歩であります。ですから、経済発展が一つの要素だった。

第二の要素は、冷戦の終焉です。冷戦の終焉があったからこそ、例えばカンボジアの和平というのも進みましたし、イデオロギーというものが国家の間を切り裂く程度が減ってきた。その結果、地域の統合はより容易になった。最初はですね、すでに申し上げたとおりいろんな障害があったものですから、例えばＡＳＥＡＮなどは、会って話しするだけ、お話しクラブだってよく言われたんですね。それがじょじょに実体を備えたものになってきたわけです。このように、経済発展があり、それに基づく民主化があり、その次に冷戦の終焉があった。これがとても大きいんですね。その次は、グローバリゼーションです。こうやって経済発展していくと、いろんな垣根を越えて世界中グローバルに展開するようになると、グローバルな企業展開がある。その中で、国と国が結びつかないと損だということが起こってきてですね。この三つが重なっていろんなものができてきたわけです。で、かつてASEANっていうのは非常に頼りない組織だったんですけども。むしろASEANは、まあ日本なんかが後押しをしてやっていたのですが、だんだん立派な組織になってきて、事務局もできたし、日本からはASEAN大使というのを派遣するようにもなっているんですね。ですから、長い目で見るとやっぱりアジアの統合は進んでいるんです。

しかしですね、負の要因もいろいろありました。私は１９９２年という年をよく象徴的な年として申し上げるんですね。92年というのは、私、特によく覚えているのは、当時、総理大臣は宮澤さんで、宮澤さんが「アジア太平洋と日本の21世紀を考える懇談会」という、かなりハイレベルの会合をつくられて、私はその委員に任命されました。それがまあ総理大臣の懇談会に行くようになった最初だったせいもあって、まじめに仕事してよく覚えているのです。92年はいくつか今と違います。日中関係が非常に良かった。この年、天皇皇后両陛下は中国を訪問されているんですよね。で、日本はですね、関係が悪い国には陛下に入っていただかないんですね。遺憾ながらまだ韓国には行っておられない、ロシアも行っておられないんですよ。しかし、中国はもう大丈夫だろうと思って行かれた、あとで考えて、必ずしも大丈夫じゃなかったのは皆さんご承知のとおりですね。それから、この年に初めて日本はＰＫＯをやりました。それまではＰＫＯってものをやったことがなかった。この年、国会の反対を押し切ってＰＫＯ法を通して、そしてＵＮＴＡＣ、カンボジアの和平活動に参加するようになった。さらに、またこの頃はまだ、北朝鮮の核問題っていうのは深刻じゃなかったんですよ。これが深刻になり始めたのは93年の後半からなんですよね。

もう一つ言えば、歴史問題っていうのはまだ深刻じゃなかったんですよね。こうやって考えてきますと、この20年間にどんな大きな変化があったかということは非常に如実に浮かび上がってくるんですね。そういうわけで、今あるのは、南のほうの統合が緩やかに進みつつある東南アジア。で、ＡＳＥＡＮが拡大し、それを深化している。ところで、東北アジアでは緊張が増している、まあそういう状況なんですよね。で、私は、こうした定点観測というか、流れを追ってみるのをお勧めするのは、今の状況がありうるすべてでないということを知るためなんですね。今の状況はある流れの中の一地点です。だから、よく日本と中国は宿命のライバルみたいに言う人いるんですけど、そんなことないよ、92年はこうだったよっていうことをよく言うんですよね。ですから、歴史を学ぶことは、私は歴史が専門なので、歴史は役に立たないとは言わないんですけど、必ず役に立つんです。現在の在り方を相対して見ることができるということが非常に重要なんですよ。現在の在り方を相対して、今ある、直面してる問題だけでカリカリしない、もう一つのやり方は横との比較なんですよね。横と比較する。

　地域統合には、なんとなく望ましいようだけどほんとにできるのかなっていう根本的な疑問はまだあって、例えば、どこでも世界中、超大国がある国は地域統合がうまくいかないです。ヨーロッパは、ＥＵには基本的に超大国はないんです。もう一つこれに次ぐ成果を上げてるのはＡＵ、アフリカなんですけど、アフリカにも超大国はないんです。アメリカ大陸では一応ありますけどね、アメリカ大陸を全体をカバーする組織はあるけども、これはアメリカが強すぎてそんなに機能しない。南アジアはインドが大きすぎて、ＳＡＡＲＣっていうのがあるんですけど、これもあんまり機能しない。ですから、この東南アジアでうまくいきつつある経済統合、さまざまな統合が、さらに東北アジアまで進むようになるのかどうか。特に中国という特別大きい国があるところ、一緒にやっていけるかどうかというのが、非常に重大な問題で、それ以外にさまざまな問題があり、展開しているということなんです。ファーストラウンドはここで一旦やめておきたいと思います。

青木：どうも北岡先生ありがとうございました。１９９２年、現在20年間の変化。それから、歴史ですね、学ぶことの重要性、いろんなご指摘がありましたけど。超大国がある地域とそうじゃない地域が国際的な連合体組む場合には非常に大きな違いがあるというご指摘はやはりこれからまた問題にしていきたいと思っております。

　次に、パク・チョルヒ、ソウル大学教授です。この方は、日本研究では東アジアにおいて第一人者、もちろん韓国においてはトップの人なんですけども、日本にも大変詳しくて、日本の学者だけじゃなくて、政治家とか、実業家とも大変深いお付き合いがあり、理論だけで考えるんじゃなくて、実際の政治を見てそれをまた理論に昇華させるような方です。ソウル大学のあとで、コロンビア大学で博士号をお取りになったんです。そのあと、北岡先生も今教授されている政策研究大学院大学が、僕の今の国立新美術館の前にありますが、そこの教授もされておりました。私もそこにいたんですが、数年同僚として過ごしていただいて、こんな素晴らしい先生が日本にずっと居てほしいと思ったら、韓国の政府にすぐ呼び戻されて残念だったんですけど。今の北岡先生のお話を踏まえて、アジアの地域統合についてパク先生お願いいたします。

パク：温かいご紹介ありがとうございます。まず、お招きいただけたことに対して誠に感謝しております。何よりも青木先生、北岡先生、天児先生、羽場先生と並んでここに座っているのが私の一番光栄でございます。私が夢見ているアジアの未来というのは何でしょうか。アジア統合と言うと非常に、いや、こんなものできるか、とみんな思うかもしれませんが。私もあちこち世界を動いて旅をしながら感じるのは、国境は、すなわち、国と国との境界線はありますが、人と物とお金と情報が自由に往来できるような社会がつくれる時代になったという感じがつくづくします。だからヨーロッパも、もちろん東アジアよりちゃんと統合されていて、この前、パリに行ってベルギーに行くのに全然パスポートのチェックもなしで、そのままずっと通りました。ここが元の国境だったよと言われて、ああこんなに変わったのかという感じがしました。実は今日私は今朝ソウルから発って、今ここに飛行機でそのまま入りました。日韓の間ではビザなしでそのまま入ると、制限がない。このような世界をつくろうとすれば、アジアでこれは難しいことではない、頑張ればできるという感じもします。北岡先生が言われたようにですね、アジアでは比較的に戦争のない時代が長く続いている、非常に相対的には平和な時代であって、今、日中関係とかかなり厳しくなって、みんな心配の声はあるんですけど、まさか二つの国が戦争するとはあんまり考えないし、戦争と葛藤を越えて、対話を通じての問題の解決ということはある程度は定着しているのではないかと思います。アジアの統合というのは夢物語だけではないという感じがいたします。

しかし、そのような統合が自然に来るのかと言うと自然には来ない、我々が頑張ってつくらないとできないものですね。時間がたてばいずれにしても自然に我々のところに来る、そのようなものではないと思います。だからここにいらっしゃる皆さんも、頑張ってこのようなものをつくろうと夢見ない限りはたぶんできない。しかし、アメリカの学者とかは、悲観論が多くて、多様な民族と国家と体制、文化があるアジアで統合することとかないでしょと言われています。しかし、ヨーロッパ人ができたらアジア人もできるのではないでしょうか。それは絶対できない、不可能だということもないと思います。それは我々の頑張り次第であると思います。だからそのような可能性を夢見ながらお話しさせていただきます。

今現在アジア統合を邪魔している、障害物になっているのが何かというと、私の考えでは二つぐらいあります。一つは、冷戦が終わったあとの民族主義が各国で高まっている。冷戦が終わった後お互いに壁がなくなると思って付き合ってみたら、意外に違うところに気がついた。我々は考え方も違うし、政治体制も違うし、その行動様式も違う、だからこれは、彼らをちゃんと受け入れるよりは壁を高くして、ちゃんと純粋な線引きをして、我々として独自で生きるものを考えろというそのような考え方があちこちで広がっている。これはいかがなものでしょうか。やはり相手を純粋に受け入れて、一緒に過ごそうという開放性が少し弱まっているところが一つ気になるところでございます。

もう一つは、国と国の格差、または国の中での格差ですね。日本でも非常に格差社会ということが非常に話題になっているんですが、やはり中国はかなり伸びて、日本はかなり長期的に停滞していて、韓国は少し上がっている。そのような形で、国際社会の中でも、天児先生、土山先生も言われたように、パワー・トランジションがあって、少しの嫉妬、不満感、それで、我々はなんでできないんだろうと、なんでそいつだけは伸びてるんだろうというそのような違和感というのが感じられて、相対的な差がついているようなことについて非常に不満が鬱積してるところがあると思います。それは日本だけではなく、あちこちでアジアでも行われているそのような感じですね。しかし、私はこの頃、つくづく感じるのは、ほんとに、国が伸びる、どの国が偉くなるということを、量だけで、規模だけでほんとに判断していいのか、やはり生活の質で判断すべきではないかと思っています。人口で考えても、今から中国が頑張れば経済が伸びるのは当然であって、日本より大きく、そのGDPが大きくなるのはもう自然なことだと思います。しかし、中国の生活水準が日本についてくるか、私はそれはほとんど難しいと思います。そのような人口をもって、ちゃんと人の世話をして、福祉を充実して、このような文化のレベルの高いところまでもってくるのはそんなに簡単ではない。韓国もかなり伸びているんですけど、私は、韓国と日本を比べるとき、都市部のソウルと東京を見たらそんなに差がないと思うんです。しかし、田舎に行ったら、生活の差がかなりあるという感じがつくづくします。

だからこの、生活大国の側面、生活の質を見ながらいろんなことを判断すべきであって、その面ではやはり、まだ日本はアジアをリードする国にならなきゃならない、その責任感を持って行動しなきゃならないと私はそのように思っております。このような考えからですね、様々な課題を乗り越えるために、どのようなことをしなきゃならないかと言うと、やはり共通の認識をつくることが非常に大事であって、共通の認識を一番持ちやすいということは、ミドルクラス、中間階層ですね。先ほど北岡先生が言われたように、非常に貧しいとそんなに余裕がない、非常に豊かで偉い方はですね、まあその国が一番いいと思う。しかし国の中間層はどこへ行っても同じ食べ物、いろんな音楽とか、いろんな文化を楽しみながら、非常に違いをほんとに楽しめている。だから、そのようなアジアのミドルクラスがどんどん広がって、どこへ行っても、違う文化を味わいながら非常に楽しむ、そのようなことができれば、共通認識の広がりも行われる。このためには共通の文化体験をどんどん増やすべきであります。私は今、韓国でキャンパスアジアというプロジェクトを担当してやっているんですけど、それは日中韓の学生が複数の学位を取れるような制度をつくることです。初めに来たらですね、みんな違和感を感じて、中国の学生と日本の学生がお互いにあんまり合わないというか心配をしていたんですけど、一学期過ごして戻ったら、みんな友達になって、その国に行ったら飲み会に一緒に行っている、歴史問題とか領土問題とかあんまりそれで邪魔にならないということを見ながら、やはり将来があるという感じがします。

もう一つは、政治のレベルでは非常にぎくしゃくしているように見えるんですけど、実際にいろんな学者が言われているように、経済とか貿易の問題は非常に広がりを持っていて、アジアでリージョナライゼーションという現象がもうすでに広がっている。アジアをベースにしたグローバルプロダクションネットワークが非常に広がっていて、これを止められない。だから政治がいろんな問題があっても全然それを邪魔することまではできない。それだからビジネスをやめるという気持ちにはならないんですね。例えば、具体的な例では、私の韓国人の先輩が、彼はWiBro（ワイブロ）の会社を持っているんですけど、日本の企業がこの商売は面白いと思って、彼と提携して韓国で支社をつくったんです。いつの間にか彼はこの会社の取締役になって、ここでビジネスのモデルをつくって、韓国でものを企画して、中国で生産をして、お金の金融のセンターはシンガポールとか香港にして、アジア全体にWiBroを流している。そのようなことが普通に行われていて止められない。これは一つの国の利益じゃなくて、いろんな国が共通の利益を共有することになりますので、そのようなことがアジア統合の土台をつくるという感じがいたします。また、もう一つ申し上げたいのは、私はグローバルコモンズという話をよくやっているんですけど、アジアコモンズもあってほしいし、つくってほしい。ちょっと考えて見れば私もアメリカで長く生活して、そこで学んだことがありますけど、国のつくり方、生活様式、制度というのは少しアジアとは違うところがある。契約に基づいている米国と、自然な国家になっているところは少し違うところがある。我々も契約ということは非常に大事にしているんですけど、人と人との頼り、信頼、このような関係を大事にしている。お互いの理解と共感ということを大事にしている、そのような感じは、アジアコモンズでつくられると思います。しかしこれはグローバルな価値観を拒否するんじゃなくて、民主主義と市場経済というその土台の上で、アジア的なもの、アジア的な価値観をつくりながら、誇りを持つアジアをつくるということは非常に可能なだと思います。

青木：パク先生どうもありがとうございました。パク先生は、地域統合はアジアでも可能だという気持ちはあると、それは可能にしなくちゃこれからいけないということ。ただ、問題点として非常に重要なことをおっしゃいました、一つは、冷戦の終わったあとで、これは世界的にロシアやヨーロッパ、東欧そのほかでも起こりましたけど、民族問題が起こって、いわゆるナショナリズム、これは国家主義とか民族主義両方やっていますけど、民族の主体性を中心にいろんな民族の違いがあって、それまで冷戦下ではあまり見えなかったものが逆に噴出したという。ハンティントンってアメリカの学者が文明の衝突論を書きましたけど、その問題はやっぱりアジアでも今、非常に強いですね。それからもう一つは、経済問題を、国と国の経済格差、国内でのこういう経済格差があるけれども、それを是正する必要があるということと同時に、問題は、いわゆる数字でGDPがどれだけ上がったというような話ではなくて、むしろ一人一人の国民が味わう生活の質だと、これは非常に重要だと僕は思うんですね。だから生活大国、あるいは生活における充足っていうことが、国民、あるいは国、国際的な意味での一つの標準となっていかなくちゃいけないということを、いろいろおっしゃいました。それから、同じようなライフスタイルも今出てきているということと、文化の重要性、文化によっての相互理解を、文化交流によって行うことがむしろ非常に重要だということ。それから、政治については、政治の困難だけじゃなくて、政治をむしろ定着させ、それを補っていかなくちゃいけないということで、経済があるということ。アジアコモンズっていうことを提唱されました。これはあとでまたご議論いただきたいと思います。我々の実感として非常に大事だと。

ただこの数年、モスクワからアメリカから、アジア諸国や中東とかですね、ヨーロッパはもちろん行きました。どこへ行っても、ホテルに泊まって液晶テレビがあるんですよね。15年ぐらい前は全部ソニーとかパナソニック、今は全部サムスン、全部韓国製です。世界中どこへ行ってもそうなんですよね。これはどうして起こったのか。こういう……、日本も韓国もいいテレビをつくっているわけですけども、韓国テレビが圧倒的にシェアを拡大している。どこかで日本は韓国のこういうやり方を学び直す必要があると思います。それでは、天児先生、今の二人の先生のことを聞いて、改めてよろしくお願いいたします。

天児：どうも皆さんこんにちは。もう一度登場させていただいているのであまり出しゃばるべきじゃないんだろうけど、性格的にまたしゃべってしまいます。今日何をキーにしようかなと思うとやっぱり中国だろうと思います、私の専門でもありますし。中国のこの間の台頭と、それから、非常に対日、あるいは東南アジア、南シナ海に対する非常に強硬な姿勢、さらに、つい6月の初めにオバマ大統領と習近平さんが会談をして、世界に自らのプレゼンスをですね、米国と並ぶことによって示すという、そういうところから非常にある意味での威圧感というか、そういうものを与えてきていると。で、そういう国が隣にあって、今まで中国と日本の関係は、非常に協調的協力的な、先ほど北岡先生もおっしゃられた92年には天皇訪中まで実現して、いい関係になっていた。日本もODAで積極的に協力をするという、こういうことをしながらなぜここまでになるのかと。そういう中国ともう本気で付き合う気はないよと、経済はしょうがないから付き合うけどもという気持ちが多くの日本人の中に生まれてきているんですね。で、そういう中で韓国との関係も、また歴史の問題が出てきてあんまりうまくいってないと。もうアジア地域統合なんて関係ないという雰囲気が国民の中にかなり生まれてきているんじゃないかという印象を持っております。私はそれに対して少し反論をしたいんですけれども、反論の視点は先ほど北岡先生がおっしゃられた、歴史的断面をです、それだけを見てはだめだと、非常に長いスパンの中で見ていく必要があると。今の状況がどういうプロセスで生まれて、そしてそれがこれからどうなっていくのか、特に具体的には例えば中国をイメージしながら、今の言葉を考えてみる必要があるだろうと思うんです。私は非常におおざっぱに言えば、中国が台頭しようがしまいが、地域統合の、あるいは地域協力をベースにしたある種の地域の制度化という流れは、やはり強まっていると思います。これからも試行錯誤しながら強まっていくだろうと思います。その強まる理由は、先ほどパクさんがおっしゃられたような日常的なレベルの中で、ある種の国境は無くなっていく、あるいは協力が生まれてくる共通の認識を持っていくというようなことです。あるいは、青木先生が前回たぶん強調されたと思いますが、文化における国境を越える人々のつながり、あるいは作品の共有を見ればもうほとんどその説明はできていると思うんです。この流れは変わらないと思いますね。ただそれが制度化のほうへ向かっていかない。これはある意味ではヨーロッパ、EUの経験というものが、それを示しているんですが、アジアの中ではなかなかそれは制度化という方向に行かないで、むしろ人と人とのつながり、あるいはネットワークの形成がウエイトを置かれてきた。私は、ネットワークの形成などがですね、認識の共有などが、次のステップ、制度化という問題につながっていくというふうに、歴史の流れから見ていくと考えたらいいのではないかな。中国のプレゼンスの増大は説明するまでもない。問題は、戦略的な転換が、中国の対外戦略に関する転換としてあった。

20世紀の終わり、1990年代の後半に、東アジア共同体の議論が非常に盛んになってきました。マハティールさんの問題提起、韓国のキム・デジュンさんの提唱とかですね、当時、日本でも、小泉さんとのイメージが非常に多いんですけれども、小泉さんは東アジア共同体を提唱されているんですよね。日本全体でも東アジア共同体の議論は盛んにあった。中国の中で1990年代の終わりから2000年代の初めの頃、東アジア共同体の議論が活発化してくるんです。同時に、今、盛んに中国でも使われ、耳にするようになった、「中華民族の偉大な復興」という言葉が2002年に中国共産党の第16回の党大会で、初めて正式なスローガンとして掲げられます。「中華民族の偉大な復興」です、これは私は違和感を持ちました。東アジア共同体は、比較的フラットな、水平的な連携というものを一つのベースにして考える、だからそれがASEAN＋3とか、あるいはASEAN＋3＋3とかという言葉でよく言われておりました。ASEAN諸国が東アジア共同体をリードする、運転台に乗ると、それを支えるのが、日本、韓国、中国、これがいわばエンジンになって東アジア共同体を推し進めていこうという言い方をしていたわけですね。それは日本の中でそういう議論されていただけじゃなくて、中国も含む、この地域共同体を議論する人々の多くはそういう言い方をしていたんです。ところがこの「中華民族の偉大な復興」の議論が出てくるようになって、いわば中国が自分たちの世界を広げていく、拡大していくというような、ニュアンスが強くなっていく。それがやがて「大中華」というですね、大中華圏という議論になり、中国の研究論文にも書かれて海外にいる在外華人の人々もよく使うようになってきた。偉大な中華、あるいは大中華圏の議論と、EACという、East Asian Communityというのは、やはりそこが違う質を持っている。先ほど、北岡さんが触れましたが、いわば超大国を意識した地域共同体の議論につながっていくと思うのです。EACの議論のときは、客観的に超大国であっても、振る舞いとして超大国として振る舞わないといけないというのが暗黙の前提にあった。ところが、大中華圏の議論は、中国がまさに中心にいて、中国の周辺に中国的な影響力のある圏をつくっていく、影響圏という領域をつくっていくというイメージになっていった。中国は非常に頭がいいですから、慎重にそういう言葉はなかなか言わなかったんですが、例えば、人民元の兌換性《だかんせい》を強める、あるいは中国と周辺諸国の貿易が、その周辺諸国、韓国、日本、あるいは台湾もこの場合は入れるとするならば、すべて中国が貿易相手国第一位になっていくと、経済的な圧倒的な影響力をつくりだしていくと、こういう構造が生まれていくわけですね。２０１０年の前の尖閣問題のとき、人民元圏の形成が進みつつあるということを発言したことがあります。そういう流れが今間違いなく出てきている。そして、昨年の日中の尖閣の対立に関しては、前回ここでしゃべったので、それは割愛しますが、明らかに日本と中国との関係の転換を図ろうという、一つの重要な目的がずーっと強く出てきます。

今までいわば日本イニシアチブ、それが２０００年前後ぐらいで、力の均衡というのが生まれてきて、そして双方向のイニシアチブというものが働くようになった。その後、２００９年２０１０年、２０１２年の間に中国が、日本のＧＤＰを抜き軍事力を抜き、外交的なプレゼンスが高まっていくと、迷走する日本が、力関係を逆転する。そういうところから、いわば日中関係自体を変えていくということがあったんじゃないかと思います。それが、意外に日本が頑張っているというところで、今中国は、対日アプローチを模索している。一方で日中協調路線に転換しようとするということもちらつかせてきている。しかし日本に対して強硬姿勢を示し続けるという、そういう面もある。非常に微妙に今動いている状況にあるんだろうと思います。それはおそらく、中国のこれから、自分たちが国際社会の中で、どういうあるべきスタンスを取ったらいいのかということを模索するということにもなると思っているんです。中国が影響力を増大していくということが、中国に対して世界が、特に周辺諸国が、中国に頼っていくという形になっていく。中国に敬意を持つという形になっていけばいいんですが、逆に、今の現実は、中国脅威論、中国警戒論が高まっているわけですね。それは日本だけではなく、韓国でもそうだし、台湾の中でも、香港もですね、昨日、香港について書いている学生の修士論文の読んでいたのですが、香港の中でも香港人意識というものが、ものすごいパーセンテージで増えているんですね。で、Ｎｏチャイニーズ。中国人ではなくて、台湾と同じような現象が、香港の中でも生まれてきている。それから、ＡＳＥＡＮの中でも反中国的感情っていうのは非常に広がって、そういうものが普遍的に広がっていく状況に対して、中国の指導者、あるいは中国自身が、学習していると思うんです。ですから歴史の流れとしてそういうものを見ていくと、中国の揺れというものが、また変わってくるだろうと見るべきだろうと思います。それは単に私の希望的な観測だけではなくてです。

もう一つ申し上げると、北岡さんがほんとうにご苦労された、日中歴史共同研究で非常に重要なお仕事をされたと思うんですが、そのあと、今、日中の歴史共同研究は政府レベルでは中断しているんですが、私は去年の12月から、5回中国の歴史学者を招いて、日本の歴史学者と一緒に議論する会をつくったんですね。これは外務省がサポートしてくれたんですが。そこで、非常に大きな発見は、中国人の歴史学者の、決して少数ではない人々が、新しい歴史観を身につけるようになってきている。例えば、まさに近代化論ですね、マルクス、レーニン主義とか、毛沢東とか、革命史観とか、そういうものじゃない歴史観を、平気で言うようになってくる状況が今生まれてきている。最近、私もある中国の歴史学者が来たときに話をしていて、毎月やった会で、こういう印象を持ったんだけどそれはどうなんだろうって言ったら、いや、実際そうです、と。ですから今の中国の公式的な共産党の歴史観が今は溶解し始めている、そういう状況かもしれないという印象を持っているんです。そう考えていくと、実は中国の内部の変化、これがどんどん進んでいる、我々は表面のところだけを見て、共産党一党体制が依然として強いから、共産党の変わらない中国、強硬路線を取る中国なんて嫌だという議論は、常に浅はかな議論であると思います。もう少し中身を見て、少しスパンをおいて見ていくという視点を持つ必要があります。中国の変化は必ずあるし、そういう変化を踏まえながら地域共同体の問題を考えていく必要があるということ。そして、そういうプロセスの中で日本はどういう役割があるかというと、非常に重要な役割を持っていると思います。

日本はいろんな経験をいたしました。戦前の経験というものも、地域共同体を考えるときに日本の大東亜共栄圏の議論っていうのは、学習をしなきゃいけない。きちっと歴史的にです、これは日本人だけが、あるいは歴史学者だけが学習するんじゃなくて、やはりアジア地域統合を考える人々はみんな、日本のその過去の歴史的経験というものを、学ばなきゃいけないと思うんです。そのことを日本が、中国なり、他のアジアの国々に発信していくということ、発信しながらそれを乗り越えるアイデアを出していくという役割が日本にあると思います。もしそれができていくと、歴史の共有という議論が次のステップで出てくると思います。もう一つの問題としては、超大国のもとに共同体をつくるんじゃないアプローチを、日本が粛々と試みることによって、ある基本的な土台づくりをしようと。そういう土台づくりがもしできていけば、そこに中国が参加する、学習をしたあとの中国が、参加していくという、非常に健全な方向になっていくだろうと思いますね。日本と中国のどっちが勝つかという議論で、日本は今のままじゃ負けるからアメリカについて、アメリカと組んで中国と対抗するという議論は非常に浅薄な議論だろうと思います。そういう意味で、特に皆さん若い世代の方々は、是非そういった視点というものをどこかで持ちながら、未来のアジア、未来の日本というものを考えていただきたいというふうに思います。

青木：どうもありがとうございました。もう一度今３人の方が言われたことについて、北岡さんと、パクさんと、天児さんに一人ずつ言っていただいて、それから、羽場先生にその話でＥＵの立場からまとめていただいて、それでまた総括的な議論にしたいと思います。

北岡：アンガス・マディソンという経済史学者が、１８２０年代の時点で世界最大の経済大国は中国だったっていう結論を出しているんですね。第二位はインドです。ですから、我々はもしかしたら１９世紀の前半の時代に戻っているんだろうかという錯覚に陥ることがときにあるんですね。第二に、中国は伝統的に国と国が平等だって観念をあまり受け入れたことがないんです。東アジアで中国は一番いつも偉くて、ほかの国はその下にあると考える傾向がある。みんなが中国を尊敬すれば悪いようにはしない、まあときどき悪いようにもするんですけどね。それが中国の建前なんです。これは立派な皇帝になればなるほど親切なんですよ。清朝でも雍正帝は、我々は大国、超大国だと、だから周りの国をいじめてはいかんというふうに言うんですよね。でも二流の独裁者だと、強いから周囲をいじめるんです。そういう時代に我々は戻るんだろうか、私は断じてそうではないと思っています。過去19世紀以来の間に二度の世界戦争があって、それから、西洋の近代っていうものを、普遍的な価値を持つものとして経験したわけです。言論の自由とか、民主主義とか人権とか、これは、やっぱり不可欠なものとして次の時代にも重要な柱でなくてはならないのですよね。だから中国が大きくなろうがなるまいが、こういうものを踏まえた秩序でなければ、21世紀の世界およびアジアを支配する、あるいはアジアをコントロールすることはできないんです。それをどうやっていくか。だからそこに、まあ中国側には非常に大きな責任もあるわけですね。

　もう一つ述べておきたいのは、天児さんが大東亜共栄圏と言われたけど、私もそのへんが専門なんですけども、なぜあれは失敗かと言うと、一番抽象的に言えば、日本がリーダーだと最初から決まっていたこと。第二に、共通の原則がないってことなんですよ。普遍的な原則がない。地域の間に秩序ができるには原則が必要なんですよ。例えば、インドと中国、昔仲が悪いときに仲良くしようとしたときに平和五原則と言ったんです。また、バンドン会議があったときに、平和十原則と言ったんですよ。地域秩序には原則が必要なのです。内政不干渉、紛争の平和的解決、平等互恵など、いっぱいあるんです。中国自身、１９７０年代には反覇権、覇権に反対だっていうことを言っていたのです。今、中国は覇権になっているんです、これをどう考えるのか。原則がない国はやっぱりダメなのです。そういう方向に行けばいいし、行ったほうが中国はスムーズに周りから尊敬されて、評価されることができるんです。いつかそうなると思うのですが、それがいつどうなるかっていうのはなかなか難しい。

ここで、合わせてお話ししておきたい、歴史のことに触れておきたいんですけど、私は歴史共同研究をやっていて、日本側は、もっと続けよう、いつでも続けようと言っているんですけど、中国側は続けたくないんです。つまり、歴史共同研究をやっていくと、どんどん掘り下げると中国側のイデオロギーに被さったものが剥げてきちゃうんですよね。だから、彼らの言っているオフィシャルの歴史は嘘だってことが分かってきちゃうんです。だから、我々の歴史共同研究の報告書は全部オープンだし、英訳もしている。けれども、彼らはなるべく人に見られないようにしているんです。で、向こうが選んできた歴史家っていうのは政府に非常に近い、かなり古めかしい世代の人たちで、これがほんとに専門家かってい う、専門家じゃない人もいっぱいいるんです。そういう人もやってきていると、歴史学者の議論としては話にならないんです。例えば、主権国家っていうのは、割合近代のものですよね。さかのぼったら中国はいつからいつまで、どこが中国なのかっていうこと自体大問題なんですよ。今の中華人民共和国でそれは議論できないんですよね。ですから、そういう問題があって、非常に難しい。ヨーロッパで歴史対話は進んでいると言っていますけども、例えばドイツとポーランドの間も進んでいますが、進み始めたのはポーランドの体制が変わりだしてからです。やっぱり大きなネックは、自由な体制がなければ、本当の統合は難しい、しかしその可能性は皆無ではない。いろいろ可能性はあると。ただ、その間にもその過程でいろんなトラブルが起こったり衝突が起こったりするから、我々は一定程度身構えつつ、歴史対話を進める、歴史対話の目標は共通の教科書とか、共通の認識を持つことではありません。そんなことはできません。会津と長州だってできないのに、今のNHKのドラマ見ても分かるとおりですね、我々が目指しているのは、agree to disagree。外交の重要なポイントですよね。相手の、あなたの意見に賛成はできないけれども、あなたがそういうことは一応理解できると。その問題でカリカリエキサイトしない、そこに到達するのが一番目的なのですよね。その点で、日中も日韓も、相手の立場を知らなさすぎるんですよ。例えば、「アジア女性基金」を、韓国ではほとんど知らない人が多いわけです。で、日本は、竹島は日本の領土だと言っているけども、日本がなぜそういうことを言うかっていう背景も、一部のインテリ以外はほとんどど知りません。一方的に日本を非難しているんですけどね。私は実は韓国との間も、日中の座長であったし、韓国も委員でやっていましたけども、もう少しフランクな、つっこんだ率直な歴史対話をしたらいいと思うんですよね。ただ、これは現在の問題には影響を及ぼさないようにしようと、それは学者同士で専門家の対話をして、政治家ができるのは今と未来の問題だけなんだから、共通の安全保障や環境問題やそういうのに取り組みましょうと言って、切り離してやるというのが私の願望です。

青木：パクさんいかがですか。

パク：せっかく韓国から飛んできたので、韓国と関連するものをいくつかしゃべって、そのあとにもう一点付け加えたいと思います。一つは、東アジアの変化、アジア統合への道は韓半島から始まると、私が韓国から来たからじゃなくて、韓半島は非常に地域の変動をもってくる、要の地域にあるということを申し上げたい。ASEAN＋3といって、東アジア、東南アジアと東北アジアを含めて見ると、日中韓合わせて、人口とGDPの面で8割ぐらいが日中韓で占められている。その中でどのような変化が起きていたのでしょうか。韓半島でどのようなことが起きることによって、東アジアの歴史は変わったのかということを昔から見れば、2000年前から今まで同じなんです。力が伸びるほうが韓半島を取りたいと。日本が強くなったら韓半島取りたい、中国が強くなったら韓半島を支配のもとにおきたいということで、半島はいつも間で苦労したわけなんですね。被害者だったんです。日本と中国の戦争なのに、いつも戦場は韓半島だった、ということが今までの歴史であって、今からもそれは変わらないかもしれません。だからいまだに、中国は、北朝鮮は自分の勢力圏として残して、韓国をどうしても取り込みたいと、積極的な取り組みをやっているわけです。アメリカもそれが気になって、日本と手を組んで、韓国を守って、北朝鮮を変えようとしています。我々の戦略としては北朝鮮を変えて、普通の国にして、自分たちの側に統一したほうが、中国と付き合うのに有利な環境がつくられるということを頭の中に入れながらやっているわけです。それが、ほんとにその最中にあるということが今の現実ですね。だから、韓半島は、日本から見ると、海の外という感覚じゃなくて、日本の直結した利害があるところということを、皆さんがずっと頭の中に入れて考えるべきだと思います。その面から見ると、日韓関係というのは非常に重要なものになるんですね。私は日本、日韓関係が重要だということをいろんな場で言うんですが、それはあまり言葉で言ってもしょうがないんですが。韓国は日米韓という三角関係を持って、韓半島と日本の安全保障だけではなくて、東アジアの安全保障を保つことができます、これが崩れたら、全然違う東アジアが生まれてくる。だから、日米韓というのはグローバルコモンズをちゃんと守って、韓半島を中心としたこの地域で大変な変化が行われないように、壁をつくっているという感じがするんですね。

しかしそれだけではアジアは変わらない。これは冷戦時代もそうしたので。日中韓という、もう一つの三角関係をつくって、アジアコモンズをつくってみるという仕組みが必要です。そのような二つの三角形を見ると、日本と韓国というのはいずれの三角形にも入っているわけですね。日米韓にしても日中韓にしても、二つの国はちゃんと重なっていて、日本と韓国が協力しなかったらこれは難しい。日韓が協力しないと、この地域はアジアの統合もアジアの安定も非常に保ちにくいというところがあります。その面から日韓関係は大事にすべきだし、私は韓半島、先ほど申し上げた韓半島の変化というのも、日本と韓国、アメリカがみんな協力して、それで中国の協力も得て、北朝鮮と平和的な統一、それも自由民主主義と市場経済のもとで統一をしたほうが、この地域の全般的な平和と繁栄につながります。今は非常に閉塞的で、挑発的で権威主義的な北朝鮮をどのように引っ張りだして、この地域を変えるのかという課題が残っている。この課題の解決は、我々の今住んでいるこの地域を変えるために非常に重要なことだと思います。

もう一点、申し上げたいのは、天児先生が言われた、いわゆる国家レベル、政府レベルのことではなく、国家の下のレベル、市民社会のレベルの変化と動きの変わりをよく読むべきだと思います。政府だけの話を見るとですね、あまり喧嘩ばっかりして変わっていないように見えるけれど、実際の一般市民のレベル、市民社会の動きを見るとかなり変わっている。歴史問題だって、実際にはほとんど和解をしているのに、それを邪魔をしているのは、私がいつも言っている、うるさい三兄弟なんです。政治家、ジャーナリスト、学者。リードするように見えるけど、リーダーの役割を果たすんじゃなくて、いつも問題をつくる、だからもうちょっとしっかりしなさいという話をいつもしているんですけど。私は東アジアの問題解決のためには政治家のほうが逆にフォロワーになってほしいんですね。それで、ビジョンをつくるためには政治家、ジャーナリスト、学者の役割がもっと大事なので、もうちょっと大きな話をしてくださいという話をしているわけでございます。ありがとうございました。

青木：天児先生いかがですか。

天児：今のパクさんの話に続けて関連しながら日本の外交というか、日本がどういうふうにアジアとかかわるべきかという話をちょっとしたいんですが、つい1週間か10日ほど前に別のパクさんが韓国から私の研究室に訪ねてきましてね、それで、その方も同じことを要するに、アジア地域統合の話をされて、その地域統合のカギは朝鮮半島の南北統一の問題だということを言われ始めたんですね。いろいろ話をしていて、やはりそうかなっていう気を私は持ちました。それは何かというと、やはりこれから10年ぐらい先を考えてみると、やはり北朝鮮問題が変わっていく可能性っていうのは、以前に比べるとはるかに大きくなってきたなと。これはもう中国もそういう意味で、どう対応するかということで相当内部で検討もしています。それから、アメリカと中国が、これに関して連携してどうしようっていうような議論もやり始めているわけですね。そういう中で、日本は、え、何それっていうような感じじゃちょっとまずいんじゃないかなと思います。私は、日本の外交という、これは北岡さんと僕とがどこまで重なり合うかちょっと分からないんですが、今の段階で見たときに、中国はアメリカに目が向いて、米中関係を協力して強化していく、米中関係を協力的な関係にしていけば、外交に関しては基本的に問題は処理できるというぐらい米中関係を重視するようになっていますね。有名な「タオ・コワン・ヤン・ホイ」という中国語でですね、韜光養晦《とうこうようかい》という日本語で、難しい言葉ですけども。要するに、自分の力を蓄えて、光の当たっているところに出ないようにして力をつけようという、これは鄧小平が１９９１年に出した重要な原則なんですけれども。今、韜光養晦路線をいまだに使うのは、アメリカとの関係だけだと。ほかとの関係はもう韜光養晦する必要がない。我々はもう圧倒的に立つ力が上になってきているから、そういう必要はないという議論を２００９年ぐらいからやり始めたわけですね。今の習近平政権もやはりアメリカとの関係調整、これにばっかり目が向いていると思います。私はそのときに思うのは、日本の外交の基本は、もちろんアメリカとの関係っていうのは非常に大事、ますます大事になってきているということは言うまでもないんですけれども、やはり日本は韓国とか、あるいは国という言い方をすると怒られちゃいますけども、やはり台湾とかですね、ＡＳＥＡＮ諸国とか、オーストラリアとかですね、日本の近隣にある、いわば中規模の国ですね。この国との連携をしっかり強めていくということが、非常に大事になってきていると思うんですね。やはり日本は日本だけのパワーで、いろんな大きな力のある国と対抗するというか、対抗する必要もないんですけれども、関係をもつということは難しくなると。そのときにどっちの大国につくかという選択よりも、むしろ、やはり日本に類似している地域の国々との連携というものをもっともっと強めていって、協力関係をつくっておくということが、大国とかかわる場合にもですね、非常に重要な武器になってくるんじゃないのかなというふうに思っていますね。

そういう意味でやはり、話を戻しますと、日韓関係というのを私はやはり、同じ自由主義の国で、歴史の問題はあるにしても、話はできるんです。話は間違いなくできる国だと思いますので。やはりそこの関係を強めていきながら、日本の外交の選択肢を広げるという、こういうことが大事かなというふうに思います。

青木：ありがとうございました。じゃあ羽場先生、これまでの議論についてまとめてコメントをいただけますでしょうか。

羽場：ありがとうございました。お三方の先生方のお話を非常に関心をもって、そして、深く感じ入りながら伺わせていただきました。三つほど指摘させていただきたいと思います。一つは北岡先生がおっしゃってくださった歴史の重要性ということです。「賢者は歴史に学び、愚者は経験に学ぶ」という言葉があります。やはり東アジアにおいて歴史に学ぶということは極めて重要なのではないかと思います。東アジアは歴史的な抗争地域でした。対立抗争に学び、いかに戦争をおこさない制度と秩序をつくるかが新たな抗争や戦争の歯止めになると思います。そのために互いの視点から互いの歴史を学び直す必要がある。パク先生が、韓半島の重要性を指摘されましたが、大国のはざまの地域が平和の橋渡しをするというのは、ヨーロッパのベネルクスも同じです。戦争で常に被害者になってきた地域が、歴史の真の平和の使者になるということです。パク先生はもう一つ、生活大国、そしてミドルクラスの重要性、市民社会レベルの重要性ということを言ってくださいました。これも大変重要な問題です。

二つのデータを出したいと思います。一つはGDPですね。2012年のGDPで、日中韓の合計がほぼアメリカに並びました。これまではASEAN＋日中韓がアメリカに追いつくかと言っていたんですけれども、日中韓でほぼ15兆4000億ドル。アメリカにほどんど並んでいます。来年で日中韓のGDPはおそらくアメリカを抜きます。経済力のバランスが日中韓で、米欧に並び追い抜こうとする一つの極を創りうるレベルに達してきた。そのための制度、秩序、原則づくりをやっていく時代になりつつあるということです。その自覚をもってアジア地域統合の議論をしていく必要がある。

もう一つは中産層です。2010年、これは世銀と経産省の統計ですけれども、2010年で、アジアの中産層が10億になりました。10億人と一口で言いますけれども、アメリカ、EUを大きく超えます。すでにアジアはそのレベルの中産層が存在し近い将来20億人になる。先ほど、北岡先生からアンガス・マディソンの統計の話を出していただきました。アンガス・マディソンはこの2030年間の統計を積算して、将来アジアが世界の5割の富を占めるというだけではなくて、西暦0年から1820年、2000年前までの間常にアジアの富は世界の半分を超えていた。つまり、近代以前までアジアは世界の富の半数を占めていたということを数字で立証したわけです。これについて最近パワーシフト、パワー・トランジションということが言われていますけれども。このパワーシフトについて、ジョセフ・ナイが面白いことを言っています。パワーシフトの時代、抜かれる側は、抜いていく側に脅威を感じる。そしてその脅威感が戦争を生むんだ。いうことを言っていて、ジョセフ・ナイはアメリカの講演の中で、恐れるな、脅威を感じてはならない、というふうに言っているんです。アメリカに向けて、世界に向けて、アメリカの国民に向けて、脅威を感じてはならないと。そうではなくてチャンスと考えるべきだ、とジョセフ・ナイは言った。これは意味深です。脅威は対立と紛争を生む。チャンスは共同と繁栄を生む。それを目指すべきだと示唆したのです。

天児先生が、中国の台頭についておっしゃられましたけれども、7月5日には、趙全勝先生をAmerican Universityからお呼びして、講演をいただきました。趙先生も、ワシントンから来て重要なことを二つおっしゃっていただきました。一つは、中国は今、全方位外交を始めているんだということです。米中のG2だけではない。最初に習近平が政権に就いて以降、訪れたのはロシア、それから韓国ですよね。そして、アメリカということで、中国は近隣国を重視し、驕ってはならないということを趙先生はおっしゃられました。これもそのジョセフ・ナイの脅威と感じてはならない、チャンスと考え、共同しなければならないということとつながるのではないかと思います。2000年間、戦争を続けてきたヨーロッパで、独仏が和解し、エネルギーを共有し、制度を構築する。同様のことがアジアでも始められる時代に入ってきたということだと思います。でなければ一触即発という逆説も含めて。

最後に、パク先生がおっしゃってくださった、あるいは北岡先生も言われた、近代、自由民主主義ということが重要なんだということです。現在の緊張関係をどう越えていこうかというときに、先週の青木先生のご講演はとても示唆的だったと思います。文化力の重要性です。文化というのは政治に揺らがない、そして、文化こそアジアで、2000年にわたって脈々と創り出されてきた、世界に誇る文化、芸術、思想、宗教、そして生き方というのがあるのではないかと思います。アジアの脈々たる営々たる社会の営みに学ぶということです。もう一つは、この間、多くの方々が触れてくださった若者の力、皆さんの力ということです。20代の若者が、こうした緊張が高まる中で、将来のアジア、あるいは将来の安定的な世界を自由と民主主義と平和と安定の中でどうつくっていくか、ということを知恵を出し合うことが重要なのではないかと思います。パク先生がおっしゃってくださった、キャンパスアジアの試みが今アジアで始まっています。それこそ、皆さん一人一人が担っていく重要な課題であると思います。今日はアジアの経験、各国の共同について3人の先生方からとても多くを学ばせていただきました。

青木：どうもありがとうございました。僕も改めて今日3人の先生、そして今の羽場先生のお話を聞いて、大変アジアについて、現在の日本とアジアとの関係、あるいはアジアの中の地域統合をめぐるいろんな問題について、改めてお話を聞いて非常に学ぶところが多かったと思います。来て損はしなかったっていう感じがするんですね。ただね、まあこの3人の先生はみんな実地経験がおありになる。単に抽象的なお話をされているわけじゃなくて実務、あるいは現地に行っていろんなことをされてる人たちばかりですから、そういう実地的な経験と、理論とか、考察といったものが絡まった非常に素晴らしいクオリティの高いお話を聞けて、非常にうれしく思いました。例えば、先ほどパクさんが言った、今のアジアのナショナリズムの問題ね。こういうものを皆さんが実際現地に行って、中国とか韓国、あるいは日本の中でもいいんですが。東南アジアとか行ってですね、それを確かめて調査して、それでまたパクさんがおっしゃった、アジアコモンズという、アジア共通のね、ものがあるということをむしろ探り出すような、そういう研究を伝えたらいいと思います。

最後に僕が言いますと、やはり今のこのアジアの地域統合の基礎をつくるものとしての大学の役割っていうのは非常に大きいです。皆さんはこれから、いろんなことを勉強されて、それで社会を背負っていかれるわけですけども、是非、アジアについては抽象的なとらえ方は一番危険である。だって、戦前の大東亜共栄圏でもアジアの支配をいっぱいやっていたの。それから、アジア主義とかそういうのも、そういうアジアっていうのは実態を伴っていませんので、皆さんはアジアのいろんなところ、若さに任せていろんなところを歩いて、生活して、料理を食べて、それから、音楽を聴いたり、また、ダンスに加わったりしながら、アジアを体験して、アジアっていうものを理解していただきたい。それで、大学が日本だけじゃなくて、アジア各国で非常に重要な位置を今占めるようになりました。ですから、大学生同士の交換だけではなくて、大学っていうものの重要性を、アジアの地域統合をこれから築いていくための基礎、基礎力として位置づけていきたいなと思っております。今日はどうもありがとうございます。先生方どうも本当にありがとうございました。（会場拍手）

羽場：ありがとうございました。このような四方が各地からいらっしゃり相互に意見をぶつけ合っていただくというのはほんとに貴重な機会でした。四方の先生方ありがとうございました。そして、青木先生がこの会を組織してくださいましたので、もう一度皆様にお礼と感謝を込めて拍手をお願いいたします。皆様どうもありがとうございました。（会場拍手）

あとがき――総括と展望、謝辞

本書『アジア地域統合を考える』は、一般財団法人ワンアジア財団の寄付講座として、青山学院大学で開かれた講義の1年目の成果報告集である。

優れた講演が学生たちを熱狂させたことは最初にも述べたが、変動の時期にようやく出版させていただいたことに心より感謝している。

この2013年から2017年の間に大きくアジア情勢、世界情勢は変化したが、本書で言われていることは一つ一つ、今でもぜひ実行しなければならない最重要課題の提案と言えよう。

・アジアにおけるシンクタンクネットワークの形成の必要性、
・アジアの共同体を日中韓およびインドやASEAN諸国に広げていくこと、
・アメリカとの共同関係、
・エネルギー問題での共同と、EURATOMならぬASIATOMを作って原子力を管理していくこと、
・中国・韓国と日本が互いに懸け橋となりアジアの地域統合をリードしていくこと、
・その際に若者間の留学や交流が極めて重要なこと、
・非伝統的な安全保障、食の安全や海賊対策や感染症などへの対策の重要性、

・朝鮮半島の安定と統合、
・国連との連携、
・安全保障における地域連携の必要性、
・アジア・バロメータの実行によるアジア・アイデンティティ形成の必要性、
・アジアの文化交流のサステイナブルな重要性。

こうしたかけがえのない講義を1年目に600（～1200人）、3年間で延べ1200人近い学生たちに伝えることができ、学生たちのアジア・世界での活躍を促したこと、4年目以降もさらに100人を超える学生たちが世界とアジアの地域統合について考え討論する機会を与えられたことについて、一般財団法人ワンアジア財団と青山学院大学に心より感謝したい。

特に一般財団法人ワンアジア財団にはアジアの地域統合、地域協力を進めるうえで、資金的にも、理念的・哲学的にも多くのご支援をいただいた。毎年夏、世界各国から代表が集まりアジアの様々な都市で催されるアジア地域統合の研究者教育者の会合にも、大きな刺激をいただいた。

今後もぜひアジアと欧州、世界の地域統合についての教育と研究を推進していきたいと考えている。その第1回の里程標として本書を刊行することができたことに心より感謝したい。

青山学院大学の仙波憲一前学長、三木義一学長、一般財団法人ワンアジア財団の佐藤洋治理事長、鄭俊坤先生を始め、ワンアジア財団の方々には心より感謝の謝辞を捧げたい。

ちょうどワンアジア財団の寄付講座が実行されているとき、ＥＵ（欧州連合）のエラスムス・ムンドゥスという欧州とアジアの連携によるＥＵの研究プロジェクト、「欧州とアジアの国際化ネットワークと連携教育をビデオで世界に発信する」という企画が実行されこの間の講義の一端を世界に発信する基盤を準備することができた。

また昨年から今年にかけ７０００人を超える会員を擁する世界国際関係学会（ＩＳＡ）の副会長として活動したがちょうどこの2年間の課題がGlobal South（グローバルサウス：東・南の新興国との協力関係の発展）でありまたUnderstanding Change in World Politicsでもあり、多くのアジア・アフリカ・ラテンアメリカの新興国の方々との協力を推進しネットワーク形成をおこなうことができた。

さらに、日本学術会議の大型マスタープランでもアジアのデータベース化とシンクタンクネットワーク促進、アジアの制度的・法的な機構の整備、市民社会協力などの10年計画が評価され採択されて、アジアとの協力関係をより学術的・制度的・法的に実行する基盤を形成する基礎を築くことができた。

これらすべてが総体として、アジアの時代の定着が様々なレベルで準備され実行されていることを物語っている。

本書が、今後10年間の教育・学術・研究・企業連携・制度レベルでのアジアの地域統合・地域協力を推進していくうえで、一つのたたき台、ないし里程標となるならば、これほどうれしいことはない。ぜひ本書を広く頒布し、各界からご意見をいただきたいと期待している。是非読者の方々の建設的なご意見を心より待ち望みたい。

お忙しい中、すばらしい講演をご披露してくださった講師の方々、またお忙しい時間を縫って印刷・出版・刊行を進めてくださった明石書店と佐藤和久氏に、心より感謝したい。

これからつづけて2号、3号とアジア地域統合・地域協力に関する書籍を出していく予定である。

大学と一般財団法人ワンアジア財団、講師の方々のご理解ご協力に心より感謝します。また講座に参加して下さった学生およびアジアの地域協力・地域統合を進めようとされるすべての方々と連携しながら、今後の世界秩序の安定と発展に貢献したいと願っている。関係者の皆様に、心より感謝申し上げます。ありがとうございました。

ツバキや梅が咲き誇り、桜のつぼみがほころび始める花冷えの中、メジロの姿に胸躍らせ、日本の春を堪能しつつ。

編者　羽場久美子

【編著者・講演者紹介】

編著者：

羽場久美子（はば　くみこ）：青山学院大学国際政治経済学部教授、
世界国際関係学会（ISA）副会長、東アジア共同体評議会副議長

講演者：

鳩山由紀夫（はとやま　ゆきお）：元日本国内閣総理大臣

藤崎一郎（ふじさき　いちろう）：前駐米日本国特命全権大使

程　永華（てい　えいか）：駐日中華人民共和国特命全権大使

天児　慧（あまこ　さとし）：早稲田大学大学院アジア太平洋研究科教授

申　珏秀（しん　かくしゅう）：前駐日大韓民国特命全権大使

李　鍾元（りー　じょんうぉん）：早稲田大学大学院アジア太平洋研究科教授

伊藤憲一（いとう　けんいち）：東アジア共同体評議会理事長

明石　康（あかし　やすし）：元国際連合事務次長

鄭　俊坤（てい　しゅんこん）：一般財団法人ワンアジア財団主席研究員

青木　保（あおき　たもつ）：元文化庁長官、国立新美術館館長

ジョセフ・ナイ（Joseph Samuel Nye, Jr.）：ハーバード大学ケネディスクール特別功労教授

スリン・ピッツワン（Surin Pitsuwan）：前 ASEAN 事務局長

趙　全勝（ちょう　ぜんしょう）：アメリカン大学国際関係学部教授・アジア研究所長

北岡伸一（きたおか　しんいち）：元国連大使、国際大学学長

パク　チョルヒ（ぱく　ちょるひ）：ソウル大学国際大学院教授

アジアの地域統合を考える
—戦争をさけるために

2017年3月31日　初版 第1刷発行

編著者　羽 場 久美子
発行者　石 井 昭 男
発行所　株式会社 明石書店
〒101–0021 東京都千代田区外神田 6-9-5
電話 03（5818）1171
FAX 03（5818）1174
振替　00100-7-24505
http://www.akashi.co.jp/
組版／装丁　明石書店デザイン室
印刷／製本　モリモト印刷株式会社

（定価はカバーに表示してあります）　ISBN978-4-7503-4468-3

ワセダアジアレビュー No.19
早稲田大学地域・地域間研究機構編集 ◉1600円

日本経済《悪い均衡》の正体 社会閉塞の罠を読み解く
伊藤 修 ◉2200円

日本に暮らすロシア人女性の文化人類学
移住、国際結婚、人生作り ゴロウィナ・クセーニヤ ◉7200円

アジア女性基金と慰安婦問題 回想と検証
和田春樹 ◉4400円

ビジュアル大百科 聖書の世界
マイケル・コリンズ総監修 月本昭男日本語版監修 宮崎修司監訳 ◉30000円

ビッグヒストリー われわれはどこから来て、どこへ行くのか
宇宙開闢から138億年の「人間史」
デヴィッド・クリスチャンほか著 長沼 毅日本語版監修 ◉3700円

現代中国を知るための44章【第5版】
エリア・スタディーズ 8 藤野 彰、曽根康雄編著 ◉2000円

中国の歴史を知るための60章
エリア・スタディーズ 87 並木頼壽、杉山文彦編著 ◉2000円

中国のムスリムを知るための60章
エリア・スタディーズ 106 中国ムスリム研究会編 ◉2000円

台湾を知るための60章
エリア・スタディーズ 147 赤松美和子、若松大祐編著 ◉2000円

現代台湾を知るための60章【第2版】
エリア・スタディーズ 34 亜洲奈みづほ ◉2000円

香港を知るための60章
エリア・スタディーズ 142 吉川雅之、倉田 徹編著 ◉2000円

現代韓国を知るための60章【第2版】
エリア・スタディーズ 6 石坂浩一、福島みのり編著 ◉2000円

韓国の歴史を知るための66章
エリア・スタディーズ 65 金 両基編著 ◉2000円

韓国の暮らしと文化を知るための70章
エリア・スタディーズ 112 舘野 晳編著 ◉2000円

北朝鮮を知るための51章
エリア・スタディーズ 53 石坂浩一編著 ◉2000円

〈価格は本体価格です〉

現代モンゴルを知るための50章
エリア・スタディーズ 133 小長谷有紀、前川 愛編著 ◉2000円

内モンゴルを知るための60章
エリア・スタディーズ 135 ボルジギン・ブレンサイン編著 赤坂恒明編集協力 ◉2000円

現代ロシアを知るための60章【第2版】
エリア・スタディーズ 21 下斗米伸夫、島田 博編著 ◉2000円

カザフスタンを知るための60章
エリア・スタディーズ 134 宇山智彦、藤本透子編著 ◉2000円

テュルクを知るための61章
エリア・スタディーズ 148 小松久男編著 ◉2000円

東南アジアを知るための50章
エリア・スタディーズ 129 今井昭夫編集代表 東京外国語大学東南アジア課程編 ◉2000円

ASEANを知るための50章
エリア・スタディーズ 139 黒柳米司、金子芳樹、吉野文雄編著 ◉2000円

フィリピンを知るための64章
エリア・スタディーズ 154 大野拓司、鈴木伸隆、日下 渉編著 ◉2000円

現代ベトナムを知るための60章【第2版】
エリア・スタディーズ 39 今井昭夫、岩井美佐紀編著 ◉2000円

カンボジアを知るための62章【第2版】
エリア・スタディーズ 56 上田広美、岡田和子編著 ◉2000円

ラオスを知るための60章
エリア・スタディーズ 85 菊池陽子、鈴木玲子、阿部健一編著 ◉2000円

ミャンマーを知るための60章
エリア・スタディーズ 125 田村克己、松田正彦編著 ◉2000円

タイを知るための72章【第2版】
エリア・スタディーズ 30 綾部真雄編著 ◉2000円

シンガポールを知るための65章【第4版】
エリア・スタディーズ 17 田村慶子編著 ◉2000円

現代インドネシアを知るための60章
エリア・スタディーズ 113 村井吉敬、佐伯奈津子、間瀬朋子編著 ◉2000円

EU(欧州連合)を知るための63章
エリア・スタディーズ 124 羽場久美子編著 ◉2000円

〈価格は本体価格です〉